追求对话的音乐教学

中小学音乐教师教学能力的建构与实践

郑小艳 著

国家一级出版社 全国百佳图书出版单位

图书在版编目(CIP)数据

追求对话的音乐教学:中小学音乐教师教学能力的建构与实践 / 郑小艳著. — 重庆:西南大学出版社,2023.7
ISBN 978-7-5697-1594-1

Ⅰ.①追… Ⅱ.①郑… Ⅲ.①音乐课—教学实践—中小学 Ⅳ.①G633.951.2

中国版本图书馆CIP数据核字(2022)第138636号

追求对话的音乐教学——中小学音乐教师教学能力的建构与实践
ZHUIQIU DUIHUA DE YINYUE JIAOXUE——ZHONG-XIAOXUE YINYUE JIAOSHI JIAOXUE NENGLI DE JIANGOU YU SHIJIAN

郑小艳　著

责任编辑:	秦　俭
责任校对:	彭智烨
装帧设计:	殳十堂_朱　璇
排　　版:	吕书田
出版发行:	西南大学出版社(原西南师范大学出版社)
	地址:重庆市北碚区天生路2号
	邮编:400715
	电话:023-68254353
经　　销:	全国新华书店
印　　刷:	重庆共创印务有限公司
幅面尺寸:	185 mm×260 mm
印　　张:	19
字　　数:	438千字
版　　次:	2023年7月 第1版
印　　次:	2023年7月 第1次印刷
书　　号:	ISBN 978-7-5697-1594-1
定　　价:	78.00元

本书部分选用作品,因未能联系上作者,其稿酬已转至重庆市版权保护中心
地址:重庆市渝中区人民路248号盛迪亚商务大厦29-9
电话:023-67708230　67708231

序一

《追求对话的音乐教学——中小学音乐教师教学能力的建构与实践》是郑小艳老师的第二本专著，成书前她请我给予指导，细读之后，甚感欣慰！如果说她的第一本书《花开正艳——中学音乐教学手札》稍显稚嫩，那这本更具有学术品格。这两本书反映出了她的成长和发展。

郑小艳是在音乐教育教学一线成长起来的专家型教师，读博士之前已是河南省具有一定影响力的领军人才、中原名师。教育教学课堂中发生了什么以及如何发生的等问题，她最熟悉也最有发言权。在首都师范大学攻读博士学位的两年中，对哲学、教育学、心理学等相关领域经典文献的大量研读，持续思考、写作、实践，使她对音乐教学有了更深的领悟。《追求对话的音乐教学——中小学音乐教师教学能力的建构与实践》彰显了她孜孜不倦的求知和探索精神。正是得益于扎实的理论基础并结合了丰富的教学经验，郑小艳得以完成这本更有深度、更具学术性的专著。

本书从宏观着眼，以"我们要教给孩子什么"开篇，论述为谁教、教什么、怎么教的问题，再从微观着手，针对一线教师遇到的问题开展研究，最后从理论高度给出可供借鉴和参考的解决办法。其中，有理论思考，有案例实操，有粗线条论述，也有细致入微的描绘。这些成果对基础教育领域的教学创新和高校音乐教育专业的人才培养和学术研究，具有显而易见的启迪和借鉴价值。

郑小艳是我在首都师范大学教育学院招收的第一位博士，"学生发展与教育综合"专业（美育方向）。招收这种类型的博士，是希望能在教育理论与音乐教学实践之间架接桥梁，寻求平衡，使实践不再局限于经验，理论融入实践并在实践中得以深化。在郑小艳的身上，我看到了希望。

首都师范大学音乐学院

2022年4月20日

序二

能从小艳的新作《追求对话的音乐教学——中小学音乐教师教学能力的建构与实践》中看到教育学、现象学的影子，让我倍感欣慰。这至少说明，两年来，首都师范大学教育学院对她的培养还是有成效的。更何况，其中还不乏一些颇具灵气的观点。

既然是追求"对话"的音乐教学，就表明此书关于课堂教学主体的观点不同于以往的"教师中心说"、"学生中心说"和"学生主体、教师主导"的观点，而是地位平等、互为主体、注重交流、和谐融洽，在这样的课堂氛围中呈现教与学的真相，探讨课堂中发生了什么。这也从一个侧面表明小艳关于音乐教学的主张已经初具雏形。

小艳是一个勤奋的人，我的课她总是主动申请去上，大概是因为她在多年的教学实践和教学研究中积累了太多的问题，遇到了太多的困惑，亟待从读博的课程中寻找答案吧。本书以"困顿与迷局：现状及问题"开篇，这符合我的猜想，也与小艳读博的初心和动机相印证。对哲学、教育学的学习让她看问题的视角更加开阔和多元，对待我们教育中出现的问题也更加开放和包容，当她以历史的、政治的、比较的视角看待这些问题的时候，就能从中找到答案。于是，就有了本书的第一篇"解放与开纳：理念及出路"。这一部分把基础教育、音乐教育的教与学放在教育学和现象学的视域下，宏观地阐述了她所认同的理念，也让更多的一线音乐教育工作者从一个新的视角去看待音乐教育——原来音乐教育可以是这样的！紧接着，本书的第二部分则将音乐教育拆解为鉴赏、歌唱、编创、舞蹈、戏剧、教材等诸多模块，从细微处一一论证，从方法与对策到案例实作，精之又精细之又细，第三、第四部分则从学生发展和教师成长的角度提出了自己的看法和主张。从书稿看得出来，小艳是下了一番功夫的。

通览全书，其中很多做法值得借鉴，有些观点颇具新意。听小艳说这些文字有很多是在导师的课堂上或者是在某次学术会议上碰撞出的灵感火花，被她及时抓到了。但我认为，灵感的出现有一个前提，就是心系学生、心系教学、不忘课堂、念兹在兹。此书中多次提到"不忘初心"一词，我想，这也是小艳的自我激励吧。从这本书中，从小艳身上，我看到了一个扎根教学实践、不断探索研究的音乐教师的初心和使命。

首都师范大学教育学院
2022年4月21日

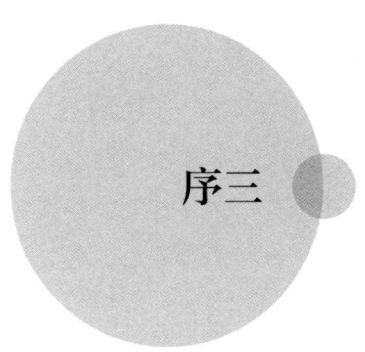

序三

小艳老师是西南大学受河南省教育厅委托培养的"中原名师"之一。作为她的培养导师,我了解她是从"郑小艳音乐名师工作室"开始的,她的名师公众号每天都会推送两篇文章,内容或为学术观点或为推进工作,雷打不动。业精于勤荒于嬉,生活总是不会亏待勤奋的人,这本《追求对话的音乐教学——中小学音乐教师教学能力的建构与实践》也是对勤奋的一种回馈吧。

从普通教师成长为"名师",实践、学习、反思、写作是必由之路,小艳正是沿着这样的道路一步一个脚印成长起来的。我一向主张要在师范院校建构开放多元的写作教学体系,教导师范生拓宽写作思路、提高写作技能。从《追求对话的音乐教学——中小学音乐教师教学能力的建构与实践》这本书的内容来看,小艳老师是一个勤思、善学的音乐老师,她不停地写作使内心敞开,使自己置身于发现之中。她能从教育学的视域审视音乐教育,让音乐教育教学不再拘泥于学科本身,写作的触角涵盖了音乐教学理念、课堂教学方法、音乐教材研究、学生发展和教师成长等各个方面,对一线音乐教师和高校师范生具有一定的指导意义。

在德智体美劳全面发展的教育体系中,音乐教育发挥着举足轻重的作用,音乐教师作为美育的排头兵,使命伟大、任务艰巨。因此,提高音乐教师的理论水平、科研能力、教学技能和整体素质就显得尤为重要,小艳老师无疑是其中的佼佼者。培养"中原名师"的初衷,是希望这些"排头兵"能够发挥自己的示范引领作用,以点带面,带动更多音乐教师茁壮成长。

打铁还需自身硬,要成为一个学术团队的领头人,需具备过人的人格魅力、深厚的理论基础和丰富的教育教学实践经验。这本《追求对话的音乐教学——中小学音乐教师教学能力的建构与实践》让我对小艳老师充满信心。

西南大学教师教育学院 董小玉

2022年4月25日

前言

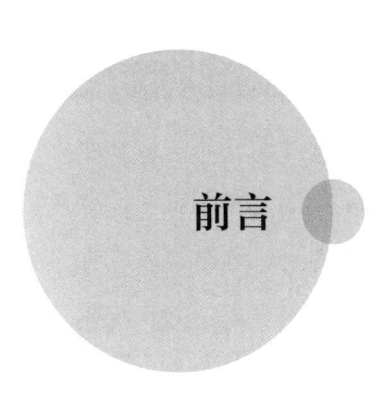

关于本书,还是想在此做一些说明,或者说是发一些感慨。记得很清楚,第一本教学专著《花开正艳——中学音乐教学手札》是在2017年6月由河南人民出版社出版的。记忆犹新,当时的想法非常明确,只为悄悄地总结一位从教十六年的一线音乐教师的教育教学经验。今天再次翻阅此书,很多地方让自己也禁不住哑然失笑。我是一个善于收藏"记忆"的人,美好的、难过的、喜悦的、失落的……生命中难忘的时刻都会嵌入记忆。书中除了记录有教学经验,还有很多工作的逸事,真的成了我的一本"工作总结"。但是,此书对于我却有着非凡的意义和价值,它改变了我的工作状态,开启了我的教学研究生涯,最重要的是,我的工作学习也随之发生了重大的变化。现在是2022年的4月初,清明节刚刚过去,距离我上一本专著的出版已近五年,这本名为《追求对话的音乐教学——中小学音乐教师教学能力的建构与实践》的教学专著即将完成。而今我的身份是首都师范大学博士二年级的学生,这就是我刚才说到的重大变化。从教二十年后,我再次进入校园学习,很荣幸能成为首都师范大学教育学院招收的第一位美育博士,拜入音乐学院蔡梦教授门下。入校后,我浸泡在教育理论的海洋中,教育学原理、教育理论前沿、课程与教学论、教育研究方法等一系列课程扑面而来,张增田、蔡春、朱晓宏、石鸥、王攀峰、陈正华、胡萨等教育学院的教授们不辞辛苦,耐心教导。两年来我如饥似渴,夜以继日,把自己二十年来缺失的教育理论一点点补回来。在蔡梦老师严谨求实,至善至美的学术训练下,在高洁老师宽严相济,宽爱有加的专业指导下,我开始从教育学的视域审视音乐教育教学。换了视角,顿时新奇地看到了音乐教育研究领域的广阔天地,在此期间不断有火花呈现,我先生是研究心理学的,用他的话来说这应该算是"心流"吧,这些"心流"召唤着我不断反思,及时落笔总结,同时也在教育教学中进一步践行。

我在考上博士的同年10月,通过了一系列的笔试、面试、考核等程序,被河南省教育厅授予"中原领军人才——中原教学名师""中原名师培养对象"的称号。这些本不值得一提。我想说的是,正因为这些称号,我被河南省教育厅派往西南大学,参加为期三年的阶段性学习,有幸获得了西南大学董小玉、颜婷婷、白智宏、庄钟春晓、薛叶丹等教授组成的"导师团"的引领和指导,提升了将教育教学理念应用到教学实践的能力。在河南省人社厅、财政厅、教育厅以及所在地市人社局、教育局的鼓励和支持中,我看到国家对教育的重视,对美育的支持。因此,前所未有的责任心和使命感也随之而来,我经常自问,自己对于音乐教育,价值何在?最好的答案都在我的实践中,我用行动来回答。

在上一本教学专著的基础上,我结合教育现象学、批判教育学、比较教育学等教育理论,在课程建设、教材研究、教学研究与实践等方面,把自己从教二十余年来的经验进一步梳理,形成了本著作。本书以"追求对话的音乐教学"为题,从探讨"我们应该教给孩子什么"开始,指出目前中小学音乐教育的困顿与迷局,阐述教育目前面临的问题与现状。提出以"对话"教学的价值理念为指导,主张把"教育学意蕴"的理念贯穿于音乐教学研究、教材研究、学生发展、教师专业成长等音乐教育教学复杂而又立体的动态发展过程中,共分四部分进行详细阐述。第一部分以解放与开纳为价值取向,阐述教育和音乐教育的理念和出路;第二部分用较大篇幅从交往与对话的价值取向谈论鉴赏、歌唱、舞蹈、戏剧、创作、声乐等多种类型的音乐教学;第三部分以尊重与审美为价值取向,从心理学、美学等方面谈论学生的综合发展;第四部分以觉醒与批判为价值取向,讨论研究音乐教师的专业化发展、卓越化成长。本书最大的亮点就是基于大教育的理论研究,重新审视音乐教育,让音乐教育、音乐教学富有"教育学意蕴"。本书是对我阶段研究的小结,同时,我也期待本书能够在教育理念和教学实践方面对一线音乐教育工作者和高等院校师范生有所帮助。

由于时间仓促,研究能力不足,视野有限,有些教育理论还停留在浅表的理解上,有些观点还不够周全,见谅。教海无涯,研无止境,学海无边,探不止步。导师蔡梦告诉我,要寻找生命的"燃烧"感,前路漫漫,求索不断……

2022年4月1日

目录

序一	001
序二	001
序三	001
前言	001

序篇　困顿与迷局：现状及问题

我们要教给孩子什么 …… 003

第一篇　解放与开纳：理念及出路

第一章　教育学意蕴的音乐教学 …… 011
第一节　现象学视域下基础教育"教"的意蕴 …… 011
第二节　教育学视域下的音乐教育变革 …… 016
第三节　基于"解放理性"的音乐学科深度备课 …… 023
第四节　批判教育学视角下的音乐教学——以"大美梅兰芳"一课为例 …… 031

第二篇　交往与对话：模式及方法

第二章　音乐课型分类的依据和基本原则 …… 041

第三章　音乐鉴赏教学研究 …… 053

第一节	音乐鉴赏教学中存在的问题与误区	053
第二节	"体验式"音乐教学法	059
第三节	音乐鉴赏教学的有效性	065
第四节	心的歌声——音乐家勋伯格的《月迷彼埃罗》	071
第五节	案例实作	076

第四章　歌唱教学研究　083

第一节	歌唱教学的方法与策略	083
第二节	唱歌教学的有效性	089
第三节	班级合唱教学实践研究	095
第四节	案例实作	101

第五章　音乐编创教学实践研究　107

第一节	音乐编创教学的现状分析与对策	107
第二节	案例实作	113

第六章　音乐与舞蹈教学研究　125

第一节	音乐与舞蹈教学的现状分析与对策	125
第二节	舞蹈教学中的德育渗透——舞动的旋律，心灵的升华	131
第三节	案例实作	133

第七章　音乐与戏剧教学研究　141

第一节	音乐与戏剧教学的现状分析与对策	141
第二节	豫剧进校园实践	147
第三节	案例实作	151

第八章　声乐艺术心理学与声乐演唱实践　157

第一节	概述	157
第二节	声乐演唱中的知觉感受	159
第三节	声乐演唱中的情感表达	163
第四节	声乐演唱中的意志调控	168
第五节	声乐演唱中的行为表现	173

目录

第九章　微课 微型课 说课 ·· 179
第一节　微课及案例实作 ·· 179
第二节　微型课及案例实作 ·· 185
第三节　说课及案例实作 ·· 189

第十章　中小学音乐教材研究 ······································ 197
第一节　管窥新时代我国中小学教科书的发展趋势 ···················· 197
第二节　中小学音乐教材论研究的理论基础 ···························· 206
第三节　中小学音乐教材与音乐教学 ································ 214
第四节　中小学音乐教材的变化 ······································ 224

第三篇　尊重与审美：学生发展

第十一章　学生发展 ·· 233
第一节　音乐教育对学生性格优势的培养 ······························ 233
第二节　美育在新时代的解构 ·· 239
第三节　从《音乐美学通论》看发展中的中外美学思想 ················ 248
第四节　学生音乐社团建设解析 ······································ 256

第四篇　觉醒与批判：教师成长

第十二章　中小学音乐教师专业发展 ································ 267
第一节　中小学音乐教师专业化成长 ·································· 267
第二节　卓越中小学音乐教师成长影响因素的质性研究 ················ 277
第三节　教师成长案例 ·· 283

后记 ·· 290

序篇
困顿与迷局：现状及问题

要想寻找人迹，就要首先找到灯光。

——［德］尼采

我们要教给孩子什么

"夸美纽斯带有浓浓的宗教的色彩。"

"杜威是儿童中心论。"

"赫尔巴特是教师中心论。"

…………

这是在首都师范大学教育学院徐玉珍老师的课堂上,博士研究生正在分享自己读书的心得。

"这是你自己的观点吗?"徐老师问。

"我们研究生考试的复习资料都这么讲。"

"你们要去看原著,去和作者对话,回到作者生活的时代,才会真正读懂一个人。"徐老师语重心长地说。

是的,夸美纽斯有他特有的宗教信仰,怎么就成了缺陷了呢?赫尔巴特着重强调了教师,怎么就意味着忽略了学生呢?杜威强调儿童,怎么就没有看重教师呢?这种人云亦云和非此即彼的二元论不应该属于我们当代的博士生们,我们应该有自己的思维和判断。

我们常说,教育成败的观测点不在高考,而在入职十年后所在的位置。也就是看他在大约35岁左右时,是处于上升态势,还是已经开始走人生的下坡路。

一个朋友讲过一个真实的事情:在他们单位的公务员招聘中,一位某高考升学率很高的著名中学的毕业生,在所有笔试中都名列前茅,但是在面试中,他因在团体讨论时表现出来的咄咄逼人、强烈地想征服他人、要控制结果的姿态而没有被录取。招聘领导说:"在他的眼睛里看不到善!"

从这两个例子看,我们的教育的确是缺失了一些什么。我们不禁要问:我们的教育要培养什么样的人?教育(社会)缘何培养出了"精致的利己主义者""失去灵魂的卓越"[①]

[①] 《失去灵魂的卓越》作者哈瑞·刘易斯在哈佛大学任教三十多年,其间有八年时间担任了哈佛学院院长一职。他从自己亲身经历出发,向读者描述了这所著名大学是如何放弃教育宗旨的。刘易斯教授从热议中的"分数贬值"问题、哈佛在处理性侵犯案件上的争论和劳伦斯·萨默斯校长充满争议的领导风格等问题着手,为我们分析了哈佛这所著名大学的失败之处。他还细致地回顾了这些问题产生的历史背景,揭示了哈佛的办学目标是如何从真正的教育向迎合消费者需求方向发展的,并提出了进行教育改革的迫切性。

或"优秀的绵羊"?①这些和我们的教育又有什么关系?教师的任务是发现培养优秀学生,目标清华、北大、"985"、"211"。学生考上大学,我们原路返回,好像此后学生的发展就和我们没有关系了。的确,目前还有很多学校都是这样的培养思路,究其原因,是长期以来形成的教育思想观念在作祟。评价机制、考核机制没有激活教师教育的内在动力,表面上似乎是这样的,但是即便是在我们目前的评价体系之内,学生的这些特质和我们的教育、和教师又有什么关系呢?接下来我们进行一些理性的分析。

一、评价功能反映出教育所依据的哲学范式的转变

哲学可以说是对宇宙,包括自然、社会及人生的思考。受不同哲学思想的影响,我们关注问题的角度也会不同,这种看法影响着我们对自然、社会、人生的思考,影响着包含教育在内的各个领域。很长一段时间,我们的音乐教育强调的是社会教化的审美功利主义和技术至上的科学主义②,使得教育教学成为一种工具理性,即主体对客体的操作,教学陷入教师中心论。随后很长时间,我国的教育又提倡"以学生为中心",学生地位得到了一定的彰显,但是这种认识和教师中心论一样是二元对立、非此即彼的哲学范式,教材内容依然是唯功能主义、实用主义。但是这种范式恰恰又是当时工业时代所必需的。班级授课制恰恰能满足短时间之内以最低的成本生产大批量有用人才的需求,这就是工业时代最适合的教育。这就是"知识能力立意"的教育。

众所周知,19世纪末20世纪初,近代西方科学精神和形而上学都面临着危机。一些思想家意识到"理性"与"科学"带给人们精神上、"生存境域"上的局限与危机③,很多中外的教育家提出要"化危为机",同样,面对这样的局面,如何化解危机,各种命题和学说层出不穷,借用哲学家维特根斯坦的说法,这些思想在内涵上往往表现出某种程度的"家族相似"④。当现象学应用到教育领域之后,教育的研究范式被马克斯·范梅南等教育哲学家重新探索,教育领域科学逻辑学式的研究范式转向了现象学范式,教育也相应地从功能主义、实用主义转向了人文主义和科学主义相结合的范式。教育评价开始转向关注"人"的价值引领、素养导向、能力为重、知识为基的综合评价;考试评价

---

① 2008年,在常春藤盟校待了二十四年之后,耶鲁大学教授威廉·德雷谢维奇决定辞去自己的终身教职,离开这所常春藤名校。之所以这么做,是因为他感觉当前的美国精英教育已经陷入了误区,这套系统下培养出来的学生大都聪明,有天分,斗志昂扬,但同时又充满焦虑,胆小怕事,对未来一片茫然,极度缺乏目标感;他们被包裹在一个巨大的特权泡泡里,所有人都在老实巴交地向着同一个方向前进。他们非常擅于解决手头的问题,却不知道为什么要解决这些问题。为此,德雷谢维奇撰写了《优秀的绵羊》一书。
② 杨明刚.还原、交互与体验:现象学视阈中的音乐教育过程再认识[J].大学教育科学,2015(6):39.
③ 杨曦帆.音乐教育、多元化与现象学哲学[J].南京艺术学院学报(音乐与表演版),2006(1):32.
④ 尚建科:在众声喧哗中重构音乐教育哲学:韦恩·鲍曼著《音乐的哲学视野》述评[J].中国音乐,2013(3):125.

体系在教育功能上实现了由单纯的考试评价向"立德树人"重要载体和素质教育关键环节的转变。

二、对我国教育现状的认识

目前,世界正在经历百年未有之大变局,人类进入了工业4.0时代,人工智能迎面而来,各种思潮交流、交融、交锋,形成了五彩斑斓的风景,令人眼花缭乱。教育作为影响世界格局的一个重要因素,同时也被世界格局影响着。对目前世界格局变革的规律性、复杂性以及不确定性的探析,是我们把握教育发展的规律性、层次性、政治性的前提。政治、经济、科技、文化等不同领域的变革必然会直接影响到教育。立足新发展阶段、贯彻新发展理念、构建新发展格局,成为我国教育在新发展阶段应对全球新局势的重要方面。

虽然国家、社会、学校、教师、家长、学生都空前重视教育,但教育效果依旧不尽如人意。教育衍生出了诸如社会培训机构、留学机构、国际学校、特长班、教师有偿补课、网络课程等一系列的社会机构和现象。课堂革命和教育理念层出不穷,翻转课堂、高效课堂、先学后教、诱思探究、教学案、导学案等教学方法、形式铺天盖地,尤其是弗兰德斯课堂互动分析,更是对课堂师生关系进行了深入灵魂的分析。所有这些都是在和传统课堂较劲,教育工作者为此绞尽脑汁。

实际上,今天的教育比以往的教育的确是有大的飞跃,教育在进步。教育的问题,从根源上看,是时代发生了变化,原有的教育模式无法适应今天的人的发展需要,以上种种教育现象都是教育生态系统本身的调整适应。学校教育正在受到挑战,学校教育无法解决的问题都会推向家庭和社会。因此种种的存在即是"合理",即是"需要"。

新的问题出现了:学校无法解决的问题是什么?学生的个性发展应如何满足?你需要吃鲍鱼,我需要吃青菜,他需要吃大虾,教育不再停留在"温饱"层面,而是有更高层次的需求。课堂教学中心满足的是工业时代标准化、规范化的要求,最优秀的教师、最高效的课堂,其教育也只是"千人一面",均值高,均差小,导致杰出人才稀缺,有独特个性的人很难崭露头角。这显然无法应对信息时代的教育个性化要求。现在,个人定制时代的到来让人的独特性越来越受到关注,个性发展越来越受到重视。因此,个性化的学校教育就出现了。

三、"适合"的教育

"适合"的教育是由课堂中心到课程中心的转变,"适合"的教育被时代呼唤着,"适合"的教育既能提供高质量的教学,又能满足学生个性化的发展。我国的教育法规和政策多次提出要办适合学生的教育。2018年9月10日,习近平总书记提出,要加快建成伴随每个人一生的教育,让学习成为每个人的生活习惯和生活方式,实现人人皆学、处处能学、时时可学。要加快建成平等面向每个人的教育,努力使每个人不分性别、不分城乡、不分地域、不分贫富、不分民族都能接受良好教育。要加快建成适合每个人的教育,努力使不同性格禀赋、不同兴趣特长、不同素质潜力的学生都能接受符合自己成长需要的教育。要加快建成更加开放灵活的教育,努力使教育选择更多样、成长道路更宽广,使学业提升通道、职业晋升通道、社会上升通道更加畅通。

适合的教育在本质上是以人为本,以学生发展为本的教育;适合的教育就是正视和尊重学生的个性差异,因材施教,努力开发每个学生的潜能才智,给学生最适合的课程支持,全力助推每个学生在挖掘自身潜力的基础上获得最大的、可持续的发展,让每个学生都能脱颖而出。

在目前的高考评价体系中,"什么知识最有价值"这一命题直接指向我们的教育目标。我们要培养什么样的人?我们要教给孩子什么?我们的教育要想成为高质量的教育,就要构建高质量的课程。衡量课程质量的维度有三个:第一,课程的门类和种类多;第二,课程有不同性质、层次和倾向;第三,学生有选择课程的权力。高中课程改革到目前已进行了十几年,课程标准从实验稿到2020年的修订稿,意味着一场教育革命的悄悄完成。

高质量的课程改革所对应的就是今天的考改。考什么?怎么考?我们该教给孩子什么?我们要培养什么人?怎么培养人?为谁培养人?这些教育的根本问题给出了高考领域的答案。显然,高考的标准答案是由我们的教师来解锁的,我们要教给孩子"有价值的知识"。英国社会学家、哲学家斯宾塞阐述的"什么知识最有价值"到现在已经历时百余年,百余年的时间对个人来说很长,对教育发展史来说却很短。近百年来,"什么知识最有价值"成了中外教育界不断研究和追问的话题。同样,阿普尔提出的"谁的知识最有价值"也一直是教育研究关注的话题,这一议题的提出同样直接把教育指向了人,转向对人的关注。当代教育家朱永新教授提出,要研究当代学生或者是未来学生成长成才的需要,构建合理科学的课程体系,教给学生"有价值的知识"。试问教师,教给学生什么样的知识才是最有价值的?有价值的知识与教育所处时代的教育目标指向是一致的,教师要解决教育要培养"全面发展的人"这一命题。2021年1月,全国教育工作会议提出,教育要坚持人民至上的价值取向。根据马克思主义的观点,价值是从人们对满足其需要的外界事物的关系中产生的,是主体以自身的需要为尺度对客体意义的认识,价值的大小在于客体对主体需要的满足程度。那么,课程知识的价值就是作为客体的课程知识对作为主体的人的满足程度。换言之,人是衡量课程知识价值大小的尺度[①]。

[①] 黄忠敬.谁的知识最有价值?:论衡量课程知识价值的"人的尺度"[J].课程·教材·教法,2019(1):4-10.

四、全面发展的人

人类对认识自己的探索从未停止。马克思看到了人的社会属性,看到了隐藏于人背后的社会关系,人是现实的人、是社会的人。马克思全面深刻地阐述了关于人的全面发展的内涵,就是"人以一种全面的方式,也就是说,作为一个完整的人,占有自己的全面的本质"。人的本质活动不仅仅是自由自觉的活动,更是一切社会关系的总和,是人的个性发展。

我们的教育也紧密围绕着培养全面发展的人展开,要培养德智体美劳全面发展的社会主义建设者和接班人,达到立德树人的根本任务。人的全面发展理论要求培养全面的优秀的人,我们党历来重视对人的全方位培养,重视培养顺应时代进步潮流的社会主义建设者和接班人。社会发展需要大家一起努力,需要社会各方面积极跟随党的步伐,贯彻党的方针,把教育问题提上日程,培育出拥护党、爱护国家的全面发展的人。培养新时代的人才,实现人的全面发展,不仅是社会主义建设的要求,更是实现共产主义的条件。

纵观各个时期教育家们的教育思想,其虽各有不同,但大都殊途同归,都是为了人的发展。回到开头我们悬置的问题,学生全面发展的重要性就不言而喻了。

笛卡儿:我思故我在。

帕斯卡:人因思想而高贵。

孔子:学而不思则罔,思而不学则殆。

人的思考力是让人成为人的根本。我们要交给孩子的不是知识点,不是考试、升学,我们要让学生成为活生生的"人",让"他们"(共性的学生)成为"他"(有个性的学生)。

面对日趋复杂的国际环境及其不稳定、不确定因素的日益增加,我们要从统筹中华民族伟大复兴战略全局和世界百年未有之大变局的角度来思考教育的使命,科教兴国、人才强国、创新驱动发展都要靠教育。我们肩负使命,任重道远,要为国家未来的需要培养人才,为国家培养二十年以后的人才,我们绝大多数教师"学"在工业时代,"教"在信息时代,今天面对的却是"智能时代",而且要培养的是"国家未来十年甚至二十年需要的人才"。作为教师,再也没有比培养学生的中国心更重要的使命了,再也没有比培养学生的创新力更重要的使命了,再也没有比培养年轻大脑更重要的使命了,再也没有比培养未来创新人才更重要的使命了,再也没有比立德树人、为国育才更重要的使命了,再也没有比培养担当民族复兴大任的时代新人更重要的使命了。

第一篇
解放与开纳：理念及出路

解放：不是一种恩赐，也不是一种自我实现，而是一个互动的过程。

——［巴西］保罗·弗莱雷

第一章

教育学意蕴的音乐教学

第一节 现象学视域下基础教育"教"的意蕴

> 基础教育是教育的基础,它面对的是懵懂孩子,培养的是未来人才;应该让基础教育更具有"教"的意蕴。
>
> ——题记

教育情怀、教育思想、教育理念、教育法规、教育规律、教育方法、教育评价等关于教育的关键词都是教育研究者每天面对却常常会忽略的。究竟何为"教育",何为"教师"? 于漪老师说,"一辈子做教师,一辈子学做教师"。美国哈佛大学教育研究生院必读书目中的埃伦·拉格曼的《一门捉摸不定的科学:困扰不断的教育研究的历史》明确了一件捉摸不定的事:教育和教育研究是一件复杂奇妙的事情。教育研究产生于哲学、心理学、社会科学以及统计学等学科的不同组合,它既没有单一的研究重点,也没有统一的研究方法。这种多样性从一开始就成为教育学术的特点。[1]作为教育者,想要成为名副其实的好老师,我想应该是让我们所从事的"教育"实践更加有"教"的意蕴。

谈到教育,纵观近代教育史,无数的教育家、哲学家都给出了大同小异的答案:

夸美纽斯在《大教学论》中说,教育是"把一切事物教给一切人们的全部艺术"[2]。

斯宾塞在《什么知识最有价值》中讲,教育要为完满生活做准备。

---

[1] 拉格曼.一门捉摸不定的科学:困扰不断的教育研究的历史[M].北京:教育科学出版社,2006:英文版序6.
[2] 夸美纽斯.大教学论[M].傅任敢,译.北京:教育科学出版社,1999:致意读者1.

卢梭在《爱弥尔》中提出让儿童自然发展的教育观。

德国哲学家康德认为，教育的根本任务在于充分发展人的自然禀赋，使人人都成为自身，成为本来的我。

裴斯泰洛齐认为，教育应该是有机的，应做到人的智育、德育和体育的一体化。

英国哲学家洛克的"白板说"认为，人的心灵如同白板，观念和知识都来自后天，天赋的智力人人平等，"人类之所以千差万别，便是由于教育之故"①。

赫尔巴特的《普通教育学》标志着教育学成为一门科学。赫尔巴特认为伦理学和心理学是教育学的理论基础，把教学理论建立在心理学的基础上，把道德教育理论建立在伦理学的基础上，奠定了科学教育学的基础。

杜威在《民主主义与教育》中提到，生活即教育，教育即生活，劳动教育。

弗莱雷的《被压迫者教育学》认为，教育即解放。他把教育看成一种"觉悟启蒙"或者"开始明白"的过程。

…………

这些教育家无一不是把教育当成一门专业去研究。康德在《康德论教育》一书中明确提出"教育的方法必须成为一种科学"和"教育实验"的主张。赫尔巴特被认为是"现代教育学之父"和"科学教育学的奠基人"。而作为今天的一线教育工作者，我们不能夸夸其谈，搭建空中楼阁，而要躬身实践，在教学实践中把握教育目标与教学、课外教育之间的关系，厘清教育、教学活动中智育与德、体、美、劳诸育之间的关系，理解智育中教育者的施教与受教育者的受教之间的关系，探寻学生在学习活动中的学习动机、学习态度、学习方法与学习成绩之间的规律性。对于教育实践中的揭示规律、阐明问题、解释本质、建构意义，教育现象学给了我们不同角度的诠释。教育现象学试图把教育中正在发生的，未经反思的教育瞬间揭示出来，为我们的实践提供有意义的指导。

高质量的教育指向对人的关注，教育学这一人文科学的研究正是由理性、思想、意识、价值、感觉、感情、行为和目的来描述人的生活世界。现象学就是对生活世界的研究——一个即时体验而尚未加以反思的世界②，也是对生命及其存在意义的研究。基础教育面对的是无数孩子复杂多变的生活世界，"面向人人"观点提出的同时，也给出了新的问题：如何真正了解每个孩子的真实的状况？因此，回到教育现场，回到孩子的生活世界，还原教育本质就给每位教师提出了新的要求：审视教育者的"教"。

回到孩子的生活世界，解开教育密码，"轻柔""深情""微妙""敏感"等词语必然会进

---

① 洛克.教育漫话[M].傅任敢,译.北京:人民教育出版社,1986:24.
② 范梅南.李树英校.生活体验研究:人文科学视野中的教育学[M]宋广文,等译.北京:教育科学出版社,2003:11.

入教育者的生活。师生之间的交互只有建立在彼此尊重、相互平等基础上,才能产生共情、共鸣、共振。这种交互中的对话、理解、协同成为"一体",进而才能进入统一的"意向性世界"中去。这种交互的"一体"能够使人充分发挥主体性和主体间性,从而使教学达到具有高度统一的意识境界,[1]而非外在的形式上的统一。马克斯·范梅南说:"来吧,我来指给你这个世界。去那个既是你的世界,也是我的世界的道路。我知道做孩子的滋味,因为我去过你现在去的地方。我曾经也是孩子。"[2]这个世界就是我们的教育现场和孩子的生活世界。在这个世界中,重要的不是解决问题,而是唤醒理解的能力。从这个意义出发,如何理解"教的情怀""教的秘密"就成了教育者重新诠释基础教育"教"的意蕴的重要关注点。

一、教的情怀

教的情怀,一般我们称为教育情怀,教育情怀是教育者口中出现的高频词语。何为教育情怀?是一种不可言说的情结吗?当然不是,作为教师,作为一名好教师,我们定要澄清"教育情怀"。

第一,教育情怀是一种"激情"。

歌德说:"一个人只会去学习了解他所爱的,了解的知识越深刻越丰富,他的爱就越强烈越鲜明,确切地说是激情"[3]。在教育研究中,爱的根本是对人的存在的感知。教育有"慢"的属性,每天面对同样的学生,教育者触摸不到甚至感觉不到学生的生长。激情的属性却是"快",如果在此时还能持续,一定是心中有光,目中有人的教育者,对这种激情,我们即可以称为"情怀"。玛克辛·格林从存在主义角度出发提出教师作为"陌生人"的观点,认为教育者应当始终有"陌生人"的意识,公平地对待每一个学生。对于专业的教师而言,应该把每一次课都当作是第一次课对待,永远充满新奇和期待,正如现象学"还原"教育的本质,涉及对好奇感的觉悟以及对信念的神秘性的惊奇。这种觉悟和惊奇,便是激情的保鲜剂。

第二,教育情怀是一种"悲悯"。

马克斯·范梅南的《生活体验研究——人文科学视野中的教育学》一书中说:"尤其是在我发现他人的缺点、脆弱或无知时,我体验到了那种无可推卸的爱的责任感的存在:对那些祈求帮助的孩子我责无旁贷。大多数的父母都曾经验到这种道义上的要求,许多教

---

[1] 杨明刚.还原、交互与体验:现象学视阈中的音乐教育过程再认识[J].大学教育科学,2015(6):39-45.
[2] 范梅南.教育机智:教育智慧的意蕴[M].李树英,译.2版.北京:教育科学出版社,2014:37.
[3] 范梅南.生活体验研究:人文科学视野中的教育学[M].宋广文,等译.北京:教育科学出版社,2003:7.

师和忘我投入教育事业的教育工作者们在生活中也有这种体验。"[①]这种"爱的责任感",我称之为悲悯。悲悯不是怜悯,不是同情,而是心怀感恩和敬畏的善和爱。当我们爱一个孩子时,我们知道什么对他有益,我们会倾尽所能去给予,那么给予的行动指南便是教育理想,这便是我们教育行动的起点和旨归。

第三,教育情怀是一种"诗化"。

崇尚存在主义的雅斯贝尔斯的"那朵云""那棵树"的诗意融入了几乎每一位教育者的心田,让每一颗倦怠的心顿时柔软温润起来。他提出教育是对人的灵魂的教育,回到了教育陶冶精神的本质。真正的教育是用来充盈于人、服务于人、启迪人心的,而不是把人变成掌握知识的机器和工具;真正的教育必须上升到人的精神、安顿人的心灵的高度,更加接近、无限接近教育的本质。我们提出要让教育具有教育学的意蕴,即便是我们掌握了教育学中阐述的教育规律、教育内涵,但面对现实,我们也"不可能一直或永远用教育学的态度对待孩子,对此我们没有必要自责"[②]。现象学教育学的代表马克斯·范梅南的"教育情调""教育机智"给出了我们最好的答案,把教育落脚到了诗意、轻柔、深情、微妙等处。

第四,教育情怀是一种"敏感"。

教育不是静态的,而是鲜活的。在教育研究中,我们对所研究的对象必须保持客观性,真诚地保护研究对象的本质,在揭示研究对象的丰富性和深刻性时能够有高度的知觉性、顿悟性和洞察性。教育被作为人文科学研究,是因为教育同样具有人文科学的内涵。"人文科学"一词来源于德语 Geisteswissenschaften,由三部分组成:Geist,wissen,schaften。Geist 可译成英语中的思想(mind)和精神(spirit),但这不能完全代表 Geist 的含义,Geist 还包含人类内在的品质和精神的升华等意义。保尔诺说,人文科学知识不单指智力。知识应该是 geistig,其深度涉及心灵、精神,囊括人生存和探寻的所有方面。[③]这就需要"敏感",机警、机智地保持对孩子微妙的精神和思想的敏感,我们也谓之"情怀"。

二、教的秘密

人不仅赋予万物以意义,而且也从万物中获取意义。"人的生命总在不断生成新的生命,生命本身不是一个结论,而是一个历程,生命一直在产生意义,这些意义使生命成为一种有意义的、非确定的过程,使人永远处在生成之中。人作为一种开放性存在,永远不会以完善和完美而告终,人的'未完成性'使人永远处在奔向'人'的生成和发展的过程

---

① 范梅南.生活体验研究:人文科学视野中的教育学[M].宋广文,等译.北京:教育科学出版社,2003:8.
② 范梅南,李树英.教育的情调[M].李树英,译.北京:教育科学出版社,2019:106.
③ 范梅南.生活体验研究:人文科学视野中的教育学[M].宋广文,等译.北京:教育科学出版社,2003:17.

中,体现出人不断超越自我的'形而上学'本性。"①每个人都在追求成为优质的自己的路上,作为教师,我们在教育过程中,何以超越自我,成为优质的自己,这一载体就是"教",这一密码就在于:

第一,澄明、清明。

"明",日月交辉,大放光明,有照亮、点燃、公开的、天亮等含义。澄明之意为清澈明净,清明之意为清澈明朗。作为教育者,我们怀揣澄明,明晰教育的逻辑起点和旨归在于学生的发展与成长,在"教"和"育"中体悟学生建构意义的快乐。在教育的生活世界里,在与学生的相遇中感悟教育者专业成长的幸福。好教师,必定会使教育实践符合学生的自然本性,尊重、爱护每一个学生纯洁天真的自然天性,为他们提供一种适合其自由地展示自己的天性及其个性、情感、人格的生活空间和生活氛围,引导他们能够真正地热爱、享受属于自己的生活,深刻感受和体验到人之为人的价值和意义。

第二,使命、立命。

"命",使命,重大的任务,也是应尽的义务和职责。雅斯贝尔斯在《什么是教育》中说,只有导向教育的自我强迫,才会对教育产生效用,而其他所有外在强迫都不具有教育作用。②正如我们在教育实践中要给予学生以"渔",让学生拥有个体精神成长的能力,达到知、情、意统一发展的目标。《孟子·尽心》中说:"夭寿不贰,修身以俟之,所以立命也。""立命",是指修身养性以奉天命。修正其身,以待天命,此所以立命之本也。所谓天,指的是自然世界、时间空间。作为教育者,带领学生探寻世界的奥妙,一定要遵循人的发展规律,不要局限于学科界限,拓宽学生视野,启迪学生认识世界、探索世界的智慧。

第三,共鸣、争鸣。

"教育"在现象学教育学中,是海德格尔意义上的"此在"的"有根的存在论"的无限展开,是to be,而不是现成的being。教育首先是使学生与教师在生活世界中真正相遇,课堂应是"我"(教师)与"你"(学生)相遇的场所,如果学生与"我"只是共同在场而没有相遇,教育就没有发生。相遇即是交互、交往,真正的相遇我称之为"共鸣",是师生之间的共舞,有着一定的韵律与节拍,师生共同探寻隐藏在灵魂深处的秘密之地,体味生命的价值。其次在于争鸣。所谓争鸣,本身指的是在学术上进行争辩,浸泡在教育生活世界里的每一位教育实践者,几乎都有着自己独到的教育经验,但是我们一定要能够面对真实实践的理论——一种实践性的理论或能够转化为理论化的实践行动,通过这些理论使自身在日常教学与管理中摆脱经验、直觉、习俗式的实践逻辑,从而在教育实践中实现理论与实践的同一化。简单地说,就是要使实践行为成为一种理性的行为,成为一种理论化的实践,使

---

① 孙传远,阚逍.关于完整人的思考[J].现代教育论丛,2010(2):15-18.
② 雅斯贝尔斯.什么是教育[M].邹进,译.北京:生活·读书·新知三联书店,1991:5.

实践具有特有的理论化的品格,我谓之"争鸣",从而形成我们与众不同的教育风格。

第四,沉醉、迷恋。

马克斯·范梅南认为,教育学就是迷恋他人成长的学问,爱和关心孩子是教育学的条件,对孩子的希望和责任感也是教育学的条件。孩子们使得成人可以超越自我,说我希望……我生活在希望中;我的生活使我体验到孩子就是希望。这种希望的体验将教育生活和非教育生活区别开来。[①]这种"迷恋"与"希望"便是名师必备的品格之一。沉醉于学生的成长和变化,迷恋学生的不确定和可能性。成长是人的生命中一直拥有的可能性,我们的心朝向孩子,从不缺席孩子变化的每个瞬间,痴迷于每个孩子形成自我的过程,我谓之"酡"。"酡"也是超越自我,成为优质自己的秘密之一。

教育发生在孩子和成人之间,是幽微的、神秘的,是"你"和"我"的相遇,教师只有在日常的生活世界里,看到如其所是的真实模样,和学生展开真正的对话,让"心流"发生,我们的教育世界才是鲜活的、丰盈的。

第二节　教育学视域下的音乐教育变革

中国特色社会主义进入了新时代,这意味着,我国的教育也进入了新时代。党的教育方针愈发具有鲜明的政治性、时代性和方向性。2019年9月16日,《中国教育报》刊登《新时代教育工作的根本方针》,其中明确提出:

新时代贯彻党的教育方针的总要求。

第一,核心是围绕"培养什么人、怎样培养人、为谁培养人"这一最具战略决定性意义的根本问题,规定了教育的性质、目标、任务和实现路径。

第二,坚持马克思主义指导地位,贯彻习近平新时代中国特色社会主义思想,坚持社会主义办学方向,落实立德树人根本任务,指明了教育发展的根本方向。

第三,坚持教育为人民服务、为中国共产党治国理政服务、为巩固和发展中

---

① 范梅南.教学机智:教育智慧的意蕴[M].李树英,译.2版.北京:教育科学出版社,2014:66.

国特色社会主义制度服务、为改革开放和社会主义现代化建设服务，"四个服务"明确了教育的根本宗旨。

第四，提出扎根中国大地办教育，同生产劳动和社会实践相结合，明确了教育的实现路径。

第五，提出加快推进教育现代化、建设教育强国、办好人民满意的教育，努力培养担当民族复兴大任的时代新人，培养德智体美劳全面发展的社会主义建设者和接班人，明确了教育的根本目标。将德智体美劳全面发展思想写入教育方针，是对马克思主义关于人的全面发展思想的继承和发展。这是对党的教育方针的新发展，对教育总要求的新认识、对教育工作目标的新要求。

从改革开放到今天，我国的教育经历了四十余年的变革。关于基础教育课程教学改革的发展，我赞同余文森老师的观点，改革开放四十余年来，我国基础教育课程教学改革从目标方向和价值追求的变迁来看，经历了从"双基"到三维目标再到核心素养三个阶段。这三个阶段形成了我国基础教育课程教学改革特有的轨迹和路径，并产生了我国特有的课程思想和理论。首都师范大学王攀峰老师也有类似的历史划分。无论怎样，大家对不同时期的教育都有着共同的观点。双基时代的教育特点是重教师而不重学生，重管教而不重自觉，重统一而不重多样，重传授而不重探索。到今天，发展学生的核心素养，将学生的知识、技能和态度进行统整与融合，由知识导向变成行为指向，核心素养成为学生的关键能力和必备品格。欧盟的研究报告《核心素养：普通义务教育中的发展观念》指出，这种素养具有可迁移性和灵活性，是一个人在急剧变化的环境中成功行动的无价之宝，主要包括沟通、问题解决、理性思维、领导力、创新、主动性、团队活动、学习能力等。纵观各个时期的教育变革，从教育思想理念、课程观、知识观、学生观到教材观、教学观等方面都在发生相应的变化，音乐教育也在不同时期的教育变革中呈现出各个时期的特点。

一、性质理念

1978年，教育部颁布《全日制十年制中小学教学计划试行草案》，开启了改革开放第一次基础教育课程改革的征程。作为教学改革的纲领性文件，教学大纲在教学内容上是围绕各学科的"双基"进行组织的，是知识本位的突出反映，它对教学内容、知识点的具体要求与深度、难度都做了明确清晰的界定。主要问题依然是"应当教哪些内容""应当教到什么程度"。教学大纲在教学活动上凸显"刚性"和"技术"取向，即对教师怎么教给出了规范要求和"直接指导"。

教育部2001年6月印发的《基础教育课程改革纲要(试行)》明确提出了"三维目标"的课程理念。之后,教育部分别于2001年7月和2003年4月颁布了义务教育各学科课程标准(实验稿)和普通高中各学科课程标准(实验稿),并依据课程标准陆续审查通过了多套可供地方选用的实验教科书。

2014年3月,"核心素养"首次出现在《教育部关于全面深化课程改革落实立德树人根本任务的意见》中,并被置于深化课程改革、落实立德树人根本任务的首要位置,成为修订课程标准、研制学业质量标准的重要依据。核心素养开始进入我们的视野。发展学生的核心素养,以培养"全面发展的人"为核心,分为文化基础、自主发展、社会参与三大板块,三个板块综合表现为人文底蕴、科学精神、学会学习、健康生活、责任担当、实践创新六大素养,为方便实践应用,又将六大素养细化为18个基本要点。进入21世纪,国家通过系列举措持续推进基础教育领域的改革发展,经过近二十年的实验探索,提出核心素养这一重要理念,以此为推动,基础教育领域从对学生学习内容的关注逐渐转向对学生学习结果的关注,从对教材和课程标准的关注转向对"为谁教""教什么""教给谁""怎样教"的关注,终极目标都是为了更好地发挥教育的基础性和先导性作用。

由此可见,随着基础教育的改革,音乐教育的课程性质和理念也更加关照"人"的全面发展。教育部2022年颁布的《义务教育艺术课程标准(2022年版)》明确提出了艺术课的课程性质是"以立德树人为根本任务,培育和践行社会主义核心价值观,着力加强社会主义先进文化、革命文化、中华优秀传统文化的教育;坚持以美育人、以美化人、以美润心、以美培元,引领学生在健康向上的审美实践中感知、体验与理解艺术,逐步提高感受美、欣赏美、表现美、创造美的能力,抵制低俗、庸俗、媚俗倾向;引导学生树立正确的历史观、民族观、国家观、文化观,增强爱党、爱国、爱社会主义的情感,坚定文化自信,提升人文素养,树立人类命运共同体意识,为实现中华民族伟大复兴而不懈奋斗"[①],同时提出了"坚持以美育人""重视艺术体验""突出课程综合"的课程理念。2020年颁布的《普通高中音乐课程标准(2017年版2020年修订)》也明确提出,普通高中音乐课程的性质,与义务教育阶段音乐课程的人文性、审美性和实践性一脉相承,同时体现普通高中课程方案提出的思想性、时代性、基础性、选择性和关联性,培育和践行社会主义核心价值观,培养学生的音乐学科核心素养,为落实立德树人根本任务、发展素质教育服务。同时也提出了六大课程理念:第一,彰显美育功能,提升审美情趣;第二,强调音乐实践,开发创造潜能;第三,深化情感体验,突出音乐特点;第四,弘扬民族音乐,理解多元文化;第五,丰富课程选择,满足发展需求;第六,立足核心素养,完善评价机制。新课标关于艺术(音乐)课程性质和理念的阐述,为音乐教育的发展指出了明确的方向,使得音乐教学更加具有针对性,育人目标也更加明确。

---

① 中华人民共和国教育部.义务教育艺术课程标准(2022年版)[S].北京:北京师范大学出版社,2022:1.

二、课程观

"双基论"秉承的是学科本位(中心)的课程观。一方面是将学科知识完整准确地传递给学生,使学生通过学科知识的系统学习得以快速成长;另一方面是通过学科知识的传承创新,使学科知识自身得到不断丰富、完善和发展。

三维目标秉承的是经验主义的课程观,即强调经验和儿童活动在课程中的地位和作用。三维目标在新课程改革中突出表现为以下两方面:第一,力求突破学科本位,改变学科内容"繁、难、偏、旧"和过于注重书本知识的现状;第二,注重学科与生活的有机整合,加强学科内容与学生生活以及现代社会和科技发展的联系。

核心素养关注和强调的则是课程(学科)的育人价值。对学科的教育价值,著名教育家叶澜教授曾有过精辟的论述:"每个学科对学生的发展价值,除了一个领域的知识以外,从更深的层次看,至少还可以为学生认识、阐述、感受、体悟、改变这个自己生活在其中并与其不断互动着的、丰富多彩的世界(包括自然、社会、人、生活、职业、家庭、自我、他人、群体,实践交往、反思、学习、探究、创造等等)和形成、实现自己的意愿,提供不同的路径和独特的视角,发现的方法和思维的策略,特有的运算符号和逻辑;提供一种惟有在这个学科的学习中才可能获得的经历和体验;提升独特的学科美的发现、欣赏和表达能力。"[1]要深入学科的内核,挖掘学科的独特育人价值,在培育学生核心素养上聚力发力。可以说,以核心素养为导向重新认识学科、发现学科、组织学科、建设学科是当前深化课程改革的重头戏。

目前,全国各地的中小学校音乐教育发展整体还不是很均衡,但是有一点大体相同,音乐学科的课程建设在所有学科中处于弱势位置。主要表现为学校对音乐学科的认识不够,对音乐学科建设不够重视,音乐学科校本化欠缺。随着基础教育改革的推进,音乐教育工作者的课程意识必须加强,需要重新理解音乐学科的课程结构,积极推动和践行课程的实施。

从新课标来看课程改革,高中音乐教育的课程从原来的一册必修、五册选修,变成了五册必修和五册选择性必修,增加了音乐学科课程的丰富性和可选择性。同样,《义务教育艺术课程标准(2022年版)》也体现了音乐课程结构的变化,小学1~2年级音乐课程改为"唱游·音乐",后面的学段仍然是"音乐"课程,到八年级时,开始在原有音乐课程的基础上,增加舞蹈、戏剧、影视等选择性课程,与高中多样化的课程相衔接。面对这样的课程改革,音乐教师们无需彷徨,而是要与时俱进,重构课程观,以全新的、积极的状态提升自己的课程能力。

---

[1] 叶澜.重建课堂教学价值观[J].教育研究,2002(5):6.

三、教材观

"双基"导向的教材观。作为教学大纲的直接体现的教材（教科书），是学科基本知识和基本技能的载体，是对教学大纲所规定的学科知识的"逻辑汇编"和权威解释。教学活动只是教材的展开过程，教师充当教材的代言人，学生的学习就是对教材的理解、记忆和掌握。

三维目标时期的教材观。教材编写注重儿童参与和凸显儿童文化，注重从儿童的立场和视角出发提出问题、分析问题、解决问题，使教材充满童心童趣。

核心素养导向下的教材观。在基于知识而教的前提下，教材是学生学习、教师上课的资料与素材资源，使用者在使用过程中有很大的自主权，可以根据学情、生情，基于教材内容，重新建构新的教与学的内容。教材本身也留出了很多自主空间，作为工具服务于学生素养的培养形成。

以初中音乐教材为例，初中音乐教材每个学期一册，三个年级六个学期共六册，每册六个单元，音乐作品围绕单元主题进行精选。有唱歌、欣赏、影视、戏曲等，同时增加了可供参考的选学曲目。教师可以根据学生的学习情况进行拓展或是对比选听。教材同时也是"学材"，教材中音乐作品的数量也有适当增加，但并非每首作品都要面面俱到地去学习，老师和学生也可以根据实际的学情有选择地进行学习。湖南文艺出版社、人民音乐出版社以及花城出版社出版的高中音乐教材均以人文主题为单元，精心选曲，同时在体例上增加了拓展与实践栏目，除了辅助教学，更为学生自主学习提供了帮助和参考。教材的变化无疑给音乐教育者带来了挑战，如何正确合理科学地使用教材，需要在日常的教学实践中不断研究。

四、知识观

"双基论"秉承的是客观主义（本质主义）的知识观，其主要观点有以下两点：第一，强调知识本身的客观性、普遍性、确定性；第二，强调知识学习过程的接受性。

三维目标秉承的是建构主义的知识观，其一强调知识的主观性、情境性和相对性，其二强调知识学习的建构性。学习是学生自己建构知识的过程，不是简单被动地接收信息和产生反应，而是主动地建构知识的意义。

"核心素养"导向下的知识观注重该门学科对人的必备品格和关键能力形成的独特作用，这种知识观把学科课程和教学引向人的核心素养，而不是学科本身，学科核心素养实际上就是对学科教学方向的规定。总之，核心素养是落实立德树人根本任务的抓手。

费尼克斯指出,知识就是意义的领域。有学者说,20世纪以来,哲学的一个基本走向,就是迈向意义的世界。关于知识的探讨,人们开始关注知识的意义向度。"意义问题已经逐渐进入人们的研究视野,并成为时代主题,生命哲学、存在主义、解释学、现象学等无不把人的意义世界作为一个基本的关注焦点。"[①]

音乐教育的起点是"音乐",落点在于人的培养。如在义务教育和高中阶段,教材中均有中国的古琴音乐。古琴音乐往往被称为文人音乐,在教学过程中,我们不仅仅是让学生聆听古琴曲,认识古琴,了解琴师,最主要的是要让学生通过对古琴音乐的聆听鉴赏,了解中国传统音乐的特点,以及中国古代文人音乐的中正平和的审美思想和清雅淡虚的审美情致,懂得天人合一的哲学思想,学会欣赏美、理解美、创造美、应用美。

五、教学观

"双基论"秉承的是特殊认识论,强调教学的传承性和接受性,学习方式以理解、记忆、训练为主,教学效果追求准确性、绝对性(最高价值标准)。其隐性的教学假设和信念有:第一,知识是能力的绝对基础,知识的理解、记忆、练习是教学的中心任务,能力及其培养是从属性的,服从服务于知识的掌握,知识学习被提到无以复加的高度;第二,知识就是"绝对的"真理和标准,不容置疑的结论,质疑、怀疑、批判乃至探究、实践被排除于学习之外,导致学习者的创新精神和实践能力被严重弱化。客观主义知识观和学科本位的课程观导致了听命于老师的"灌输式教学"。

三维目标的教学观基于建构主义观点,倡导尊重学生能动性的"建构式教学",在新课程实施中表现为自主学习、合作学习和探究学习。从学生学习的角度来看,三维目标对应着学生学会、会学、乐学,是学生完整学习的体现。如果说"双基"教学是应试教育在课堂教学中的体现,那么三维目标则是素质教育在课堂教学中的落实。素质教育的核心理念就是在坚持面向全体学生的前提下,注重学生身心素质的全面发展,以及强调学生的主动的、生动活泼的发展。

核心素养论要求从"为了知识的教学"转向"基于知识的教学",知识要从教学的目的和归宿转变为教学的工具和资源,知识和知识教学要服从服务于人的素养的形成和发展。人是课堂教学的中心,学生按照自己的意愿和兴趣,从自己的生活、经验出发,通过自己的实践和认识建构自己的学科知识。从高中新课程标准的实施建议中我们发现,以核心素养为导向的学科教学特别倡导"学科活动""深度教学""问题路径""任务导向"等教学方式

---

① 李召存.课程知识的生存论透视[J].教育理论与实践,2006(8):33-36.

和策略，是对三维目标教学实践和"自主、合作、探究、学习"的总结、提升。这些教学方式和策略将引领学科教学从知识走向素养。

　　谈到音乐教师的教学观，许多人可能首先想到的是如何教学，但我认为，如何备课才是我们首先应该想到的，我们常说不打无准备之仗。随着核心素养时代的到来，以及"双减"政策的实施，高效率、大容量的课堂教学无疑需要我们把深度学习、大单元、主题化、任务驱动等教学理念应用到教学实践中，因此团队的重要性就凸显出来了，音乐教师的教研就显得尤为重要。我们首先要做的不是研究如何教学，如何进行教学设计，而是研究分析音乐，包括音乐的创作背景、音乐的相关文化分析、作者介绍，最主要的是音乐本体的分析，包括旋律、结构、曲式等的分析。而音乐分析恰恰是目前国内中小学音乐教师较易疏忽和较为欠缺的。有的音乐课貌似很热闹，气氛很热烈，但往往是游离在音乐的边缘的。课程改革在向纵深发展，我们的音乐教学也同样要向深度教学方向发展。没有深度教研，深度备课，就不会存在深度教学。以《我和我的祖国》为例，教师首先要在研究课标，研究单元位置、单元主题的前提下，来分析音乐作品。同样是这首作品，对于不同学段的学生，教学方法和目标大相径庭。在小学阶段，学生可以哼唱，因为就小学生的音域而言，还不适合大声歌唱这首作品，因此，这首作品主要用于小学高年级段的欣赏。初中阶段，在分析这首作品的前提下，可以让学生感受旋律的上下行的变化、音程的大跳带来的音乐风格和情绪的变化，以及对6/8、9/8稳定拍的练习。在人民音乐出版社（亦简称"人音"）2019年版普通高中教科书《音乐·音乐鉴赏（必修）》的序篇"不忘初心"单元主题中，教师对这首作品进行分析，要让学生进一步了解这首作品的创作背景与《海滨音诗》有关系，作品的音乐主题发展的动机即来源于《海滨音诗》，同时还要对作品的词曲的关联、文学性等进行分析。因此可以选择教学的切入点：通过歌唱、创作旋律以及歌词，激发学生的创造力、想象力，进一步达到文化提升的效果，学生的爱国初心自然而然也会得到加强。这些都建立在对音乐深入分析的基础之上。只有深度教研，才能找到教学的切入点，才可以进一步去讨论和研究教学方法。在此基础上，每一位教师可以用自己擅长的教学方法，或者根据自己的专业能力，采用聆听、歌唱、律动、器乐等多种形式，引导学生通过体验理解音乐、掌握音乐，达到教学目标中对人的关照——美（发现美、欣赏美、体验美、创造美）和德（树人）。这样才会产生我们经常说的"同课异构"，凸显每一位教师的特色和风格。

　　目前，音乐教育专业受到国家的高度重视，音乐教育被时代赋予了新的使命。无论是时代的需要、课程变革的需要，还是学生发展的需要、教师自身专业发展的需要，都决定了我们的音乐教学必须要有教育学的支撑，要有教育理念的支撑。我们一定要打破原有的"固思和定见"，使音乐教育更能适应时代发展，为党育人，为国育才。

第三节 基于"解放理性"的音乐学科深度备课

随着国家"双减"政策的落地,如何在原有的课堂上"提质""增效",让深度学习真正发生,引发了全学段、全学科的热议。音乐学科当然也不例外,音乐教学同样也需要合理的价值取向,明确清晰的教学目标,合理流畅的教学设计,精心设计的教学内容,灵活多样的教学方法以及多元有效的教学评价。无疑,学生的深度学习倒逼了教师的深度备课,深度教研。

一、基于"解放理性"的价值取向

衡量一个音乐教学案例是否成功,要考虑音乐异于其他学科的特殊的地方。音乐是人类最古老、最具有普遍性和感染力的艺术形式之一,音乐课程是以感受、表演、创造为基本活动的课程。

音乐学科教学的价值取向可以定位于"解放理性"。我国音乐课程与教学经过漫长的发展与变革,在总结前人经验的基础上,汲取了一个多世纪以来人类认识发展和价值探究的精华,当今的课程与教学整合的价值取向可称为"解放兴趣",或称为"解放理性",这是在自主而不放任的状态下,通过自我反思的行为进行的,而此特点恰恰和音乐学科教学的认知过程及目的相符合。

当音乐教学的价值取向定位于"解放兴趣"时,教师和学生就不单单是课标、教材等课程计划的实施者、执行者,而是设计者、开发者。此时的课程将是一种"体验课程"——师生通过共同的音乐鉴赏、音乐体验、音乐活动,在教学过程中相互交流、沟通,从而达到音乐课让学生感受美、体验美、创造美的目标。在"体验课程"中,教师和学生因其主体性而获得个性发展、心灵自由、精神解放。

二、基于解放理性的集体教研

当音乐教学以"解放理性"为价值取向时,师生的主体性能得到充分的发挥,这也是师生共同创生的过程。在这个过程中,音乐课程的意义不断得到建构和提升。此时我们的课程标准、教师用书以及一些辅助的教材都是提供给教师和学生的资料,对这些资料的学习、阐释,有助于师生知识与经验的增长。音乐集体教研的价值即在于为"解放理性"的创生性音乐教学打下基础、提供依据。

独行快,众行远。基于"解放理性"价值取向的集体教研,对于音乐教学效率、效果的提升有很大的帮助。在研中学,在研中教,在研中成长,在研中创生。发现问题,解决问题,围绕问题去学习、归纳和积累解决问题的经验和方法,都依托于合作性、批判性、日常性的集体教研。

我们以人民音乐出版社2004年版普通高中课程标准实验教科书《音乐·音乐鉴赏(必修)》第四单元第八课"京剧大师梅兰芳"为集体教研案例进行阐述。集体教研共分四个阶段。

(一)备课阶段

(1)第一次集体教研(课标、教材、学生)。

结合音乐课程的基本理念、课程标准、核心素养对本课进行意义建构,对本课教学内容进行全面分析认识。提出教师需要准备的资料和课前需要做的准备工作,以及为上好此课学生们需要做的准备工作,如对京剧知识和梅兰芳有所了解。

本环节的重点在于理论分析,采用的研究方法主要是资料收集法。

(2)第二次集体教研(教学内容重组)。

根据各位教师的再认识,总结分析提炼重组教学内容,分析学生调查问卷,探讨适合学情的教学设计方案。

本环节对教材、教师、学生进行全面的分析,既有对教材内容的全面认识,又有对教师自身能力和水平的全面评价,还有对学生已有认知的调查研究。采用的方法是行动研究法。

(二)教学实施

(1)第三次集体教研(目标、重难点)。

每位教师按照自己的理解进行最初的教学设计,集体研讨出最佳的教学方案。结合教学内容,对教学目标进行预设,目的在于达成审美感知、艺术表现、文化理解三个方面的教学目标,并对重点和难点的解决方案进行研讨。

本环节的集体教研对该课进行全面的研究,并完成成型的教学设计。研究方法是行动研究法。

(2)第四次集体教研(教学方法)。

针对教学实施过程中不同的内容和环节,思考探究不同的教学策略,分别采用提示型教学法、共同解决问题型教学法、自主型教学法等教学方法。

本次教研在基于教学实践的基础上,对教学实施的各个环节进行研究,从而探求最佳的教学方法。采用的研究方法是行动研究法和经验总结法。

(三)反思重建

第五次集体教研(教学反思)。

通过集体教研,进行教学反思。反思在教法上有哪些创新,在知识上有什么发现,在组织教学方面有何新招,对教学的重点难点处理是否得当,等等。并对教学内容进行必要的归类与取舍,考虑如果再教这部分内容,应该如何设计。基于以上反思,对教学设计进行调整,改进后续教学,对教学设计进行多次重建,通过省名师讲堂,省名师送教下乡,全力磨课,进一步提升教学效果,形成最终的教学设计。

本次教研侧重于在教学实践的基础上进行反思并重建教学设计,采用的研究方法是行动研究法、经验总结法、比较分析法。

(四)反馈评价

第六次集体教研(教学评价)。

围绕学生音乐学科核心素养的达成水平进行观测、评价。在评价过程中回顾、总结、评估、反思学生的课程学习状态,展现学生音乐学习的成果,有利于学生了解自身学业水平和发展方向,增强学习的信心和动力,也为教师和学校不断改进教学,提高育人质量提供参考。当然,音乐教学评价永远没有标准答案,我们不能简单地把量化指标和可视的表现作为衡量的标准,不能片面地以量表的形式来评价艺术功能,这种主体取向的评价要结合"目标取向和过程取向"的评价。具体的评价方式,本课采用教师的自评、他评,学生的自评、他评两个方面交互进行。

本次教研主要基于教学实践的整体过程,对进一步做好课例研究进行总体评价。采用的是个案研究法、学生带动法、行动研究法、经验总结法、对比分析法等综合的研究方法。

三、基于"解放理性"的深度备课

我们常说:"备课花工夫,上课显神通。"备课是上好课的关键。在新课标背景下,随着教师角色的转变和学生学习方式的改变,备课的性质、功能、方法已经发生了很大的变化。新课标要求教师的备课内容要以学生为主,注重学生能力的培养,强调师生双方的互动。但是实际教学中,不少音乐教师在备课中很少考虑到学生的能力发展,只备教师的"教",而忽视学生的"学"。教学目标不明确、不具体,缺乏课程整合意识等现象较为突出,显然教师的备课思想仍未冲破传统的藩篱。那么音乐教师应如何转变观念,进行科学、有效的备课呢?基于"京剧大师梅兰芳"一课的教学,集体教研围绕音乐学科的新课程标准和基本理念、对核心素养的解读、对教材内容的了解、对教师能力和学生认知等方面进行,对本课进行深层次综合分析,从而确定了基于"解放理性"的教学目标,为教学设计提供了明确的方向。

(一)重温新课标

首先,要全面深入了解新课标内容及其精神,把握新课程标准的内涵及特点,从而转变观念、明确改革方向。与传统教学大纲不同,新课程标准倡导"以学生为本",一切为了学生的发展,强调学生学习方式的转变,注重学生能力的培养。其次,要与音乐课程标准进行深入"对话",准确把握音乐课程标准。不少音乐教师认为没必要研读课程标准,觉得自己只要"吃透"教材就行,殊不知教材就是根据课程标准编写的,不认真研读课标怎能"吃透"教材?《基础教育课程改革纲要(试行)》指出,国家课程标准是教材编写、教学、评估和考试命题的依据,是国家管理和评价课程的基础。由此可见,课程标准在整个课程改革过程中扮演着重要角色,未达到课标规定目标的教学是不合格的教学。因此,音乐教师在备课前要深入钻研新课标的每一部分,明确音乐课程的总目标与学段目标,依据各学段的内容标准来制订教学计划,并结合教学实际设计教学方案,形成自己对新课标的独到理解。对音乐学科核心素养再一次进行深入理解。学科核心素养是学科育人价值的集中体现,是学生通过学科学习而逐步形成的正确的价值观念、必备品格和关键能力,高中音乐学科的核心素养主要包括三方面[①]:

第一,审美感知。指对音乐艺术听觉特性、表现形式、表现要素、表现手段以及独特美感的体验、感悟、理解和把握。通过课堂教学和课外艺术表演实践,使学生掌握音乐基础知识和基本技能,培育在联觉机制作用下对音乐音响的综合体验、感知和评鉴能力,提升艺术素养和人文修养,吸纳和传承优秀文化,陶冶情操,涵养美感,和谐身心,健全人格,引导学生对崇高人文精神的追求,增强对真善美的讴歌与塑造能力。

第二,艺术表现。指通过歌唱、演奏、综合艺术表现和音乐编创等活动,表达音乐艺术美感和情感内涵的实践能力。丰富多样的音乐艺术形式,具有鲜明的表演性,能让学生接受熏陶、充实心灵、激发想象力、发挥创造力、培养自信心、获得成就感。高中阶段的艺术表现应以培养多数学生能够达到的能力为原则,重在通过艺术表演实践和创造活动,提升学生审美感知文化理解能力,同时促进学生在集体活动中的人际交往,增强人与人之间的沟通和交流,强化社会责任感。

第三,文化理解。指通过音乐感知和艺术表现等途径,理解不同文化语境中音乐艺术的人文内涵。将文化理解作为高中学生的音乐学科核心素养之一,旨在通过音乐课程教学,让学生认识中国民族音乐文化的博大精深及丰富的文化内涵,坚定文化自信;让学生了解其他国家的音乐文化,以平等的文化价值观理解世界音乐的多样性。

---

① 中华人民共和国教育部.普通高中音乐课程标准(2017年版2020年修订)[S].北京:人民教育出版社,2020:5—6.

(二)研究教材

集体备课的第一步就是基于课程理念和核心素养的教材分析,这是一节课开始设计的行动起始点。教材是新课程的重要载体,是实现课程目标、实施教学的重要资源。运用教材内容是备课的重要环节,但不应只准备教材内容,甚至只是从教参到教案的简单的"复制",还应具备对教材重新进行结构组织、脉络梳理以及内在规律揭示的能力。合理地使用教材需要做到以下几点。

1.转变观念

教材是提供给教师进行教学的素材,给出的是教学思路,教师利用这个思路,达到课堂教学目标,不能照本宣科,不能把教材当圣经来看。过去把"教材"叫作"课本","课本,课本,上课之本";现在称之为"教材","教材,教材,教学的素材"。这不仅是名称上的变化,更是教育理念上的变化。因此,在与音乐教材"对话"时,教师一定要明确这样的理念。"京剧大师梅兰芳"一课选用了京剧大师梅兰芳的代表作品《霸王别姬》中虞姬的唱段《看大王在帐中和衣睡稳》和《贵妃醉酒》中杨玉环的唱段《海岛冰轮初转腾》,并让学生在了解唱段的基础上,对南梆子和四平调的唱腔特点有所认识。课后还设置了"模唱唱段,念锣鼓经"的练习,这也是一个很好的教学辅助,如果合理恰当地应用,也一定能使课堂活动多样化。同时,配套的教学音像视频资料也为课堂教学提供了可供选择的丰富素材。但是对于如何使用教材中的内容,还需要集体教研进一步研究讨论。

2.研读教材

教师在拿到一本新教材后,首先要做的一件事情是通读教材,从整体上了解教材的知识体系,理解编者意图,把握教材特点,做到心中有数。其次应对所要教的音乐作品进行反复聆听,仔细分析音乐作品的审美要素,即分析音乐的音高、节奏、速度、力度、旋律构成、情绪色彩、歌词内容与思想情感等方面的要素,抓住这些方面的音乐特性设计教学,才有可能使音乐教学绘声绘色。只有吃透教材,才能深入浅出,将作品本身的教育价值与音乐课程的教育价值有机结合,达到音乐教学的目标。

当然,在备课中,只熟悉课本教材是不够的,往往还需要把范围扩大一些,翻阅书籍、在网上查阅一些参考资料是很有必要的。参阅相关资料的目的,并不是要扩大教学内容的范围,而是要使教师高瞻远瞩,在教学中立于主动地位。因此,在第一次集体教研中,我们布置了一个具体的任务,就是让各位教师通过多种途径,全面深入地了解梅兰芳及其京剧艺术成就。梅兰芳是传统京剧领域中四大名旦的"首席",他创立了"梅派"艺术,为京剧艺术的发展作出了巨大的贡献,更可贵的是他"德艺双馨",具有高尚的民族气节和人格情操。由梅兰芳先生"引领"教师们再度走进京剧世界,教师们会更深刻地领悟到真正伟大的艺术来自艺术美和心灵美的高度结合,从而以此激发学生内心的高尚情感,使其以情感激发兴趣，以兴趣激发强烈的求知欲。

我们希望通过本节课的教学，首先能让学生通过聆听、欣赏两个唱段《看大王在帐中和衣睡稳》及《海岛冰轮初转腾》，感受、体验两个唱段的情感内涵，初步了解由梅兰芳先生首创的"南梆子"和由梅兰芳先生从其他戏曲唱腔中吸收革新来的"四平调"的唱腔特点，及梅兰芳先生的梅派艺术表演特点。其次能让学生了解梅兰芳的生平，理解梅先生的高尚人格、艺术成就，能让学生感动于梅兰芳"德艺双馨"的品质，领悟"真正的艺术"的含义。最后能让学生通过本课的学习，了解巩固京剧的产生、发展的历史知识及一些基本常识，知道京剧艺术在世界戏剧舞台上的重要地位。

3.拓宽教材内容

新教材留出了15%～20%的空间由学校自主开发课程资源。因此，教师应该积极开发与利用校外各种有益的音乐课程资源，及时优化教学内容。首先应注意吸收富有现代气息、密切联系社会生活的优秀作品。此外，在教学中，教师要善于挖掘、开发本地区的民间资源，编写乡土音乐教材，丰富教学内容。实践证明，这些补充教材不仅能让学生眼界大开，而且能够大大激发学生的学习兴趣。

4.基于"解放理性"的教学内容

在创生取向视野中，我们的教学内容不单单是教材的内容，在备课环节，教师已经对教材有了全面深入的了解，教材、教师用书、辅助资料等并不是严格意义上的教学内容，它们只是师生创生教学的资源之一。教学内容是教师与学生在特定的情境中共同创生的内在的、动态的资源，选择什么样的教学内容，其出发点和归宿是师生的个性成长、发展与变化。因此在集体教研一系列备课的基础上，我们对教材内容进行了增删、重组，形成本节课的教学内容。对学生原本熟悉的京剧常识进行删减，增加了梅兰芳京剧艺术成就和梅兰芳对于身段美的研究相关知识的教学，最后升华到人格美，让学生更加全面深入地了解京剧大师梅兰芳的艺术成就及其京剧唱腔的特点，从而达到音乐课的审美目标。因此课题就定为"大美梅兰芳"。

(三)走近学生

本课的教学对象是高中一年级学生，高一的学生群体已是一个拥有一定知识量，具有一定分析能力的学习群体。他们正处于由半成熟、半成人逐步走向成熟、成人的关键时期。他们有着好奇心强、求知欲旺盛、思维非常活跃的特点，又体现出渴望独立学习和思考的特点。虽然已经有了初中阶段对戏曲及京剧常识的学习和了解，但他们对京剧的唱腔、京剧大师梅兰芳的了解还停留在只知其名，不闻其声的层面。为了能够全面了解学生已有的对本节课基本知识的认知，最大程度地激发学生的积极性，充分发挥学生的主体性，使其对梅兰芳和京剧有主动的认识，集体教研第一次研讨对学生学情了解的环节，我

们制定了调查问卷,并对全年级将近2000名学生的调查问卷进行了分析,结果显示:

(1)从未听过京剧的占5%,偶尔听过京剧的占90%,经常听京剧的占5%。

(2)不喜欢京剧的占12%,兴趣一般的占75%,喜欢京剧的占13%。

(3)对京剧常识(行当、表现形式、脸谱、唱段)了解很少的占2%,有一定了解的占98%,一点儿都不了解的为零。

(4)对梅兰芳有一点儿了解的占11%,了解很多的占15%,不了解的占74%。

(5)对京剧《霸王别姬》《贵妃醉酒》了解的占2%,不了解的占98%。

教师引导学生积极主动进行课前准备,通过网络、电视、电影、书籍、报刊等了解梅兰芳及京剧,让他们听一段京剧,学唱一段京剧,学习一点儿身段表演或者念白等。

学习的预期是,准备只了解梅兰芳生平的占45%,除此之外还准备听一段梅兰芳的京剧的占35%,还准备学唱一句京剧的占15%,还想要准备学习一点儿身段的占5%。

(四)多方面对话

为新课程顺利进入课堂、渗入教学做更全面、更深入的准备,授课教师对自身的能力要有全面正确的认识,我们知道教师的能力取决于教师专业化发展程度,但是最全面的自我认识方法无外乎开展多方对话。

1.自我反思——与自我对话

在新课程背景下,教师应树立终身备课的思想,不应把备课看作短期行为,而是一个长期积累、不断发展的过程。在这个过程中,反思应成为教师备课的一个至关重要的环节和内容。

一问:"我的知识够丰富吗?"

在教学中,教师只有努力构建完善的知识体系,才能更好地驾驭课堂,完成教学任务。就音乐教师而言,首先要全面掌握音乐专业基础理论知识,精通学科知识并密切关注本学科的最新发展。除此之外,还要增加人文科学知识的储备,不断提高自己的文化修养。针对这节课,我们就要问自己,对于梅兰芳和京剧,除了教材中的常识之外,我们还有多少知识能分享给学生?

二问:"我的音乐技能够完善吗?"

音乐是一门表演性、实践性很强的学科。要引导学生掌握基础的唱、奏技能,具备一定的音乐感受力、表现力,教师应全面发展自身的演唱技能、演奏技能、表演技能等,并能够将这些技能融会贯通,综合运用在音乐教学的实践中。在本节课中,我们可以面对现实直视自己:我会唱一段京剧吗?我能唱好一段京剧吗?我具有身段表演的能力吗?参加集体教研的9位教师的真实情况是,3位教师能哼唱一段京剧,4位教师了解一些身段表演,2位教师对锣鼓经有一些研究,每位教师对梅兰芳和京剧都未能做到全面了解。

仅仅凭借教材中的一点儿介绍，对于上好这节课来说，还远远不够。这节课要鉴赏什么，怎么鉴赏，前提是教师是否准备好了。因此第一次集体教研就给教师留下了一个和学生们一样明确的任务：全面地了解梅兰芳的生平及其对京剧的贡献，尤其是他的世界影响。

2. 集体研修——与同伴对话

在实施新课程的过程中，集体教研的合作研究方式日益重要。集体教研可集思广益，最大程度地发挥每个人的优势，实现资源共享，并在集体研讨的过程中，使每个教师更加准确地把握教学内容与培养目标。实践证明，同学科教师共同参与的集体备课，在实际教学中效果显著，能有效推动教师队伍和谐发展，整体进步。

3. 内外互动——与专家学者对话

音乐教师专业素质的提高，除了自身的实践和学习外，还应特别重视专家学者的引领。

首先，与教学专家对话。

利用一切机会和条件寻求专家学者的指导和帮助是教师从根本上提高备课质量的有效途径。教学专家经过长期的摸索，已经积累了一套行之有效的教学方法，并能对一线教学提供高屋建瓴的指导。在新课改过程中，各级教育管理部门、教科研部门都积极地为教师创造了不少学习机会。音乐教师应积极参与教学专家指导的备课、评课活动，学习他们带来的知识、信息、方法等，使教学设计理念和教学方法得到针对性的提高。

针对这节京剧课，为了进一步深入了解戏曲的唱腔及身段表演，老师们积极参加了河南省戏曲骨干教师培训，有教师专门利用假期拜访京剧大师梅葆玖的弟子，学习京剧片段《看大王在帐中和衣睡稳》，还拜访了河南大学戏曲老师梁小斐教授，向他学习身段表演。

其次，与教学理论研究者对话。

音乐教师在平时的学习中，不仅要与教学专家对话交流，还要寻求教学理论研究者的指导，可以通过听学术专题报告、理论学习辅导讲座以及教学专业座谈会等形式与教学理论研究者对话。

只有通过对音乐学科教学理念、核心素养的再认识，全面了解本节课的教材内容、深入剖析教师能力，全面深入了解学情，在此基础上预设本节课的教学目标、教学重点和难点，采用多样的教学方法，才能真正让课堂教学高效增质，让深度学习真正发生。

第四节 批判教育学视角下的音乐教学
——以"大美梅兰芳"一课为例

批判教育学产生于20世纪70年代。批判教育学是一种立场、一种态度,一种理性的追求,更是一种方法论。弗莱雷认为,教育应该是一个互动的过程,解放既不是恩赐,也不是自我实现。对话,正是这种互动过程的最突出最典型的表现。对话也是一种交流,只有通过交流,人的生活才能具有意义。只有通过学生思考的真实性,才能证实教师思考的真实性。在他看来,对话的产生需要满足几个条件:要有对世界、对人的挚爱,要有谦逊的态度,对话双方要有批判性思维。教师和学生之间的平等对话意味着只有师生的地位和关系发生变化,才能体现民主的教育。弗莱雷建议学生和教师对正在讨论的问题提出质疑。当实施批判性教学法的教师对问题进行问题化时,答案不是现成的。教师以此引发学生思考,让学生意识到有些问题虽然有明确的答案,但其所面对的许多深层问题都难以用明确的答案来回答。正如塔拉·韦斯特弗所说,如果人们受过教育,他们应变得不那么确定,而不是更确定。他们应该多听少说,对差异满怀激情,热爱那些不同于他们的想法。因而此时的课程与教学领域开始超越以泰勒原理为代表的具有理性主义性格的"课程开发范式",走向"课程理解范式"——把课程当作一种多元文本来理解的范式,追求对身边事物的观察、反思,还原那些已经存在却还没有显现的事物的意义,即课程不应局限于规定好的、纲领性的教科书,对事物的探索也是一种课程。

孔子在51岁时,还不曾面对自我,他在拜见老子之后,回去三个月闭门不出,之后又去拜见老子时说:"丘得之矣。乌鹊孺,鱼傅沫,细要者化,有弟而兄啼。久矣夫丘不与化为人!不与化为人,安能化人!"[1]孔子最后一句话,标志着通往名师之道的第二大转折点,即进行自我转变。因此批判教育的前提首先是自我的安静、沉思,找回教育自由的真谛,作为醒者与学生交融,让教育在彼此思想碰撞的火花中发生。因此,与之相对应的课程实施也由忠实取向逐步走向师生的相互适应取向和创生性取向。作为音乐教师,面对音乐教学实践,必然要厘清课程的价值取向。

---

[1] 史密斯.全球化与后现代教育学[M].郭洋生,译.北京:教育科学出版社,2000:275-276.

一、音乐教育的时代使命

教育的起点是生命,音乐教育的起点和归处都要落到"树人"的根本任务上。首先我们考虑音乐异于其他学科的特殊的地方。音乐是人类最古老、最具有普遍性和感染力的艺术形式之一,音乐课程是以感受、表演、创造为基本活动的一门课程。20世纪90年代,国际音乐教育学会提出:"音乐教育能有效开发个性潜能,激发创造力,提升精神层次与生活质量。""世界音乐的丰富与多元性,可促进国际理解、合作与和平。"[①]音乐课中,学生不仅要学习音乐知识,欣赏优秀的音乐作品,习得一定的音乐技能,还要在此基础上掌握艺术的思维,拥有更高的艺术品位,具有艺术精神,传承人类的文化,陶冶丰富的情感,培养完善的人格。同时学校音乐教学也是最为直接的美育途径,2013年11月12日通过的《中共中央关于全面深化改革若干重大问题的决定》提出"改进美育教学,提高学生审美和人文素养",确定了美育实践的重心是"审美"与"人文"素养。2015年9月28日国务院办公厅印发的《关于全面加强和改进学校美育工作的意见》明确提出:"美育是审美教育,也是情操教育和心灵教育,不仅能提升人的审美素养,还能潜移默化地影响人的情感、趣味、气质、胸襟,激励人的精神,温润人的心灵。"国家对美育的科学定位反映了我国美育工作的国家意志,引导和保障了音乐教育实践和课程改革的方向。

二、交往与对话——教学实施

在《被压迫者教育学》一书中,弗莱雷批判了储蓄式教育的弊病。他指出,教育正承受讲解这一弊病的损害,讲解把学生变成了"容器",变成了可任由教师"灌输"的"存储器"。[②]这种教育脱离探究,无法使人真正成为人,是缺乏创造力和改革精神的表现。在教学过程中,学生应该是平等交流的个体。因为真正的交流只有在与他人和衷共济的过程中才能平等地展开。从探究新知的过程看,只有通过人类在世界上、人类与世界一道以及人类相互之间永不满足的、充满耐心和希望的不断探究,知识才能产生。教师和学生只有相互承认各自主体的平等与独立,才能在思想的交流和碰撞中产生知识的火花。教师和学生是相互学习的对象,教师只有尊重学生,在教学实施的过程中与学生展开平等的交往与对话,学生才能满怀自尊、积极性和学习热情,与教师一道创造文化、书写历史。

以"大美梅兰芳"一课为例,在教学实施的过程中能否达到"创生"的效果,根据授课内容,选择合适的多样的教学方法尤为关键。在教育过程中,不管什么样的方法都应该遵循

---

① 朱永新.新教育年度报告(2014—2018)[M].太原:山西教育出版社,2018:29.
② 弗莱雷.被压迫者教育学[M].顾建新,等译.上海:华东师范大学出版社,2001:24.

积极主动地对待知识的原则,教师应采用多方面的交往和对话,引导学生成为知识的建构者。在本课中我们采用以下教学方法。

第一,提示型对话。

提示型教学方法包括示范、呈示、口述等。这种教学方法在教学中比较常用,也是一种传统的方法,在不同的课中能起到重要的作用,但是又不是灌输式的。提示型对话包括是提问、提醒、提示等对话方式。

本课中,提示型对话主要使用在导入环节、感知环节、体验环节。在导入环节,本课采用教师的范唱导入,教师演唱《看大王在帐中和衣睡稳》的完整唱段,作用有二:一是对本课教学内容的提示和开启;二是和谐师生关系,融洽课堂氛围,激发学生的学习兴趣。在感知环节,对京剧大师梅兰芳的介绍,采用微课的形式,课前将梅兰芳的生平和贡献录制成一个小视频,授课中介绍梅兰芳的环节,采用课中课的形式,使枯燥的常识性知识能通过小视频对学生产生一定的视觉和听觉冲击,从而激起学生学习的热情。在学生的体验环节,身段表演是这一节课增加的内容,也是一个亮点。在这个环节,教师的亲自示范,学生的学习展示,使学生通过亲身体验,进一步了解到梅兰芳的"身段之美"。

第二,共同解决问题的对话。

共同解决问题的教学方法包括教学对话、思考讨论。是通过师生的民主对话和讨论来共同思考、探究和解决问题,由此获得知识技能、发展能力和人格的教学方法,用苏格拉底的话来说就是"精神助产术",以唤醒学生对问题的批判意识,让学生从被"驯化"中解放出来,能够"自由"地思想。

这种教学方法主要体现在本课的学唱京剧环节和感受唱腔环节。在学唱京剧《霸王别姬》中虞姬的唱段《看大王在帐中和衣睡稳》的第一句时,为了让学生体验京剧的演唱方法,师生共同练声,探讨对比找到合适的"京剧的声音"。在了解京剧演唱中的"一字多音"的甩腔和演唱咬字中"上口字"时,师生同样是在平等民主的前提下,共同展开有目的的探讨学习,有了这种彼此尊重的氛围,就会提高解决问题、完成教学任务的效率。

第三,引导性对话——自主型教学方法。

自主型教学方法是学生独立地解决由本人或者教师提出的课题,教师在学生需要的时候提供适当帮助,学生由此获得知识技能、发展能力和人格的一种教学方法。学生在教学活动中占主导地位,通过自主学习、自我活动的健康顺利进行,在教师指导下完成学习任务。这也是交往与对话的课堂必要的教学方法。本课在使学生了解京剧"南梆子"和"四平调"的唱腔时,采用让学生自主学习的方式,教师提供梅兰芳演唱的两个唱段,《霸王别姬》中的唱段《看大王在帐中和衣睡稳》和《贵妃醉酒》中的唱段《海岛冰轮初转腾》,让学生对比聆听音乐的情绪、唱腔特点,通过自主学习探究,了解两种唱腔的特点。本课通过自主型教学方法的实施，使学生对梅兰芳的"美"有深层次的理解，进而体味美、升华美。

三、平等互学——教学反思

教师要对自己有全面真实客观的认识。首先要认识到自身的局限性，人非圣贤，我们的知识视野也是有限的；其次要有谦逊的态度和品质；最后就是要用实际行动证明自己有实事求是的态度。教师与学生的关系是平等互学的关系，这也有教学相长的意味。何以相长？唯有反思。音乐新课程标准把课后反思提到了前所未有的高度，这也是集体教研的一个重要环节。如果一个教师仅仅满足于获得经验，而不对经验进行深入的反思，他就永远不会成长，他的教学就会仅仅是一种重复性的简单工作，沿袭自己的昨天，循规蹈矩，一成不变。教师就像工人，学生就像产品，教师日复一日，年复一年，生产出千篇一律、毫无创新的产品。课后反思，是指教师在上完一节课后，将教材的使用、教学任务的完成、存在的问题、学生的学习情绪、教后的感受、课堂教学的设计和实施进行回顾反思。教学反思在教学实践的基础上，应从以下几方面着手。

第一，思亮点所在。

对课堂教学过程中预先设计的目标，引起教学共振的做法，教学中因偶发事件产生的瞬间灵感，师生交流的精彩片段，教育学、心理学中一些基本原理使用的感触，教学方法上的改革与创新等进行反思，明确其亮点所在。集体研修时大家一致认为，我们基于多角度的研究，把课题定为"大美梅兰芳"，直接点题"美"，为本节课的亮点之一。本节课中增加了"角色美"环节，一下子把梅兰芳饰演的所有角色串联在一起，小环节却有大容量，也是亮点之一。身段表演环节能够让学生通过参与体验增加学习兴趣，同时活跃课堂氛围，为进一步深入了解梅兰芳和京剧做了铺垫，这也是亮点所在。

第二，思失败之处。

审视课堂教学的不足之处，对它们进行回顾、梳理，并对其作深刻的反思、探究和剖析，把教学的"败笔"记录在课后反思中，使之成为以后教学时应吸取的教训。只有注重教学方法的直观性，充分发挥学生的感官作用，牢牢把握音乐审美情感这条主线，才能促使音乐审美目标的达成。

课堂实践之后，我们发现第一次的教学设计还有不足之处，有待于进一步调整和改进。导入环节，教师的范唱固然达到了预设的目的，但是由于时间过长，导致学生的兴奋点下降，所以建议缩短范唱内容。在身段表演环节，学生们的参与度不够，积极性没有充分调动起来，这和场地及教师的引导有很大关系，建议调整学生的座位布局，教师在这一环节通过语言或者肢体动作引导学生全员参与,真正融入课堂。在介绍梅兰芳京剧的世界影响时,选取内容过多,这些非音乐的内容弱化了教学重点,建议不要面面俱到。

第三,思学生火花。

在课堂教学过程中,学生是学习的主体,他们总会有"创新的火花"在闪烁,教师应当充分肯定学生在课堂上提出的一些独到见解,这样不仅使学生的好方法、好思路得以推广,而且对他们也是一种赞赏和激励。同时,这些难能可贵的见解也是对课堂教学的补充与完善,可拓宽教师的教学思路,使教师提高教学水平。本节课的自主探究环节,学生们在对京剧的两种唱腔"南梆子"和"四平调"的对比了解中,出乎意料地设计了四个方面的对比:人物性格、表演形式、音调音色、情绪特征。相对于教师的提示有了更多的角度。教学相长,学生的小火花也能使课堂熠熠生辉。

第四,思课堂重建。

美国著名的教育家丽莲·凯兹指出,教师专业化的起点,在于愿意去思考问题,并尝试提出自己的改进方案。一节课下来,教师应静心沉思:摸索出了哪些教学规律,教法上有哪些创新,知识上有什么发现,组织教学方面有何新招,对教学的重点难点处理是否得当,等等。然后进行必要的归类与取舍,考虑一下再教这部分内容时应该如何设计,把再教这部分内容的设计记录在课后反思中,这样可以及时查漏补缺、调整教学方案,使自己的教学水平提升到一个新的境界和高度。

课堂中过多的非音乐化教学内容会削弱学生对音乐欣赏的听觉体验。教学内容的安排应着重挖掘音乐的艺术魅力,重点围绕引导学生参与听觉体验、发展学生的音乐情感进行。只有通过教学内容的分层递进,引发学生对音乐内容的层层情感体验,才能激起他们对音乐的内化,让他们体会音乐艺术之美。基于以上反思,我们对教学设计再调整,进行多次重建,并进行反复磨课,改进后续教学,以提高教师的教学能力,并形成最终课例。

四、交流与对话——教学评价

弗莱雷指出,知识不是教师恩赐给学生的礼物,而是彼此交流和学习的产物。教师和学生应该平等地交流和相互学习,进行双向乃至多向的对话,才能让教学焕发出生命的活力。教育实践活动是否能够达到预期的效果,是否有更好的提升,也要借助师生多方面的平等的多元评价。

目前课程与教学的评价方式可归纳为三种:目标取向的评价、过程取向的评价和主体取向的评价。其中,主体取向的评价认为,评价是评价者与被评价者、教师与学生共同建构意义的过程,评价是一种价值判断的过程,这种评价是多元的。本质上受"解放理性"的支配,评价者和被评价者、教师与学生在评价过程中是一种"交互主体"的关系,评价过程是一种民主参与、协商和交往的过程,价值多元、尊重差异是主体取向评价的基本特征,体现了时代精神。评价的目的在于基于音乐课程的性质和理念,落实立德树人根本任务,发展素质教育,使学生个性化的发展需求得到满足,释放创造性能量。主体取向的教学评价恰恰就是基于"解放理性"的教学实施效果的评价和相对合理的教学课例设计的导向引领。音乐课程围绕学生音乐学科核心素养实现水平的观测、评价,在评价过程中回顾、总结、评估、反思课程学习状态,展现学生音乐学习的成果,有利于学生了解自身学业水平和发展方向,增强学习的信心和动力,也为教师和学校不断改进教学,提高育人质量提供参考。

第一是教师自评、他评。

"大美梅兰芳"一课,通过集体教研,我们对教学设计进行了多次重建,直到形成最终的课例。但是音乐学科的特殊性在于,任何一种模式都可能不尽完美,教师的自评、他评都是为了让教学达到更好的效果。教师的自评某种程度是自我反思。他评就是集体教研中授课教师之外的教师评价,这一点尤为重要。他评通过集体评课的方式来进行,评价的主要内容有:教学组织、结构清晰度;师生之间的交流和关系;教学技巧、表达和讲课能力;等等。本课教学组织形式采用圆形座位和方形座位相互交叉,集体鉴赏、小组讨论、个别表演等,既考虑到学生的全面发展,又兼顾到学生的个体差异。整体的教学流程、课堂结构基本符合学生的学习认知规律,容量适中,师生之间彼此的沟通交流还需要进一步从教学方法的提高上来改善。这一节京剧课更是对教师专业能力的极大挑战,教师的教学技巧、表达和讲课能力是永无止境的,没有最好只有更好,需要通过教学评价、集体教研不断地打磨提高。

第二是学生自评、他评。

学生自我评价主要体现在学生对自我学习效果的认识评价上,这项评价主要是学生对学习音乐的意愿、状态、方法和效率的评价。可以采用"音乐成长记录手册"形式进行记录,以描述性评价为主,重点放在自我发展的纵向比较上,从不同阶段的回顾和比较中看到自己的进步,同时促成自我反思。学生的他评主要体现在学生之间相互的评价交流上,可以分小组相互分享梅兰芳和京剧的故事,可以比赛一下京剧的唱段,甚至还可以跨班级进行表演比赛,等等。在积极愉悦的氛围中进行评价,可以激发学生的兴趣,激励学生成长进步。

第三是师生互评。

"师评",教师通过观察、提问、调查问卷等方式,对学生学习过程中表现出来的兴趣爱好、学习态度、学习方法和综合能力等方面进行评价。主要考查学生体验、感知音乐的能力和审美情趣;考查学生音乐实践的参与度、表现水平及合作协调能力;考查学生利用音乐材料进行创意表达及对音乐文化的理解评鉴水平。主要采用学业质量评价模式来进行,可以通过丰富多样、生动活泼的音乐表演实践,进行可感、可知、可比、可学的音乐课程评价。本课主要通过习作交流、故事分享、唱段表演、品鉴京剧等活动形式来进行。教师根据学生的课堂表现和课后实践活动对学生进行综合评价。

"生评"主要是为了进一步改进教学方法,增强学生参与学习的热情,从而达到课堂创生的目标。本课"生评"主要采用学生教学效果后测调查问卷的形式。如何最大限度地激发学生的参与兴趣,使其融入音乐艺术鉴赏中,这就对教师提出了更高的要求。所以学生评价也是激发教师改进教学策略与方法,不断进步的重要环节。

批判教育学视角下的教师观、学生观渗透在教学实践的各个环节,弗莱雷特别重视实践的价值和理论的针对性。实践是知识和创造的源泉,我们的教育工作就是要在实践中指向学生创造力的培养,其前提是注重培养学生的"批判"意识和能力,坚持理解尊重、平等对话。

第二篇
交往与对话：模式及方法

人与人的交往是双方（我与你）的对话和敞亮，这种我与你的关系是人类历史文化的核心。

——［德］雅斯贝尔斯

第二章
音乐课型分类的依据和基本原则

音乐教育在我国悠久的文明发展史中发挥了重大的作用。音乐教育可以追溯到我国周代贵族教育体系中的"六艺":礼、乐、射、御、书、数。其中的"乐"就包含音乐,但它只是服务于王公贵族的艺术教育,并非普适性的民众艺术教育。当然,也不存在"分科"一说。一直到清末民初,音乐教育才开始有了更为专业的发展。我国近代新式学堂的教育思想、理念、制度、实施等方面,多以借鉴外国为主,音乐课程的开设主要学习了日本、德国。学堂乐歌作为音乐课程的开端,与之配合的教材以单一乐歌为主体内容,相应地乐歌课就成为主要课型。1923年颁布的《新学制课程纲要小学音乐课程纲要》《新学制课程纲要初级中学音乐课程纲要》,规定教材内容在唱歌的基础上增加乐理,后者还将乐器列入选修科,[1]但未受到太多关注。至20世纪40年代初,中小学音乐课程标准先后经历了六次修订,教学内容增加了"欣赏""演习",同时关注学生在歌唱、演奏、识谱等方面的能力培养。

新中国成立后,中小学音乐教学内容取得了新的发展。20世纪80年代,音乐教学的理念、模式表现出对音乐基础知识和基本技能(简称"双基")的侧重,这一观念带给教材内容的变化表现在除唱歌、欣赏外,知识学习和技能训练占据了较明显的地位。至21世纪初期,教育改革进一步深化,中小学音乐课程在原唱歌、欣赏、识谱、基本乐理与视唱练耳等教学基础上,增加了器乐教学,教材在体例设置和内容编排等方面随之有了突破,为其后新一轮改革奠定了基础。

2001年,教育部颁布了《基础教育课程改革纲要(试行)》,紧接其后研制的《全日制义务教育音乐课程标准(实验稿)》投入试行,据此重新修订的教材在内容上有"感受与鉴赏""表现""创造""音乐与相关文化"四个学习领域。2003年,《普通高中音乐课程标准(实验)》出台,教材与之呼应,由"音乐鉴赏"一个必修教学模块与"歌唱""演奏""创作""音乐与舞蹈""音乐与戏剧表演"等五个选修教学模块组成,音乐课的课型也随之丰富起来,更加多样化,除了原有的歌唱课,又增加了舞蹈课、创作课、戏剧课等多种课型。

---

[1] 课程教材研究所.20世纪中国中小学课程标准•教学大纲汇编:音乐•美术•劳技卷[M].北京:人民教育出版社,2001:15-18.

经历十年实验,总结经验和问题,教育部制定了《义务教育音乐课程标准(2011年版)》,教材据此进行内容的重组、调整、充实、完善。2017年,教育部完成了对《普通高中音乐课程标准(实验)》的修订,颁布了《普通高中音乐课程标准(2017年版)》。2020年,依据时代新发展,教育部颁布了《普通高中音乐课程标准(2017年版2020年修订)》,教材修订与之呼应,呈现出新的面貌。2020年修订版高中音乐课程标准规定了必修、选择性必修、选修三类课程。音乐必修课程包括音乐鉴赏、歌唱、演奏、音乐编创、音乐与舞蹈、音乐与戏剧六个教学模块;选择性必修课程包括合唱、合奏、舞蹈表演、戏剧表演、音乐基础理论、视唱练耳六个教学模块;选修课程教学模块由学校自主安排开设。基于此课程标准修订并经国家审查通过的高中音乐教材,无论形式还是内容,都更为多元也更为丰富。

随着课程改革的逐步深化,中小学音乐教育的课程设置日益丰富,更加适应新时代教育的高质量发展,更具有选择性,更能适应学生的多样化发展。2022年4月,义务教育的课程标准以《义务教育艺术课程标准(2022年版)》的形式呈现出来,学段设置、课程设置都较之前有了很大的变化,音乐课程1~2年级学段是"唱游·音乐";3~5年级、6~7年级是"音乐";到8~9年级,除了音乐课程,还增加了与音乐相关的舞蹈、戏剧(含戏曲)、影视等多种可供选择的课程。在教学过程中,每节课基本都可以按照教材中的提示进行课型的定位。修订之后的课标明确指出,音乐课程包含欣赏、表现、创造、联系等四项艺术实践,以任务驱动的形式,将十四项学习内容嵌入不同的任务,培养学生的核心素养。从学习任务来看,1~2年级的学习任务包含趣味唱游、聆听音乐、情境表演、发现身边的音乐等四项,3~9年级的学习任务包含听赏与评述、独唱与合作演唱、独奏与合作演奏、编创与展示、小型歌舞剧表演、探索生活中的音乐等六项。也就是说,在一种课型里,教学活动可能会有两三个任务出现,如果我们把握不好,就会出现酝酿设计之初课型明确,但最终呈现的课型却不够清晰,或者出现课型模棱两可的状况,教学手段、教学目标也就无法真正达成。因此,厘清课型并实施与之相对应的教学手段和方法就很有必要。紧密围绕课型,在价值理念、教学目标、教学方法、教学评价等方面一以贯之地坚守,不忘初心,是我们上好音乐课,发挥音乐教育价值很重要的前提。

一、课型定位的依据和原则

(一)基于课程主体内容的研究

1.紧扣课标,立足音乐,选择课型,培养素养

音乐课程标准(教学大纲)是国家教育行政部门制定的中小学音乐教学指导文件,以纲要形式阐述了音乐课程的目标、教学内容、实施建议、教学评价、教材选编原则及其他相

关问题。音乐课程标准体现了国家的教育方针和音乐教学指导思想,为音乐教材的编写、教师的教学以及教学评价、学生的成绩评定等,提供了标准和依据。音乐教材是课程标准在教学实施过程中的直接载体,音乐课程标准对学生的每一种音乐感知能力都有具体的阶进式阐释,对学生的音乐感知能力培养既有总体音乐知识的递进,又有歌唱、欣赏、创造能力以及舞蹈等课程知识的阶进。比如,《义务教育艺术课程标准(2022年版)》规定音乐学科课程的内容包括"欣赏"、"表现"、"创造"和"联系"四类艺术实践,涵盖了十四项具体学习内容,分学段设置不同的学习任务,并将学习内容嵌入学习任务中。教师在教学实践中根据教学任务的侧重,以唱歌课、欣赏课、创作课、舞蹈课等课型把学习任务分解开来,融入教学实践中,培育和发展学生的艺术素养,达到学科育人的效果。《普通高中音乐课程标准(2017年版 2020年修订)》对高中音乐课程作出了明确的规定,设置了六门必修课程和六门选择性必修课程,更加具有可选性,以适应学生的全面发展和个性化需要。音乐教学实践中对应的课型就很明确,有音乐鉴赏课、歌唱课、编创课、演奏课、戏剧课、舞蹈课、合奏课、视唱练耳课、音乐基础理论课等课型。教师在上课时紧紧围绕课标中的每个学科的具体要求和教学指导,就可以轻松明确课型,并且针对每种课型有的放矢,达到教学目标。

2.紧贴教材,严循规律,固定课型,达成目标

"教材之内容组成既出自课程计划,更直接源于课程标准,所构成的学科内容既同各门学科与文化领域的发展倾向相一致,其结构也尽可能地照应人才全面发展的诸目标加以选择和组织。如此选择的教材内容就构成了教学内容的主体。"[1]布鲁纳的著名假说"任何学科都能够用在智育上是诚实的方式,有效地教给任何发展阶段的任何儿童"[2],也是以使学习内容或学习内容的某一方面适合儿童的能力和智力发展特征为前提的。教材的内容是根据学生的身心发展规律和特点选择的,具有一定的科学性、权威性。从课程结构看,音乐教材涉及演唱、演奏、视唱、分析等音乐学科各类专业方向。如:根据《普通高中音乐课程标准(2017年版)》编写的高中音乐教材,包含音乐鉴赏、歌唱、演奏、音乐编创、音乐与舞蹈、音乐与戏剧六个必修教学模块和合唱、合奏、舞蹈表演、戏剧表演、音乐基础理论、视唱练耳六个选择性必修教学模块。从内部结构看,教材注重单元之间的课型分类,如演唱、欣赏、艺术表演等课型穿插交替。小学和初中音乐教材更加注重每节课教学内容和类型的丰富性,除歌唱、欣赏、创作等内容,教师还可根据学生的具体情况进行单一或综合性教学设计,以满足学生多样化的兴趣和需要。

因此,音乐教学的内容应以音乐教材为依托。同样一个音乐作品,在不同学段的中小学音乐教材中有着不同的教学要求,具体反映在对课型的建议上。比如,歌曲《我和我的

---

[1] 曾天山.教材论[M].南昌:江西教育出版社,1997:117.
[2] 张华.课程与教学论[M].上海:上海教育出版社,2000:125.

祖国》,在小学教材中会以欣赏课的课型而不是唱歌课的课型出现,因为这首歌的音域小学生还难以驾驭,但是歌曲的内涵和意义却是小学生应该了解的。在初中教材中,鉴于初中生处于变声阶段,但是又已经会主动去把握作品的内涵,这首歌就可以用于唱歌课的课型,但是要以降调的形式出现,以适应初中学生的嗓音情况,使其便于歌唱。在人民音乐出版社2019年出版的高中音乐教材中,这首作品在《音乐·音乐鉴赏(必修)》中以鉴赏课型呈现时,是和别的音乐作品一起出现在序篇,作为教材的开篇,故而这首作品的意义主要在于其思想内涵的呈现。同时出现在序篇的音乐作品还有另外三首——《不忘初心》《祖国颂》《谁不说俺家乡好》,和《我和我的祖国》一样具有相同的价值内涵。因此,同是鉴赏课,鉴赏这首作品的角度和侧重点以及方法就会随之而变。在《音乐·歌唱(必修)》教材的第三单元"放歌祖国"中呈现,无疑就要以唱歌课的形式出现,唱会,唱好,唱出情感,就是这节课的目标。

(二)基于课程价值内涵的研究

1.紧扣目标,聚焦教法,变化课型,落脚育人

教学过程是一个教育过程[①],课堂上不仅要传授学科知识、技能,更应重视特定学科知识学习过程中所隐含的潜在教育性。教材内容表面上是静态的,而在教学过程中却可呈现出许多内在的变化,这是师生相互作用这一"催化剂"的作用。学生在课堂中不仅可以学习教材中静态化的内容,更可以有对价值取向、文化内涵、思想意识等方面的动态把握,这些都是教材所蕴含的"隐性"内容。当前基础教育领域的课程改革仍处在不断深化的过程中,学科育人价值愈发凸显,教材建设成为关注重点。从业者越来越清晰地认识到,教材内容的选择,已不只是关注知识体系,更关注与其直接关联的智力、发展价值,重视态度、动机、情感的价值。[②]经过精心选择的音乐教材内容,除具有艺术价值,同样具有多方面的育人价值。教师在教学过程中主要依托教材备课,包括确定教材内容,进行教学设计,选择教学方法。此所谓"利用教材教"。

基于教材内容的隐性内涵,为培养学生核心素养和达到育人目标,教师在教学时预先设定的教学目标,就直接影响着课型的定位。在同一学段,要打破原教材中呈现的课型,而变成最适合学生的课型。比如人民音乐出版社初中音乐教材中"唱脸谱"一课,教材以歌唱课的形式呈现。如果教师在这节课中融入我国脸谱的艺术文化,以及京剧艺术西皮流水唱腔的知识,这些内容无疑会占用相当多的时间,对一节唱歌课来说,学生歌唱的时间会缩短,基于学生歌唱的教学法就无法全面展开。如果教师把重点放在以"唱脸谱"为音乐载体,培养学生对中国传统音乐文化的兴趣上,那么,这节课就会依据教学目标和选用的教学方法而改变课型,成为欣赏课。因此,教师在教学设计之前一定要厘清教学目

[①] 张华.课程与教学论[M].上海:上海教育出版社,2000:365.
[②] 袁振国.当代教育学[M].北京:教育科学出版社,2010:137.

标,选择能够达成教学目标的教学方法,从而达到学科育人的任务。再比如,人民音乐出版社2004年版普通高中课程标准实验教科书《音乐·音乐鉴赏(必修)》中"京剧大师梅兰芳"一课,如果教师根据学生的兴趣和需要,在实际教学过程中侧重一个京剧片段,让学生在学唱的过程中对梅派唱腔的特点、咬字、身段等有一定的把握,戏曲唱段贯穿始终,学生最终也学会了自己原来很陌生的京剧唱段,并且意犹未尽,课后还会自主继续学唱。那么,这节课就很自然地变成了"戏曲课"。虽然教材本身的编制很清晰,列有每个单元每首作品建议的课型,但是教材仅仅是上课的教学资源,我们不能陷入"唯教材"论,可以根据实际的教学需要和学生的需要,适当选择不同的课型。

2.学科融合,任务驱动,综合课型,建构意义

教材是教师教、学生学的资源,教材作为引导学生学习和探索的工具,不仅要向学生展示具体的知识内容,还要逐步向学生展现获得知识的学习方法和过程,使学生体验从实践中发现和提出问题,认识并解决问题的快乐,实现从单纯模仿到独立思考,从被动接受到不断形成创新思维的成长。教材中基于学习方式的提示,无疑能给学生的主动和能动学习提供必要帮助,使学生在自主状态下完成学习任务。因此,出现了学科融合、大概念、大单元、任务驱动、项目化学习、探究学习、合作学习等多样化的音乐学习形式。因此,教材的课型就会在教师与学生的能动性中得到进一步的开发。

在教育部"五育并举""立德树人"的教育理念下,学生学习学科知识的过程同时也是解决问题,提升迁移能力,达到创新实践的过程。音乐学科育人是从音乐切入,目的是培养学生的审美、表现、创意及文化理解等学科核心素养,这些素养的提升更多是在学科融合中完成,这就要谈到跨学科。跨学科教学意味着不同学科知识的交叉和衔接,意味着多门学科在教和学的进程中融会贯通,是打破学科壁垒、培养学生综合能力的教改利器,同时也对教和学提出了新挑战,给教学实践带来了诸多改变,对传统的教学提出了新的要求。[1]《义务教育艺术课程标准(2022年版)》明确提出"突出课程综合"的课程理念,指出"以各艺术学科为主体,加强与其他艺术的融合;重视艺术与其他学科的联系,充分发挥协同育人功能;注重艺术与自然、生活、社会、科技的关联,汲取丰富的审美教育元素,传递人与自然和谐共生理念,促进学生身心健康全面发展"。目前,跨学科内容已经在高考的大文科和大理科中有所呈现,比如:古琴音乐的内容在语文科目中,主要表现为对中国文人音乐内涵的解读;十二平均律在数学中,与数列相关联;在物理科目中,有声音的物理性质;等等。这些都是音乐的跨学科表现。这就对音乐课提出了新的挑战,要求教师在学科教学中,把多学科知识按一定逻辑组织起来,以学科融合的方式去培养全面发展的人。在这样的教学中,任务驱动、项目化学习等教学方式就会激发学生的自主创新能力。

---

[1] 殷晓静.课堂教学分析:理论视角[M].南京:南京师范大学出版社,2016:138.

严格地讲,学科融合并不等同于跨学科,音乐课的跨学科只是一种表面的形式,学生真正要学习的恰恰是一种多学科的思维方式。总之,在学科融合的过程中,音乐教学一定要基于本体,把其他学科作为解决问题的辅助工具,而不是变成其他学科。如人民音乐出版社2019年版普通高中教科书《音乐·音乐鉴赏(必修)》第十一单元第二十一节"德彪西",意在引导学生领略印象主义作品中缥缈的旋律、多彩的音色、独特的和声等特征。教材中给出六幅印象主义画派的美术作品,让学生从对印象主义画派特点的直观感受,逐步过渡到对印象主义音乐的听觉感受,二者以联觉的心理感知相融,教师引导聆听交响素描《大海》第一乐章《海上——从黎明到中午》时,就可以结合美术中的艺术元素,引导学生将聆听感受与视觉感受相结合,从而让他们更直观地理解印象主义音乐。虽然这是一节音乐欣赏课,但是每个环节都离不开美术学科内容的辅助,因此,这样的课型我们可以称之为"综合课"。未来这样的课型随着任务驱动、项目化等教学方式的转变,将会广泛存在。但是无论怎样,音乐学科的主体地位是永恒不变的。

二、课型的基本样态

基于上述课型定位的原则可知,音乐课的课型并非一成不变,在基于教材、课标、学情等各种教学决定因素的前提下,教师要灵活把握各种课型。在实际的教学实施中,每种课型都大体有其特有的样态。

(一)基于"鉴赏美"的欣赏课

音乐课是基于音乐的课,审美性是音乐的本质特征,音乐课的首要任务就是让学生学会欣赏美。义务教育阶段音乐课中承担这一任务的课型首先是"欣赏课",高中阶段承担这一任务的课型是"鉴赏课"。从二者的名称看,教会学生欣赏音乐这一任务在不同学段的目标基本是一致的,皆是发现美、欣赏美。只是不同年龄段的学生层级水平有所差异。但是无论怎样,二者都是基于音乐审美的音乐课型,我们在此统称欣赏课。欣赏课有着以下一些共同的特点。

1.聚焦音乐本体

音乐欣赏课教学中,教学内容一定是教师结合教材而选用的经典音乐作品,教师在充分分析音乐作品的基础上设计了完整的教学方案。毫无疑问,音乐欣赏课的教学实施首先是着眼于音乐作品,让学生在认识了解把握音乐的速度、力度、节奏、节拍、调式、调性、和声、织体等要素的基础上,了解音乐语言所表达的音乐情感。同时,也让他们能够真正认识到音乐的社会、文化、娱乐等多种功能,进而达到让音乐浸润心灵,涵养美德的作用,让学生在生活中发现美、感知美、欣赏美、应用美。

2.适度创意表达

音乐欣赏课不是音乐实践课，但也不拒绝音乐实践。在实际的教学实施过程中，如果非要以"有"或"无"的二元观点来作为判定欣赏课效果的依据，一定是不可取的。欣赏和实践，聆听和感受是不可隔离的，基于音乐表达的欣赏更能深入学生心灵，当然基于欣赏的音乐表现也会更生动鲜活。二者彼此相依。脱离了音乐欣赏的音乐实践、音乐表达，会使课型发生改变；相反，脱离了音乐实践、音乐表达的音乐欣赏，就会变成苍白无力的无病呻吟。因此，音乐欣赏课要在基于音乐审美感知的基础上，通过适度的创意表现，让学生对音乐音响进行综合体验，提高音乐感知和评鉴能力，提升艺术素养和人文修养，陶冶情操，涵养美感，和谐身心，健全人格，引导学生追求崇高的人文精神，增强对真善美的讴歌与塑造能力。

3.融入文化理解

教育的使命是关注人的发展，要完成立德树人的根本任务，音乐学科也不例外。音乐欣赏课的起点是音乐，旨归一定是人的终身发展。音乐欣赏中的音乐作品都来源于人类文明，与人类的发展历史、社会生活密不可分，"不同地域、民族、时代有着不同的音乐文化创造，并直接表现为音乐作品题材、体裁、形式和风格等多方面的差异。优秀音乐作品是对特定社会、文化和历史的理解，反映一个国家、一个民族文化创造的特色、能力和水平。将文化理解作为高中学生的音乐学科核心素养之一，旨在通过音乐课程教学，让学生认识中国民族音乐文化的博大精深及丰富的精神文化内涵，坚定文化自信；让学生了解其他国家的音乐文化，以平等的文化价值观理解世界音乐的多样性"[1]，这是《普通高中音乐课程标准（2017年版2020年修订）》对音乐学科核心素养中文化理解的阐述。结合课程标准，当下，我们的音乐欣赏课更应该是在"欣赏"音乐的基础上激发新时代学生的文化自觉、文化自信、文化自强。

（二）基于"表现美"的实践课（歌唱、演奏）

我们夸奖一个人的音乐修养的时候经常会说："吹拉弹唱，样样都会。"这是对人的音乐技能的评价。随着音乐教育的普及化，音乐课程设置的多元化，对歌唱、演奏等专门技能的学习也逐渐成为普通学生能够享受的音乐学习权利。随着课程改革的深入发展，学校普适性的音乐教育开设的课程门类逐渐增多，虽然有了专门的"唱歌课""演奏课"等，但它们和专业的音乐技能学习课还是有很大区别的。在此，我们统称这类课程为音乐实践课。这类课型也有大致相同的样态。

---

[1] 中华人民共和国教育部.普通高中音乐课程标准（2017年版2020年修订）[S].北京：人民教育出版社，2020：6.

1.关注艺术表现

音乐实践课首先要关注学生的实践,既然是实践,就一定要让学生体验感受音乐。实践课中学生通过歌唱、演奏等活动,表达音乐艺术美感和情感内涵的实践能力。音乐实践活动具有鲜明的表演性。如歌唱表演,器乐齐奏、合奏等。在这种课中,教学实施要紧紧围绕学生的艺术表现,关注每一位学生,提高学生参与音乐表演的主动性及艺术表现水平。学生在其中接受熏陶、把握规律、感受乐趣,并在特定的艺术表现情境中丰富情感、充实心灵、激发想象力、发挥创造力、培养自信心、获得成就感。高中阶段的艺术表现应以培养多数学生能够达到的能力为原则,重在通过艺术表演实践和创造活动,提升学生审美感知和文化理解能力,同时促进学生在集体活动中的人际交往,增进人与人之间的沟通和交流,强化社会责任感。①

2.技能辅助表现

在普适性的音乐实践课中,学生的唱歌、演奏技能虽然不至于像专业的技能学习那样,要求那么精湛,但是适度的技能学习还是很有必要的。唱歌课中学生不仅需要掌握识谱能力,还需要循序渐进地掌握唱歌的正确姿势、呼吸方法、咬字吐字、节奏节拍、情绪情感等。要使学生既能提高独唱水平,又能懂得与同学配合进行合唱。普适性的演奏课常用乐器有笛子、葫芦丝、吉他等,掌握乐器演奏的基本方法和基本技能是课堂教学的第一要务。在教学实施的过程中,这些技能不是一蹴而就的,而是需要教师根据学情有计划地在教学中逐步渗透,真正让普适性的音乐实践最大限度地提高学生的音乐表现能力。

3.赏演同步兼顾

音乐实践课固然要倚重"实践",关注"表现",但是不能让学生仅仅停留在"演"上。缺乏对表演作品的正确认识和基本审美,音乐表现的质量就难以得到保证。在唱歌课中,要能够结合对优秀声乐作品的赏析,帮助学生理解歌曲的题材及风格,学习声乐的相关知识,同时了解不同题材、风格、形式的声乐作品及相关知识,感受人声的艺术表现力与美感。在演奏课中,要在演奏中结合对优秀器乐作品的赏析,激发学生演奏乐曲的兴趣与欲望,感受器乐作品丰富的艺术表现力和美感,了解不同类型的乐队及常见乐器等知识。赏析音乐是音乐实践课中必不可少的环节,赏演同步,既能提高学生的表演质量,又能增强学生对音乐作品及音乐表演的鉴赏和评价能力。

(三)基于"创造美"的编创课

义务教育阶段的音乐课中,编创常有,编创课却鲜有。到了高中阶段,随着音乐编创教材的独立成册,有了专门的音乐编创课。无论是编创活动,还是编创课,都有其特有的样态。

---

① 中华人民共和国教育部.普通高中音乐课程标准(2017年版2020年修订)[S].北京:人民教育出版社,2020:6.

1.基于科学方法

比起唱歌、演奏、舞蹈等,音乐课中的编创虽然也是艺术实践,但不同的是这种实践更具有创造性,更能激发学生的创造性思维。音乐课中,各个学段的学生都离不开"编创",这种编创是指在基于音乐感知的前提下,创作者基于自己对音乐的理解,通过一定的创作手法,对节奏节拍、旋律、歌词、律动等进行编创,高年级甚至有完整的歌曲和伴奏的编创,从而形成一首新的作品,这个作品可能是对原有作品的改编,也可能是全新的作品,但总是充满"新"的意味。当然整个过程一定是基于一定的创作方法之上的,而非学生的随意之作。创作虽然有即兴性、随意性,但是脱离了章法,就是瞎编乱造,不仅浪费时间,还会使学生陷入无序的随意创作模式。因此,音乐编创一定是在教师的指导下采用科学合理的方法有序进行。学生只有创作出相对高质量的作品,才会从中体验到创作的快乐,其创新精神才会被唤醒,被激励。

2.掌握合理进度

音乐编创课"编创"什么,如何"编创",目的何在,是每位教师设计编创活动之前首先要考虑的,也恰恰是老师们最容易忽略的。编创课中,教师往往会"为编创而设计编创",忽略学生的认知能力和已有的音乐知识储备,较典型的情况是设计过于简单的编创活动,如创作歌词,或者基于鱼咬尾、螺蛳结顶等创作手法进行音符填空。学生也乐在其中,课堂氛围其乐融融。但这正是脱离学生实际能力的编创,是一种编创的假象。当然,设计远远超出学生能力的编创在音乐课中也常有,比如让中学生按照起承转合的方式创作歌曲等。可能会有一些学生能够创作出较好的作品,但是对于绝大多数同学来说,在还未真正理解起承转合的内涵,或者未掌握基本的音乐创作手法的情况下,这种创作就显得高不可攀了。因此,编创要根据教学需要,在充分研究学情的基础上循序渐进,由易而难地进行。

3.关注必要评价

音乐编创呈现的是学生发挥想象力和创造力而编创的音乐作品,当然,初试牛刀,不管作品质量如何,学生们都会因为自己的成果而拥有自豪感。音乐编创往往也随着学生编创作品的诞生戛然而止,学生们编创的作品质量如何,有改进的空间吗?如何去改进?改进之后是否更精彩?这些恰恰是音乐课中经常忽略的问题。因此,关键的一个环节就必不可少,这就是评价环节。学生们编创的作品只有变成音乐才称得上真正意义的创作成果。教师要引导学生或者帮助学生呈现出作品,并启发学生进行讨论评价,提出改进策略,让音乐作品更好地展现出来。在这个过程中学生们欣赏音乐、评价音乐、创造音乐的能力会得到进一步的激发,会在享受编创带来快乐的同时变得更加自信。

(四)基于"融合美"的综合课

随着课程改革的深入,音乐学科中综合课也日益增多,并且深受学生喜爱。小型的歌舞剧表演、音乐剧创作等课堂活动,均是学生释放天性,尽情施展才华的天地,无论是哪个学段,学生都可以在这样的课堂中找到自我,放飞自我。但是这样的音乐综合课,一定是基于音乐前提的多学科融入与渗透。要上好音乐综合课,把握好课型特点是关键。

1.关注学生的创造性

音乐综合课往往是依据特定的音乐学习主题,综合融入不同学科的知识。如在戏剧课中,要将音乐、文学、舞蹈、美术、政治、历史等学科知识融合进去。在这个过程中,学生单靠一门知识无法完成音乐任务,需要开动脑筋,激发思维,去寻求探究相关学科知识基于特定音乐主题的最佳融合方式。最终学生呈现出的结果即是他们自己认为的最佳融合方式。不仅如此,学生在这个过程中也能积累更为丰富的学科融合经验,这些经验将内化成其特有的能力,为下一次更好地深层次融合做好知识储备。如此,学生的创造力就能够得到极大的发展。这就是音乐综合课最大的魅力。

2.适度的渗透融合

音乐综合课固然要融入多种姊妹学科的知识,但终究不是多种学科知识的累加,其他学科的融入只能是方法和手段,而不是目的。不同学科有其特有的学科价值,融入音乐学科中,是为了更好地辅助音乐教学,而不是喧宾夺主。融合是悄无声息、不着痕迹地渗透,而不是刻意为之。因此,音乐综合课中学科融合的"度"和"法"如何把握,如何达到融合的目的,值得我们每一位教师深入探究。

3.完善的任务驱动

音乐综合课大都是围绕一个音乐主题或者音乐任务展开的,学生个体往往无法单独完成学习任务,需要同学的配合。这样的课要真正以学生为主体,让学生掌握充分的自主权,共同合作探究。在这个过程中,学生如果还是只有线性的、单向度的思维方式,就无法完成任务,因此,需要培养学生立体的高阶思维。这就需要教师围绕主题任务设计合理的任务群,这就是任务驱动的教学方法。音乐综合课采用这样的教学方法,使多种学科知识大量渗透进来,并引导学生围绕任务和同学配合,共同探求解决问题的最佳方案,这即是高阶思维的培养。在音乐与戏剧课中,教师要设计合理的、难度适中的任务群,引导学生层层深入,指导学生创设情境、分配角色、关注音乐等,使得每一位学生在课堂中都处于积极参与、乐于思考的状态,这样的课堂就会充满活力和人性。

千姿百态、风格各异的音乐课为我们呈现了多样的课型。在教育高质量发展,课程改革向纵深发展的教育环境下,让音乐课程展示学科特色、发挥育人职能是我们的最终目标。课型的选择和定位是达成此目标的载体。最合适的即为最好的。何为最合适的?既要有法可依,有据可循,又要面向学生,才可能是最合适的。因此,我们要有正确的价值取向,树立正确的教材观,既要立足实践,脚踏实地,又能紧扣课标,仰望星空,时刻不忘为党育人,为国育才的核心使命,从而完成音乐学科立德树人的任务。

第三章

音乐鉴赏教学研究

第一节 音乐鉴赏教学中存在的问题与误区

音乐鉴赏在高中音乐课程改革的历程中一直有着稳定的位置和作用,《普通高中音乐课程标准(2017年版2020年修订)》提出要培养学生学科核心素养,为高中音乐学科提出了学科育人的目标。音乐鉴赏课程本身的价值就决定着音乐教学的理念、观点、方法等教学实施因素。树立正确的教育观、教材观、学生观、教师观,将课程标准落实到音乐学科的教学实践中,在音乐教学中培养学生的审美感知、艺术表现、文化理解等素养,达到学科育人的目标,需要我们在音乐鉴赏教学中立足学科本身,聚集音乐,厘清目标,择好教法,用好评价。

一、透视聚焦音乐鉴赏教学中的常见问题

(一)鉴赏作品面面俱到

在现实的音乐教学实践中,选用教材的全部内容作为教学内容的情况比比皆是。比如人民音乐出版社2019年版普通高中教科书《音乐·音乐鉴赏(必修)》序篇中呈现了四首音乐作品——《不忘初心》《祖国颂》《谁不说俺家乡好》《我和我的祖国》,现实的教学中,经常会遇到用课堂40分钟对四首作品逐个进行欣赏的教学情况,这种面面俱到的做法,恰恰使得课堂教学失去了重心,无法深入作品内核,整个教学浮于表面。

人民音乐出版社2019年版普通高中教科书《音乐·音乐鉴赏(必修)》序篇旨在通过音乐鉴赏激发学生的"初心",培养其浓浓的爱国心。爱国是一种情感体验,而不是一句

口号,学生只有通过体验感知,理解迁移,根植于内心,才能称得上理解。文化理解重点是"理解",而不是停留在口头上的反复强化。我们经常会听到老师们的鼓励:"同学们,要再有感情些,浓浓的爱国激情要融入歌声中。"事实上,这样的鼓励往往是无效重复,会让学生变得麻木。学科育人是悄无声息的滋润和养育,因此音乐教学要通过多样的教学方法让"理解"油然而生。高中音乐鉴赏的起点是音乐,但是围绕音乐又可以涉及历史、文化、地理、风俗、文学、美术等各个领域的相关知识,这些都是我们在音乐鉴赏过程中必须兼顾的,但又不能面面俱到。如何润物无声地将音乐赖以存在的这些因素融入教学,凸显音乐教学的学科特点和个性,达到育人目的,音乐教师的教学智慧、教学艺术就显得尤为重要。

(二)鉴赏内容范围泛化

毋庸置疑,音乐学科特有的属性一定是音乐性,音乐鉴赏的出发点无疑应该是"音乐"。比如人民音乐出版社2019年版普通高中教科书《音乐·音乐鉴赏(必修)》第十七节"高山流水志家国"一课,经常会有老师整节课围绕古琴让学生了解很多知识,但是细想起来,其教学内容大都是与古琴相关的文化知识,而不是古琴音乐,故而这节课语文老师也可以上,或者说任何一位老师拿着教学设计都可以上,因此这节课就失去了音乐学科的特色,成了一节无效的音乐课。音乐教学中我们要能够洞察音乐学科的独特性,聚焦音乐学科的特点,引导学习者经历"音乐"的过程,通过学习音乐达到文化理解。如果鉴赏内容范围泛化、随意组合,使教学缺乏逻辑性,不能体现递进性,最终就无法达成"有效教学"。

思想意识决定行动,音乐教育的理念、师生观、教材观、知识观等都决定着音乐课呈现的方式,最终决定着音乐学科育人的效果。

二、音乐鉴赏教学中的几个误区

(一)"一切如我所料"

误区:教师驾驭课堂的能力就是"控制"课堂。

几乎没有不备课就去上课的教师,音乐教师们的每节课都是"有备而来"。一个"备"字包含了老师的很多心血,备课标、备教材、备学生、备教法、备学法、备评价,样样俱全,老师们绝不疏忽任何一个环节,为的是上一节有把握的课。所谓的有把握,大抵就是能够驾驭课堂,掌控好教学节奏,让学生的一切反应尽在掌握之中,做到成竹在胸,"一切如我所料"。在教学实践中,学生如果没有按照我们的预设进入我们画好的轨道,我们就会有挫败感。但是学生是活生生的人,是有鲜活思想的人,有出人意料之处,才是真实的课堂。

课前我们了解教学对象的年级、班级和学段,对学生听课情况有预设,但在具体实施教学的过程中,教师不可拘泥于预设。学生的表现也许与预设不同,这恰恰是教学相长的契机。这就是"预设"和"生成"之间的关系。

教学过程中,教师和学生形成交互和平等的对话关系。教师既要关注学生的整体学习、合作学习情况,也要关注学生的个体学习情况。作为音乐教师,面对音乐教学实践,我们也必须要厘清课程的价值取向。教师和学生就不单单是课标、教材等课程计划的实施者、执行者,更是设计者、开发者。师生通过共同的音乐鉴赏、音乐体验等音乐活动,在教学过程中交互作用,建立交互主体关系,不断生长,从而实现音乐鉴赏课让学生感受美、体验美、创造美的目的,最终达到美育的目标。教师和学生不再是被课堂控制的,而是在教学过程中追寻主体性,获得个性舒展,心灵自由,精神解放。师生的主体性能得到充分的发挥,这也是师生共同创生的过程。在这个过程中,音乐鉴赏课程内容持续生长和转化,课程的意义不断建构和提升,此时我们的课程标准、教师用书以及一些辅助的教材都是提供给教师和学生的资料,这些资料经过变革和解释转化为师生发展的经验。音乐学科的教学如此,所有学科亦然。正如马丁·布博所说,真正的对话关系应体现为"我—你"的关系,而不是"我—它"的关系,是一种民主、平等而非支配与被支配、奴役与服从的关系。[①]教师的"一切如我所料",蕴含的是"强势"的师生观,师生在这样的教学过程中无法创生,教学相长也是空谈。

(二)"老师表演得真精彩"

误区:教师表演就是凸显教学风格。

音乐学科的音乐性,决定了准确范唱、范奏等示范能力是音乐教师必备的专业素质。在音乐鉴赏教学中,教师的示范足以激发学生的上课热情,更能融洽师生关系,同时也可以凸显教师的个人魅力,让鉴赏课更加精彩,往往会博得学生的阵阵掌声和赞美声:"老师表演得真精彩。"但是教师展示得过多,就会忽略学生的主体地位。那么音乐鉴赏课中教师该如何"示范"和使用"语言",才能达到最佳效果?

首先,教师的示范和职业的表演示范在我们的音乐鉴赏课中有什么区别,该如何使用,值得我们讨论。教材中的媒体资料都是在多方面考虑的基础上选用的,甚至乐队、指挥都要考虑在内。因为它们都是教学材料,会成为学生的"记忆",积累内化为他们的"审美能力",所以要求很高。教师的示范是无法用专业水平来衡量的,用以作为音乐课的教学材料有欠妥帖,因为教师的示范毕竟无法和教材里精中选精的视频音频材料相比较。但是作为教学手段,激发学生的学习欲望,拉近跟学生的距离,教师进行示范是很有必要

[①] 殷晓静.课堂教学分析:理论视角[M].南京:南京师范大学出版社,2016:57.

的。所以对于教学示范,我们一定要明确知道,为什么要示范,示范的目的何在,什么时候示范。解决好"范唱""范奏"与"经典教学资源"的关系,将自身艺术表现(演唱、演奏、舞蹈、综合性表演)等方面的特长融入教学环节,为实现教学目标服务。以范唱为例,范唱是安排在课程导入时,还是安排在课中?不管什么时候,教师在课堂上进行完整生动的范唱,都要符合学生的认知心理,不显得唐突,这样效果会好些。范唱可以是教师自弹自唱,也可以是随伴奏演唱,还可以是清唱。当然这就要求教师要有扎实专业的基本功,同时切忌游离教学环节之外的"自我展示",或用教学资源替代教师生动直观的个人展示。比如,人民音乐出版社2019年版普通高中教科书《音乐·音乐鉴赏(必修)》第五单元"诗乐相彰——歌曲艺术"一课,如果教师的专业刚好是声乐,教材中《大江东去》《重归苏莲托》又刚好是教师擅长的作品,于是这节课教师从头至尾都是范唱、教唱,一节课下来学生没有看到真正的教学视频,那么学生对这首作品最经典的歌唱表演就无从了解。教师是唱得很过瘾,学生也很开心,但是这样的课堂学生能够审美感知什么,教学质量如何,需要打个问号。所以音乐鉴赏课中,教师需要把握好示范的适度性。

(三)"一问一答,气氛活跃"

误区:教师语言生动即可凸显教师魅力。

在日常的音乐鉴赏课中,经常会看到课堂上师生一问一答,气氛活跃。这体现出了课堂中融洽的师生关系,师生的融洽互动为平淡无奇的音乐课堂增色添彩,比起暮气沉沉的课堂氛围,这样的课堂氛围自然令人愉悦。但是同样的氛围,教学效果却大相径庭,很大的原因在于教师的"语言"技能。为什么在此要说"语言"是"技能"?因为教师的语言能力包括语言表达能力和内容表达能力,语言表达能力是很多音乐教师的长项,但是内容表达能力却是一种不好拿捏的"技能"。

在音乐鉴赏教学中,教师应如何使用准确的语言进行生动的表达呢?无疑,教师的语言要体现"教师范儿",简洁大方、亲切和蔼、有感染力。说话是教师职业要求的必备能力,但是教师怎样说话,却是一种不好驾驭的技能。如何对学生起到引导、激发、鼓励的作用,更是需要音乐教师在长期的教学实践中琢磨。在这方面一定要把握几个原则:第一,要服务教学目标;第二,要有价值;第三,要有启发性。音乐鉴赏课中教师使用频率最高的一句话是:"请大家仔细聆听,这首作品的情绪是什么?"这句话好像已经成了放之四海而皆准的万能用语。没错,任何音乐的鉴赏,首要的最直观的就是了解音乐作品的情绪,但是情绪的表达往往是基于音乐要素的,音乐作品的情绪学生大都能感受到,因此这样的语言就是无效的提问。音乐鉴赏课教师的提问要由浅入深环环相扣,把学生引向该去的地方。

美国的格兰特·威金斯和杰伊·麦克泰格在《追求理解的教学设计》中提出几种提问的方式。首先是引子式的提问。在音乐鉴赏课中,这大抵就是导入环节,不管是直奔主题,还是百转千回,这时的问题一定是要把学生引向鉴赏的主题。如人民音乐出版社2019年版普通高中教科书《音乐·音乐鉴赏(必修)》第六节"丝竹相和"一课,假设有三种引子式提问。第一,从中国古代的"八音"导入,设置问题:"中国古代的八音大家知道吗?其中'丝'和'竹'在一起会碰撞出什么样的火花呢?"第二,从"演奏二胡"导入,设置问题:"老师给大家演奏一首二胡曲好不好?"第三,从古书《晋书·乐志》记载"丝竹更相和,执节者歌"导入,设置问题:"丝竹相和会有什么样的效果?今天我们一起来探讨。"凡此种种,究竟哪个作为鉴赏课的引入性问题会更好?二胡固然是丝弦乐器,演奏二胡曲和丝竹相和貌似有联系,但好像有些绕远了,所以如果能把第一和第三种提问相融合会更好一些:"八音中的丝和竹相融合,早在《晋书·乐志》中就有记载:'丝竹更相和,执节者歌。'今天我们就一起领略一下'丝竹相和'的魅力。"如此,从八音说到丝竹,又说到古书记载的丝竹乐,让学生了解到丝竹不仅是民族乐器,而且也是我国的优秀传统文化。顺其自然导入鉴赏主题"丝竹相和"。

其次是指导性的提问。"指导"是指向引导的意思,在音乐鉴赏过程中,教师要适时地向学生提出关键性的问题,激活学生的想象力,使学生能够投入音乐,体验音乐,从而帮助学生理解音乐内涵,激发其创造力。这种问题往往是开放性的,能够给学生自主思维、主动探究的空间。如人民音乐出版社2019年版普通高中教科书《音乐·音乐鉴赏(必修)》第十九节"学堂乐歌"一课,为了探讨西洋音乐对学堂乐歌的影响,对歌曲《问》的鉴赏问题就可以设置为:请同学们结合社会背景和萧友梅的学习经历,从歌曲的内容、旋律、结构等方面考虑作品风格的缘由。这一问题的设置旨在引导学生的鉴赏着力点和鉴赏目的。影响作品风格的因素有很多,问题的提出既有提示,但又不局限于思维的角度,给学生自主学习、探究学习的空间。

再次是激发兴趣的提问。"激趣式"提问在音乐鉴赏教学中使用频率很高,为了激发学生的兴趣,引起学生的注意,教师经常会提一些学生们感兴趣的问题,比如:大家想不想听?你们喜欢的电影有哪些?同学们喜欢音乐吗?等等。类似这样的问题特别多,学生大都配合得非常好,课堂气氛很热烈。这些让学生打开话匣子的问题想要达到什么目的?对教学目标的达成有什么作用?显然上述问题是无效的问题。激发学生兴趣,不是盲目地活跃课堂氛围,有限的课堂时间,教师的语言应该是字字珠玑,不能有任何多余的或者游离的话语。比如,人民音乐出版社2019年版普通高中教科书《音乐·音乐鉴赏(必修)》第十七节"高山流水志家国"一课是古琴曲的鉴赏课,学生们对古琴很陌生,如何激发学生对古琴的兴趣,教师可设问:俞伯牙和钟子期因《流水》结缘,究竟这是一首什么样的"神曲"?今天让我们也一闻其声,看看我们能否也成为俞伯牙的知音。怀着这样的好奇心,学生们也能够耐下性子,静心聆听《流水》这首4分多钟的古琴曲。

(四)"这节课太开心了"

误区:快乐就是音乐课的全部价值。

注重学生实践是高中音乐课程标准提出的音乐教学理念之一。音乐课的实践活动是师生们都喜欢的环节,一节课下来,学生们总是意犹未尽:"上音乐课太开心了。"没错,音乐课强调音乐实践应贯穿全部音乐教学活动。学生通过参与各种音乐实践活动,获得直接经验和情感体验,学习和掌握必要的知识和技能,在提升审美感知、文化理解能力的同时,增强艺术表现能力。①的确,音乐课的实践活动是以学生为主体,学生应该在活动中感受到愉悦,没有快乐的音乐课是没有价值的,快乐某种程度上也是一种情感体验。尽管如此,我们仍不能把快乐当成音乐课的全部价值。音乐课的实践活动应该有三方面的特点:第一,开放性,体现在知识面的宽度上;第二,建构性,体现在知识的深度上;第三,交互性,体现在知识、师生、生生间的活动模式、活动情感体验等方面。②音乐是一门极富创造性的艺术。音乐课程中生动有趣的创造性活动内容、形式和情境,能够促进学生想象力的发展,丰富学生的形象思维,开发学生的创造性潜质。学生通过自主选择学习丰富多样的音乐课程,使个性化的发展需求得到切实满足,有利于释放创造性的能量。③音乐鉴赏课中活动的方式可以是"任务驱动式""项目化"的,是基于音乐载体,有目的、有方法并且学生能够在教师指导下通过协作配合完成的,这样才能达到音乐学科育人的目的。

在平常的音乐鉴赏课中,教师们常常追求教学设计的创意性,教学实施的个性化。生动活泼是一种风格,简单朴素同样也是一种风格。热闹的课固然引人注意,但是我们不能为"热闹"而设计"活动",我们所有的教学活动都是为"教学目标"服务的,哪怕是一句话,一个问题,PPT的一个页面,更不用说要占用宝贵时间(大都是在5分钟左右)的"活动"。教学实施要做到"有效教学"已经是所有教师都明白的理念,对教师而言,有效教学不是简单地把"效益"理解为"用很少的时间教最多的内容"。教学效益不同于生产效益,它不取决于教师教多少内容,而取决于单位时间内学生的学习结果与学习过程综合考虑的结果。④所以看似在活动却无效的教学方式哪有"效度"可言?如人民音乐出版社2019年版普通高中教科书《音乐·音乐鉴赏(必修)》第五节"鼓乐铿锵"一课中,如果用上很多打击乐器,用得好是锦上添花,用得不好却是画蛇添足。又比如,在创作环节,让学生设计小组在短短的时间里配合创作一首《龟兔赛跑》的打击乐,有的课堂可以初见成效,有的却是一片混乱。原因在于课堂教学的前期铺垫,有的教师着重于教材作品《锦鸡出山》《滚核桃》的音乐结构、器乐演奏特点和情绪分析,学生在应用实践环节就一定会有

---

① 中华人民共和国教育部.普通高中音乐课程标准(2017年版2020年修订)[S].北京:人民教育出版社,2020:2.
② 史影.基于人本主义教学观的高中音乐鉴赏教材内容与教学研究[D].长春:东北师范大学,2017:85.
③ 中华人民共和国教育部.普通高中音乐课程标准(2017年版2020年修订)[S].北京:人民教育出版社,2020:2.
④ 殷晓静.课堂教学分析:理论视角[M].南京:南京师范大学出版社,2016:56.

成就感,而且活动的设置也是上一环节的延续和拓展。而有的教师在教学中从头至尾没有前期的铺垫,学生的表演创作只能出现漫无目的、毫无章法的混乱局面。再比如人民音乐出版社2019年版普通高中教科书《音乐·音乐鉴赏(必修)》第四节"少数民族民歌"一课中,经常看到老师们设计大量的舞蹈动作让学生学习表演,这实际上已经偏离了对蒙古族、藏族、维吾尔族民歌的鉴赏。舞蹈只是音乐鉴赏的一个维度,要基于音乐作品引导学生从不同角度鉴赏少数民族的音乐。如果前面的30分钟把这些问题解决了,那么舞蹈活动就是水到渠成的,可以通过表演进一步让学生体验作品的风格。再比如人民音乐出版社2019年版普通高中教科书《音乐·音乐鉴赏(必修)》第二十节"人民音乐家"一课,在鉴赏《金蛇狂舞》时,为了让学生理解"螺蛳结顶"的创作手法,教师设计了"文字游戏"活动,从文字到节奏再到音乐,学生们不仅理解了"螺蛳结顶",而且也能在活动中体验到"创作的成就感"。音乐鉴赏的活动要有适切性。我们常说教学有法,但无定法。要根据不同的课型、内容、教学设计,选择适切的方式方法,切忌模仿或套用"固定方法",为用而用,或为活跃课堂气氛而用。

　　音乐鉴赏在高中音乐课程中有着举足轻重的作用,随着课程改革向纵深发展,音乐教师把握正确的教育理论前沿,树立正确的知识观、教材观、师生观等,对于教育高质量发展中美育的实施有着至关重要的作用。因此,音乐教师必须深入实践,才能以研究的状态提高教学的有效性,将深度教研、深度备课用于有效教学、深度教学,培养学生的音乐学科核心素养,达到立德树人的根本任务。

第二节　"体验式"音乐教学法

　　社会的发展,科学、文明、思想的进步,永远需要养料丰富的环境,这种环境首先需要丰富思想材料的累积。音乐是人类最古老、最具普遍性和感染力的艺术形式之一,是人类精神生活的有机组成部分;音乐作为人类文化的一种载体,蕴含着丰富的文化和历史内涵,以其独特的艺术魅力伴随着人类历史的发展,满足人们的精神需求,在人们思想材料的累积中有着不可估量的价值。人需要音乐,培养人的教育同样需要音乐。人的全面发展的内涵之一就是理性与感性或理智与情感的协调发展。普通音乐教育作为广义的音乐教育的基础部分,有其特定含义的界定,它比任何一种形式的音乐教育都更能体现音乐教育的本质。苏霍姆林斯基多次表明了这样的观念:"音乐教育并不是音乐家的教育,而首先是人的教育。"这一观念明确提出,音乐教育不是专业教育或职业教育,不以造就音乐家为己任(但尊重每个孩子都有成为音乐家的这种可能)。[①]

古今中外有无数的学者都致力于音乐教育研究,我们今天的很多音乐教学法都建立在前辈总结的基础之上。随着时代的发展,音乐教学法的研究也在不断进步,国内外涌现出了大量的有影响的先进教育理念和方法,研究这些理念和方法,我们发现它们都非常人性化,都是把以人为本、以音乐为本作为前提的。

一、国外先进音乐教育理念选介

国外先进音乐教育理念和方法的共同点在于注重各艺术门类的综合,鼓励学生参与体验。在音乐教育史上产生重大影响的如德国的奥尔夫教学法、瑞士的达尔克洛兹教学法、匈牙利的科达伊教学法等都比较注重各艺术门类之间的综合。奥尔夫认为,从来就没有孤立的音乐,而只有与动作、舞蹈、语言同时存在的音乐。奥尔夫的音乐教学体系,一是注重音乐与舞蹈、动作、语言的结合,在音乐声中开设舞蹈、动作课,二是每门课程本身又可以和其他内容一起训练,像"普通音乐"这门课,就可以将声乐、器乐、节奏训练、合唱、指挥等多种内容综合在一起训练。达尔克洛兹也说,任何乐思都可以转译为动作,任何动作也可以转译成与之相对应的音乐。据此,他创立了"体态律动学"。律动就是人随着音乐的节奏通过身体动作来感受音乐要素和表现情感,实际上是把音乐和舞蹈高度地融合了起来。达尔克洛兹教学法正是采用节奏性的动作,伴之以声乐、打击乐或钢琴即兴小品,以身体的运动来反映音乐的要素和情绪的。科达伊音乐教育体系在倡导以母语音乐作为教学内容的同时,配上传统故事的民间歌曲,低年级以游戏的方式进行。随着年龄的增长,逐渐以对唱、表演唱方式进行,有时还配以传统幽默的民间舞蹈动作,使学生在欢乐的歌唱、舞蹈、表演中感受愉快情绪,体验人生价值,增进情感交流,形成良好举止。

在学习借鉴国外先进教育理念和方法的同时,我们努力使之与我国的教育实际相结合。但是每一种教学方法的形成都有其独特的历史原因,都有其不同的内外条件与存在发展的基础,都有其具体的服务对象,所以我们在借鉴参照的同时要避免照搬、盲目套用,应结合我国教育的现实情况,考虑各种制约音乐教学方法的因素,了解教育对象的实际需要,对症下药,以促进我国学校音乐教育改革的进程。

[①] 北京师联教育科学研究所.走进新课程:新课程的理论与实践(第2辑)小学部分:新课程与小学音乐教学[G].北京:学苑音乐出版社,2004:40.

二、国内研究现状

我们应正确深入分析目前国内音乐教育现状,探究本土化的体验教学法。目前课程改革正在向纵深发展,但是传统的课程教学法一定程度上还在影响和制约着教育改革的进程。在音乐教学中普遍存在的问题是教师唱"独角戏",学生参与较少,往往只是被动的听者和机械的模仿者,随着时间的推移,学生往往会丧失自主学习的积极性,对音乐逐渐失去兴趣。解决这一问题的关键是确立学生的主体地位,展示学生的个性,摆正教学过程中的师生关系,把教师从"教书匠"的角色中解脱出来,使学生真正成为音乐实践的主体,让更多的学生参与到音乐活动中来。为此,教师既要为学生创造一个顾及音乐知识体系的学习课堂,又要为学生创设一个满足其个性心理需要的实践舞台,让每个学生在民主、平等的学习环境中,积极主动地投入音乐学习。为此,国内许多教育家提出了适合我国教育的教学理念和方法。如很早之前张熊飞教授提出的"诱思探究"教学法就是其中之一,其"创设情景""以诱达思""导师制"等原则和国外的音乐教学法有相似之处,其共同点在于教师通过合理的教学手段和方法,引导学生独立自主地思考,或亲自参与体验,以轻松、愉快、深刻的方式达到教学目的。在音乐教学中,我们也要想办法探究一些恰当的教学方法,创造性地展开课堂教学,让学生从体验中感受音乐,从参与中享受音乐。

教学方法是师生在教与学的双边活动中,为了有效地完成一定的教学任务而采用的方式与手段的总称。它既包括教师的教法,又包括学生在教师指导下的学法,是教授方法和学习方法的有效结合。决定教学方法的基本要素是教学目的、教学对象、教学内容,由于音乐教学目的和教学内容的特殊性,所以音乐课的教学方法不同于一般学科普遍采用的教学方法。基础教育阶段的音乐课是人文学科的一个重要领域,是实施美育的主要途径之一。与基础教育的改革与发展相适应,音乐教师要依据音乐学科教学活动的目的、任务,选择与音乐学科教学特点相适应的教学方法。所以适时适度地引进运用体验式音乐学习的教学方法,是与《普通高中音乐课程标准(2017年版2020年修订)》和《义务教育艺术课程标准(2022年版)》的具体要求相符合的,是跟随时代步伐的、正确的选择。

三、体验式教学的重要性

(一)立足审美,提升素养

体验,《现代汉语词典》(第7版)中的解释为:"通过实践来认识周围的事物;亲身经历。"戏剧表演艺术学派中有"体验派",是指表演艺术创造过程中强调情感重于理智的一种理论和方法。20世纪初,苏联戏剧家斯坦尼斯拉夫斯基强调,表演艺术必须以内部体验

(感受同角色相类似的情感)为基础,将内部体验过程视为演员创作的主要步骤。音乐艺术在很大的程度上是那种"只可意会,不可言传"的东西,仅凭教师口头传授,而没有亲身参与和体验,哪怕是音乐知识、音乐技能技巧,学生也很难真正理解和掌握,更不用说对音乐作品的欣赏与再创作。而且,对于中学生来说,音乐艺术主要还不是一门知识,而是一种内心体验,一种音乐审美愉悦的体验。没有亲身参与到音乐活动之中的人,是不可能获得这样一种体验的。在体验式音乐教学实践活动中教师应遵循以下三个原则。

(1)参与原则。是指在音乐教学过程中,教育者尽可能地激发学生积极主动地、全身心全方位地参与到音乐实践活动之中,让他们获得音乐审美体验。

(2)情感性原则。音乐是情感艺术,审美教育是一种情感教育,情感,是音乐审美过程中最活跃的心理因素。因此在音乐教学中应牢牢地把握住情感性原则。

(3)愉悦原则。审美的愉悦性是音乐艺术的本质特征,音乐能够给人以愉悦、享受;因为音乐有愉悦性,所以只有在使学生充分感受音乐,保持音乐带来的愉悦心情的情况下,才能保证音乐教学获得成功。

因此,"体验式音乐学习"是指在利用音乐开展教学这一环节中,贯彻全面推进素质教育的基本精神,体现以音乐审美为核心,使学习内容生动有趣、丰富多彩,引导学生主动参与音乐实践,尊重学生个体的不同音乐体验和学习方法,以提高学生的审美能力,发展学生的创造性思维,使其形成良好的人文素养,为学生终身学习音乐、享受音乐奠定良好的基础。

(二)挖掘内涵,激发兴趣

目前的教材中明显地增添了让学生通过参与的形式用自己的想象和再创造去寻找生活中的情趣的内容,还增加了通过"动"来感觉、理解音乐的存在的内容。教师在进行体验式音乐教学时,应特别注重教材内在的逻辑性和系统性,深入发掘教材的内涵,从学生的认知规律入手,使学生由浅入深地接受知识,达到水到渠成的教育效果。通过参与欣赏音乐活动,培养学生的音乐爱好、情趣,陶冶其高尚的情操,为培养其音乐能力打下基础。通过音乐实践活动,有效开发学生的个体潜能,激发其创作冲动,升华其精神境界,从而提高其生活质量。

《义务教育艺术课程标准(2022年版)》中"课程理念"第二条明确提出要"重视艺术体验":重视学生在学习过程中的艺术感知及情感体验,激发学生参与艺术活动的兴趣和热情,使学生在欣赏、表现、创造、联系/融合的过程中,形成丰富、健康的审美情趣;强调艺术课程的实践导向,使学生在以艺术体验为核心的多样化实践中,提高艺术素养和创造能力。可见,发掘教材的内涵,完善教材在教学过程中的作用,培养学生的参与体验能力,是增强学生学习兴趣的体验式音乐教学的重要环节。

(三)激发兴趣,培养创新能力

创新是人类社会发展进步的永恒主题,创新也是教育的灵魂,创新的根本在于教育和人才。音乐学科在实施素质教育"以学生发展为本,培养学生的创新精神与创造能力"方面,具有独特的优势。科学发现、艺术创作都需要有创新求异的思维、积极探究问题的心理倾向以及创造性人格品质。而以"创造"为主题的音乐教育更应该鼓励学生在音乐学习中主动探索和创新。爱因斯坦说:"在科学思维中,永远存在着音乐的因素,真正的科学和真正的音乐要求同样的思维过程。"[①]由此足以说明,音乐有利于培养人的创造性思维。与此同时,要培养学生的创新素质,教师首先必须成为一个富有创新精神的人。教师是教书育人的先行者,更是教学的主导者,不仅要懂得钻研教材,更要善于捕捉学生的心理特征。要对学生好动、好奇、好胜的特点充分加以利用和发展,尊重他们的思想,引导他们去耐心观察、积极思考和主动探索,最大限度地挖掘他们的潜力,开发他们的智力,使他们在各个方面的才能都得到充分的展示和发挥。

社会的进步离不开创造,而个性则是创造的基础,"只有发挥个性,才能产生真正的创造性,而丰富多样的个性只有在'掌握基础知识和基本技能'的基础上才能形成"[②],"人没有个性,就没有生命"。音乐是个性化非常强的艺术形式,缺少个性的音乐作品是没有生命力的俗套子,不能够打动人感染人,更谈不上启迪智慧陶冶情操。音乐教育作为传播音乐的重要途径,它的授课形式、方法与手段自然应具有强烈的个性,学生也应该受益其中,使自己的个性得到充分发展。个性是事物的分界和重要标志,失去了个性,就失去了创造,失去了创造,又将进一步失去个性,其结果是失去了发展,失去了希望,失去了存在的价值。创新的音乐教学法始终要以学生为本,以音乐为本,面向所有教育对象,了解每个学生的优势,开发其潜能,培养其特长,使每个学生的音乐素质得到提高,使每个学生的音乐潜能得到开发,在音乐学习中体验成功,享受快乐,并使他们终身热爱音乐。

四、体验式教学法的实践路径

(一) 转变教学观念

音乐教育要实现"育人"的目的,需要解决一个重要的观念问题:真正把美育作为目标,体现审美核心。音乐教育的育人目的是通过美育实现的,因此,音乐教育的全部过程应当是一种自觉的审美过程,贯穿着审美因素,并应以美感的发生为根本内容。只有这样,在长期的、多次的美感发生的过程中,音乐教育才会影响学生的情感,使其形成审美情

---

① 余开基.音乐文化趣谈[M].长沙:湖南人民出版社,1997:24-25.
② 陆有铨.躁动的百年:20世纪的教育历程[M].济南:山东教育出版社,1997:527.

操,从而完善人格发展。对于教师来说,最重要的工作是在教学过程中不断地帮助学生发现美;对于学生来讲,音乐教育的魅力并不完全在于知识、技能的传授方面,而主要在于启迪、激发、唤醒、感染和净化等效应方面。

因此,体验式音乐学习的方法是通过提供给学生感受音乐、表现音乐、创造音乐的机会,使学生主动参与到音乐实践活动之中,并在音乐实践活动中学习最基本的音乐文化知识、技能技巧,以培养学生的音乐兴趣和爱好,使学生获得音乐审美的体验、享受和成功的欢愉,提高音乐鉴赏能力和表现能力,奠定终身学习音乐、享受音乐、发展音乐能力的坚实基础。

(二)体验方法多元化

体验式音乐教学是通过改革教法与学法的全过程,建立全新的音乐课堂教学模式,着重以激发学生的音乐兴趣、提高其思维能力、培养其音乐实践能力为目的。学生的参与更有助于他们提高对抽象音乐的理解。体验式音乐教学要求学生主动学习音乐知识,教师的教学要从学生的个性出发,坚持教育的目标、课程、教法与教学组织形式多样化、灵活化与个别化,反对教育的划一与僵化,维护学生的个体尊严,实现学生个性的自由发展。

1.加入创作参与欣赏

学生都是热爱音乐的,而且都具有一定的创作能力。当然,我们可以让学生进行一些模仿性的动作,在人民音乐出版社2019年版普通高中教科书《音乐·音乐鉴赏(必修)》第五单元"诗乐相彰——歌曲艺术"的课程中,创作部分可以给出学生熟悉的诗词,让他们用所唱过的歌曲旋律加以改编,配上诗词。自己吟唱体味诗歌的韵味,是别有一番情趣的,他们会很有成就感,课堂的参与率自然也就很高了。

2.加入符号或图谱参与欣赏

让学生分析乐曲的结构似乎是一件很难的事情,但是有符号的参与就不一样了,比如人音版义务教育教科书《音乐(简谱)》(二年级下册)第六课中的《狮王进行曲》,在欣赏时,可以让学生自己根据乐曲的特点设计符号或图谱。这样,乐曲中凡是旋律相同的地方就都是相同的符号或者图谱,全曲结束,学生找出所画符号或图谱的规律,便清楚乐曲的结构了。这种方法多用在欣赏器乐曲时,这样学生就不会因为课程内容枯燥而产生抵触情绪了,相反,他们的兴致会很高,当然教学效果也就不言而喻了。

3.加入乐器参与欣赏

这里的乐器可以是真正的乐器,或是假设的乐器(打击乐器)。世界名曲固然高雅,但对学生来说难免有距离感,所以教师就要想办法调动学生的积极性。以人民教育出版社2014年版义务教育教科书《音乐(简谱)》(三年级上册)内容为例,在欣赏《土耳其进行曲》时,有真正的小军鼓、碰铃、沙锤、三角铁等打击乐器固然好。但如果没有,我们就启发学生充分利用身边的资源,如桌子、钥匙、书本等,把它们当作"乐器"。把学生分成几组,相同旋律的地方，一组学生可以拍桌子，另外几组学生则在不同的旋律处使用其他的"乐器"配乐，如摇"铅笔盒"、晃"钥匙"等。这样音乐再响起时，一首学生自己编配的打击乐曲就诞生了，他们当然也就觉得一节课太短，意犹未尽。

4.加入声势律动参与欣赏

声势是用身体作为乐器，通过身体动作发出声响进行音乐训练的一种手段，它是奥尔夫教学法的精髓所在。在节奏训练中，可以把学生分成四个声部，其中女高音用头顶上的拍手动作来代替，女低音则是用双手交叉胸前拍肩的动作来代替，男高音可以用拍腿来代替，男低音则用跺脚来代替。当然，这种方法也可以为乐曲的固定音型伴奏，同时可以加入学生的律动配合声势。学生的积极性会很高的。

选择教学方法要与学科特点相适应，要以该学科教学活动的目的、任务为依据。音乐教学是对学生进行审美教育，即陶冶学生的审美情感，培养学生的审美能力；音乐鉴赏教学的内容包括歌唱、器乐、律动、欣赏、创作和音乐基础知识与基本技能；音乐鉴赏教育作为一种审美教育，并不是单纯的知识与理论传授，学生感受音乐、鉴赏音乐、表现音乐都必须通过参与音乐实践来实现。中小学音乐教育教学是为了培养学生欣赏音乐的能力，而不是培养音乐家，故而体验式音乐学习的教学方法理所当然地应当成为基础音乐教育中广泛使用的基本方法和重要方法。音乐是听觉艺术，要培养学生的审美能力，首要条件是让他们接受美的熏陶。要让他们大量接触优秀的音乐作品，扩大音乐视野，在聆听音乐及参与音乐活动的同时，通过自身的体验，受到音乐的内在美的感染，从而激发他们的音乐兴趣，培养他们对音乐的感知力、注意力和记忆力，提高他们的鉴赏能力，增加其文化理解力，最终达成立德树人的根本任务。

第三节 音乐鉴赏教学的有效性

音乐教学追求一种无权威的学习机智，追求一种自由、和谐、双向交流的教学氛围，注重强化学生的问题意识，允许质疑，鼓励探索，尊重学生对音乐的不同体验与独立思考。音乐教学为学生提供一种创造性的学习，以创造为核心，通过即兴创作、即兴表演的方式，让每一个学生学会用音乐的方式进行自我表现，发展学生的直觉思维，让学生体验创造的愉悦。这样的音乐教学是对传统音乐教学的扬弃和变革，对促进学生的全面发展和终身发展有着重要作用。音乐鉴赏教学是音乐教学的内容之一,自然亦是如此。音乐鉴赏教学是在教育创新的基础上进行的,这一特征充分证明了教育创新对音乐鉴赏教学有效性的决定作用。音乐鉴赏教学的有效性主要表现在教学内容、教学方法、教学手段、考核评价四个方面。

一、教学内容的有效性

黑格尔说过:"假如没有热情,世界上一切伟大的事业都不会成功。"[①]为激发学生学习的热情,教师可以在教材的基础上选择一些学生感兴趣的教学内容,比如,节奏创编、即兴创作、学科综合、律动体验等。

(一)节奏创编

根据奥尔夫教学法、达尔克罗兹教学法等,通过音乐与身体结合的节奏运动来唤起人的音乐本能,培养学生的音乐感受力和敏捷的反应能力,从而获得体验和表现音乐的能力。比如上人民音乐出版社2019年版普通高中教科书《音乐·音乐鉴赏(必修)》第五节"鼓乐铿锵"一课时,教师可以让学生在感受体验音乐情绪的基础上,以身体作为乐器,通过身体动作发出的声响,进行音乐表现,这就是很受学生欢迎的奥尔夫音乐教学法。教师可以引导学生根据音乐的节奏特点、声部特点,探索身体乐器,设计相应的声响,共同配合完成音乐创作,进而表现出音乐作品的场景和情绪。

(二)即兴创作

在音乐鉴赏教学中,教师还可以借鉴多元智能理论,通过即兴创作教学,增进学生对音乐课的兴趣,培养其创新胆略和创新精神,发掘其创新思维能力。比如上人民音乐出版社2019年版普通高中教科书《音乐·音乐鉴赏(必修)》第三十四节"流行精粹"一课,教师可以在拓展环节让学生根据班训即兴唱一曲(可以自己作曲,也可套用歌曲)。如:我让学生们对班训"放飞理想,扬帆起航;一往无前,勇争第一"进行即兴演唱创作,学生们踊跃参加,其创作风格多样,有爵士乐风,有流行风,有美声风,有说唱风,有戏剧风,等等。即兴创作活动让学生们多才多艺的一面表现得淋漓尽致。

(三)学科综合

学科综合指音乐与其他艺术的结合,如与美术的结合。其目的是开阔学生的视野,提高他们的艺术综合能力,促进他们全面发展和终身发展。在教学中,教师要以音乐为主

---

① 黑格尔.历史哲学[M].王造时,译.上海:上海书店出版社,2006:21.

体,有机地融入美术等艺术内容,抓住音乐与美术等艺术在审美上的共同特征,通过学科综合相互作用、相互影响、相互交融、相互深化,使其共同陶冶学生的情操,让学生感受艺术美,发现艺术美,表现艺术美,创造艺术美。体会"绘画是凝固的音乐,音乐是流动的画面",姊妹艺术之间的交融性。比如,在人民音乐出版社2019年版普通高中教科书《音乐·音乐鉴赏(必修)》第三十二节"德彪西"一课中,教师可以在让学生了解印象派画家、作曲家风格的同时,根据听到的音乐拿起画笔描绘出一幅印象派作品《大海》。

(四)律动体验

让学生通过律动训练,达到内塑气质、外塑形象和提高综合素质的要求。在人民音乐出版社2019年版普通高中教科书《音乐·音乐鉴赏(必修)》第十五节"亚洲与非洲音乐"一课中,教师可以在引导学生赏析非洲音乐的同时,带领学生做一些非洲歌舞身体上的律动。黑人舞蹈节奏强烈,其动作特征主要强调人体的每个部位,如:头、颈、肩、胸、腰、胯和四肢的表现力,其中最突出的是头部的甩动,胸部的起伏,腰部的屈伸,胯部的摆动和旋转。这些舞蹈动作并无严格的规范,只要有统一的律动和节奏即可。律动体验可让学生在即兴发挥中体验音乐带来的快乐。

二、教学方法的有效性

教学方法的创新是指通过"互动"的教学形式,改变过去教师独占课堂、学生被动接受知识的单一教学信息的传递方式,促成课堂教学多向互动局面的出现。互动包括师生之间的互动、生生之间的互动,群体之间的互动、师生与课堂环境的互动等。教师要积极引导学生参与各种音乐活动,师生共同体验、发现、表现、创造和享受音乐美。

(一)精心导入,激发兴趣

高中音乐鉴赏以"聆听"为主要的教学方式。而教学内容则是欣赏中外作曲家的优秀音乐作品,学习中国传统音乐和世界民族民间音乐,聆听有代表性的通俗音乐作品,等等。这些内容在高中生自我了解的音乐世界中是很少出现的,甚至是一部分学生根本没有接触过的内容。学生只有对某一领域的事物产生浓厚的兴趣时,才愿意主动去学习和了解它们,产生学习的动机。因此,只有让学生对音乐产生浓厚的兴趣,我们才能引导学生轻松地走进音乐的圣殿,去感受美妙的音乐。例如,在上人民音乐出版社2019年版普通高中教科书《音乐·音乐鉴赏(必修)》第六节"丝竹相和"一课时,教师可以首先给学生播放央视《风华国乐》栏目的节目视频。节目视频中的作品完美地将中国传统的民族器乐与时尚的现代音乐元素有机结合,既保留了浓郁的中国民族音乐色彩,又兼具时尚与流行的世界音乐风格,其中所采用的现代高科技的声、光、舞美等手段,使学生受到视觉与听觉的双重震撼,从而让学生对中国传统音乐产生浓郁的兴趣——原来中国传统音乐也可以这样演绎!这样,就为本节课的内容"丝竹相和"做了很好的铺垫。使学生产生深入了解的好奇心:中国传统的民族音乐的真实面貌是什么样子的?这将为接下来的鉴赏学习起到很好的推动作用。

(二)自主探究,能够创新

俗语说:"良好的开端等于成功的一半。"课堂教学的每一个环节都很重要。传统的音乐欣赏课中,教师运用得最多的教学模式是先讲,再听,最后总结。这样按部就班的教学环节,往往会让学生觉得枯燥无味。在传统的音乐欣赏课中,教师主导着学生的一切课堂音乐活动,学生无法发挥自己的想象力和创造力,无法用自己的真心去聆听音乐,无法体验音乐带给自己的真实感受,只能在教师的指导下,机械地接受教师灌输给自己的音乐感受。其学习音乐的积极性也必定受到抑制,如此,再好的开始也不能挽救整节课程的失败。

培养学生核心素养的音乐教学,要求教师把课堂还给学生,体现以学生为主体的教学理念。课堂教学要为学生提供足够的音乐实践的机会,使学生充分发挥自己的想象力,在主动创造中真正获得审美愉悦体验和成功的满足。比如在上人民音乐出版社2019年版普通高中教科书《音乐·音乐鉴赏(必修)》第五节"鼓乐铿锵"一课时,教师不是先让学生欣赏音乐,而是先带领学生动口、动手,唱出或击打出本课乐曲中的节奏,让学生们在自己动口、动手的过程中了解不同的节奏类型,体验不同节奏所产生的不同音乐效果,以充分调动学生的积极性。然后再播放音乐,让学生聆听音乐,与自己所打的节奏进行对比,欣赏不同乐器的音色,了解乐器的演奏方式,并思考这些鼓乐与地域文化之间的联系。这样做的结果,不仅引导学生主动感受了鼓乐的非凡魅力,关注了民间音乐文化活动,还促进了学生对社会的认识和了解。最后再进行节奏合奏的活动,将学生分为不同的小组,各小组自己创编节奏组合,并选择身边的一种物体来充当乐器。大家同时打击相同拍子的不同节奏,并请一部分学生来聆听合奏效果,并进行评价。通过这种形式,让学生在自我创造的过程中,充分体验节奏在音乐中的重要作用。整个课程把学生的主体参与作为重点,活跃了课堂气氛。又比如,在进行"丝竹相和"这一课时,在介绍和听赏江南丝竹的过程中,教师可以穿插一些学生熟悉的影视音乐,如电视剧《红楼梦》中的音乐等,引导学生产生联想,体会音乐特点,而不是直接告诉大家江南丝竹的音乐特点是什么!

让学生积极主动参与课堂活动的前提是教师要为学生创造一种和谐、轻松、愉快的课堂气氛,做好师生之间的情感交流,建立一种真诚理解和相互信任的师生关系。因此,教师对自己的形象、语言和亲和力,都必须要有准确的把握。将自己融入学生中,才能真正做到相互理解、信任和尊重。

(三)多媒体赋能,提升效度

现代课堂教学手段已经不再是只有简单的课本、录音机和粉笔了。现代化多媒体成为课堂教学过程中必不可少的教学工具。成功的音乐教学需要的不是强制,而是激发学生的兴趣。创设教学情景,是调动学生兴趣的策略之一。恰当地运用多媒体手段,创设生动、新颖的视听效果,不仅能激发学生的学习兴趣,调动学生欣赏音乐的积极性,而且能提高教学效果。例如,在欣赏贝多芬的第五交响曲《命运》时,可以播放迪士尼公司制作的《幻想2000》中的动画。虽然学生都知道"命运的敲门声",但是动画中光影的不断变化,更增加了视觉上的冲击力。经典的音乐加上震撼的视觉效果,使学生有如身临其境。视听合一的效果可以加深学生对这部交响曲的理解与感悟。在进行"独特的民族风格"中有关藏族音乐的学习时,可以用多媒体课件展示西藏的风景,藏族的风俗、服饰等具有文化象征意义的图片。学生通过图片了解藏族同胞生活的地域环境以及他们的文化特点,这为他们进一步了解藏族音乐的内涵及其文化做好了铺垫。

但是,教师也不能过分依赖多媒体。如果整堂课像走马观花一样,不停地运用多媒体的话,那么这堂课就很难突出音乐这一主要内容,当然也就达不到教学的目的了。新课程改革,不能只注重形式上的多样,更重要的是要让学生在丰富的课堂活动中真正学到音乐知识,体验音乐的无穷魅力,激发学生对美好生活的热爱之情。多媒体只是教学的辅助工具,合理运用才能真正发挥它的作用。

(四)与时俱进,内容丰富

首先,教学内容要时代化,要允许积极健康的流行音乐存在于课堂。随着年龄的增长,学生们开始有自己的思想、自己的见解,由于青少年特定的生理心理特征影响着他们在审美方面的需求,加上现代大众传媒对青少年审美取向的诱导,青少年普遍喜欢通俗、流行、娱乐性强的音乐。卡巴列夫斯基认为,对青少年沉迷流行音乐的状况,既不能听之任之,也不能完全否定而使他们产生逆反心理,教师要采取引导的方法,使青少年逐步学会辨别、鉴赏音乐,提高审美能力。

其次,可以引入国内外流行的经典作品。时代在发展,音乐创作也在不断进步,国内外也有许多经典音乐作品不断诞生,如轰动世界的音乐剧《猫》,在多个国家巡演的中国芭蕾舞剧《大红灯笼高高挂》等都有很高的欣赏价值。所以在欣赏学习课本中古典音乐的同时,也要让学生了解这些课本以外的音乐作品,从中体味和感受各种异彩纷呈的音乐风格,提升欣赏品位,提高音乐修养。

此外,还要注重教学手段的时代性。现代化教学手段的推广使用,如电声技术、视听技术和电子计算机辅助教学技术的普及,大大改变了音乐教学的面貌,推动了音乐教学方法的革命。随着新技术、新手段的应用,音乐教学方法将向着更加现代化的方向发展。

(五)德育渗透,育人为先

学校是教育学生的主要阵地,其中,德育显得尤为重要。音乐学科是德育的重要学科之一。音乐是情感的表达,灵魂的体现。音乐教学作为素质教育的一个重要方面,可以将生动、直观的感性认识转化为理性认识,从而产生一种积极向上的精神力量,使人的思想、道德、情感得到净化和升华。教师在传授音乐知识和艺术技巧的同时,必须渗透德育,这是素质教育的重要内容。以《黄河大合唱》这部作品为例,它以丰富的艺术形象,壮阔的历史场景和磅礴的气势表现出黄河儿女的英雄气概。学生通过这部作品可以更加深刻地了解了中华民族源远流长的光荣历史和中国人民坚强不屈的斗争精神,激发对祖国的热爱,对革命烈士的无限崇敬,以及对现在美好生活的珍惜。又如:学生通过"京剧"课,不仅能了解到关于京剧的唱腔、伴奏、行当等知识,还能通过参与、体验和感受,真正体会到京剧的魅力,激发对京剧的兴趣和爱好,从而将我国的国粹艺术真正发扬光大。

三、考核评价的有效性

考核评价是以发展性评价为导向,以审美教育为核心,以人本主义思想和发展性教育理论为指导,以激励学生热爱音乐、表现音乐和创造音乐为出发点,运用等级制的记分方式,通过音乐会等形式,进行的专项评价、综合评价。考核评价充分显示了评价的民主性和公开性,能有效促进学生学习的音乐兴趣,有利于发展学生的音乐能力和特长,改革"统一化"的考核评价模式,为创新型人才的成长提供民主、和谐、宽松的教育环境。

(1)演出式考核制:将期末音乐考试改为用音乐会的形式来评价学生的成绩。以演出来代替考试,考查学生的知识运用能力。通过"迎新音乐会""迎春音乐会""节奏音乐会"等学生喜爱的班级音乐会形式来完成,并邀请班主任与任课老师参加,也可邀请家长来共同参与。音乐会内容可在课外准备,自定内容、自行组织、自行编排,主持人可由学生与老师共同担任。

(2)才艺展示式考核制:从学生的实际情况出发,根据其不同的发展情况,不同的兴趣爱好而为其提供适合的发展机会、手段与方法,让他们将课堂上学到的知识应用到实践中去,尽可能让他们的特长在音乐会上得到充分展示和发挥。音乐会的节目可以有吹、拉、弹、唱、舞、赏、说、诵等,才艺展示表演可以是单人的、双人的、小组的,要求人人参与。

(3)特长展示考核制:根据学生的具体条件作选项考核,采用强项则优的原则,以该学生的强项作为评价的依据,充分发挥学生的一技之长;以动态的评价结果替代静止的一次性评价,使每位学生都能根据自身条件,在各个领域里有充分施展的广阔空间。

(4)多元评价制:通过学生自评、小组互评、教师参评而得出结果性成绩。在评价过程中教师要加以积极的引导和指导,让学生实事求是、客观公正地对他人、对自己作出评价。

综上所述,要适应高质量的教育要求,培养创新型人才,培养祖国未来的建设者和接班人,就一定要有创新性的教学,让音乐鉴赏课更加有效地发挥其育人功能,启发学生的学习兴趣、激活学生的思维、发掘学生的潜能、促进学生的个性发展、培养学生的操作技能。

第四节 心的歌声——音乐家勋伯格的《月迷彼埃罗》

一、20世纪音乐概述

20世纪音乐的内容、题材与以前有所不同,出现了更多的表现自然科学或抽象概念的作品,这种不同主要还在于作品的形式和表现手法的变化,表现在旋律不流畅、不声乐化,很少曲线起伏,很多大跳进行,且呈棱角形线条;不对称,不呼应,有的没有句读,缺少规律;和声上频繁出现各种不协和音响,不协和和弦不再需要解决;复调方面表现在两个或更多的主题出现在不同声部时,各有不同的调性,由此形成多层次的复杂织体;调性不明确,有的虽仍有中心音,但自由使用12个音级,没有自然音与变化音的区别,也没有大小调的区别,有的没有调性,没有中心音,甚至音与音之间互不连贯,只强调单个的、孤立的音响;节奏自由多变,捉摸不定;配器方面管弦乐队室内化,突出个别乐器,重新讲究各个声部线条的清晰,从和声织体转向复调织体,弦乐不再占有主导地位,以避免过度的浪漫主义倾向；曲式方面，传统曲式中统一和变化的原则仍十分重要，但如何统一、变化，各有新的办法。所有这些变化也只是限于使用传统的乐音体系和传统的音乐表现手段的音乐。为什么会有如此多样的变化？观点有多种。一种观点认为，这是生活的变化引起的；还有观点认为，这是音乐历史发展本身的规律所决定的。其中一些学者认为直接有关的原因有三：第一，社会动荡、矛盾加剧，引起社会心理发生变化，产生了更多的紧张、不安等情绪；第二，社会发展速度加快，作曲家创新的心理要求加剧；第三，个人主义充分发展，作曲家自我意识空前增长。

但这些20世纪音乐特征的形成都有一个过程，并且每个过程有其不同的特点。美国的唐纳德·杰·格劳特和克劳德·帕利斯卡在其著作《西方音乐史》中对每个过程的特点有较准确的阐述：

> 两次世界大战之间的年代里，国际紧张局势不断激化，俄国、意大利和德国相继建立专政或独裁。1930年左右世界性经济萧条的侵袭、法西斯主义的兴起之际，正是离经叛道和试验结束，道德、政治、社会和经济问题重新进行调整之际。1910—1930年间创作的许多作品，由于进行激进的试验而被贴上"新音乐"的标签。……所谓"新"，用于1900—1930年间创作的许多音乐时，是指它完全抛弃了支配调性、节奏和曲式的惯用原则。
>
> 1930—1950年间，新旧音乐之间的鸿沟缩小，有一些作曲家力求将二者加以综合……在两次大战之间的年代里，各国都致力于使更多人接受当代的音乐，如德国的Gebrauchsmusik（实用音乐，供学校或其他业余爱好者用）和其他地方的类似项目；苏联的"无产阶级"音乐；以及各国都有第一流作曲家在创作的电影背景音乐。可是，自1950年以来，新旧音乐之间的距离重新拉开；20世纪50年代和60年代的新音乐比起20年代来，新得更加彻底。
>
> ……………
>
> 在20世纪的音乐中，可以看出四大方向或倾向：1.采用民族民间乐汇要素的音乐风格继续成长；2.各种流派（包括新古典主义）兴起，力求把本世纪初的新发现用到音乐风格中去，它们与过去的（特别是19世纪以前的）原则、曲式、技巧有着或明或暗的联系；3.德国的后浪漫主义乐汇转化为勋伯格、贝尔格和韦伯恩的十二音风格（dodecaphony）；4.在一定程度上作为对十二音体系这种绞尽脑汁、彻底系统化的作曲法的反动，不论是新浪漫主义或是还原派，回到取悦听众的折中而比较简单的乐汇。有些作曲家兼收并蓄，在某种程度上参与一种或不止一种倾向，其中最突出的是梅西昂和斯特拉文斯基。

除勋伯格的圈子以外,上述种种方向或倾向都称不上"派"。因为哪一种也没有一个公认的中心权威;在时间上都是重叠的,每一种都有许多不同的实践,有些倾向往往只表现在一个作曲家身上,甚至一部作品中;而且,往往以这种或那种方式与浪漫主义、异国情调、印象主义或其他影响混杂在一起。①

20世纪主要音乐家的代表音乐作品见表3-1。

表3-1　20世纪主要音乐家及其代表音乐作品

时间	音乐家	作品
1900	德彪西	《夜曲》
1904	普契尼	《蝴蝶夫人》
1905	理查·施特劳斯	《莎乐美》
1907	亚历山大·斯克里亚宾	《狂喜之诗》
1908	贝拉·巴托克	《第一弦乐四重奏》
1911	古斯塔夫·马勒	《大地之歌》
1912	阿诺德·勋伯格	《月迷彼埃罗》
1913	斯特拉文斯基	《春之祭》
1915	查尔斯·艾夫斯	《康科德奏鸣曲》
1918	谢尔盖·普罗科菲耶夫	《古典交响曲》
1924	乔治·格什温	《蓝色狂想曲》
1925	阿尔班·贝尔格	《沃切克》
1928	安东·韦伯恩	《交响曲》
1933	欣德米特	《画家马蒂斯》
1937	肖斯塔科维奇	《第五交响曲》
1944	科普兰	《阿巴拉契亚之春》
1945	本杰明·布里顿	《彼得·格莱姆斯》
1951	约翰·凯奇	《易乐》
1955	布莱兹	《无主之槌》
1956	施托克豪森	《少年之歌》

① 格劳特,帕利斯卡.西方音乐史[M].汪启璋,吴佩华,顾连理,译.北京:人民音乐出版社,1996:723-725.

续表

时间	音乐家	作品
1957	伦纳德·伯恩斯坦	《西区故事》
1961	厄尔·布朗	《可用形式Ⅰ》
1970	乔治·克拉姆	《远古童声》
1976	菲利普·格拉斯	《海滩上的爱因斯坦》
1978	彭德雷茨基	《失乐园》
1996	艾略特·卡特	《单簧管协奏曲》

二、简析表现主义作曲家勋伯格及其音乐《月迷彼埃罗》

"如果这是音乐,求求上帝,别让我下次再听它了。"一位音乐评论家说。

"这些歌永远使我感动,但也使我有点恶心。连唱带讲,还加上呻吟。在这些歌曲的有些地方,我真想跑去打开窗子,呼吸一下健康而清洁的空气,但这也是它的成功之处。"伯恩斯坦说。

"艺术是那些体验到人类命运的人的困苦的呼喊。"勋伯格说。

这是关于勋伯格音乐艺术的三种声音。这三种声音一方面让我们可以感觉勋伯格音乐的怪诞,另一方面又恰恰又反映了勋伯格的作品的确达到了作者的目的,让听众有了共鸣——真实表现人物内心的复杂心理。这就是以勋伯格为代表的表现主义音乐的最大特点。

阿诺德·勋伯格(A.Schoenberg,1874—1951)在20世纪音乐创新家的行列中,毫无疑问是一位最重要的带头人。他是最早尝试以无调性音乐语言作曲的少数几个音乐家之一。随后又创立了十二音序列技法,赋予无调性音乐以严谨的、高度理性化的逻辑性。这种序列技法对新音乐的影响极大,在半个多世纪里几乎成为一统天下的正宗。虽然近三十年来,一些新的流派对序列主义提出挑战,但勋伯格作为一个伟大作曲家的地位是不可动摇的,他和他的学生阿尔班·贝尔格、安东·韦伯恩是音乐流派中表现主义的主要代表。

"表现主义"和"印象主义"一样,最早产生于绘画。表现主义力求表达内心的感受,以主观为出发点,因此是浪漫主义的一个支系。不过它描绘的内心感受和采用的手段不同于浪漫主义,表现主义的题材是生存于现代社会的人,是20世纪初期的心理学所描写的人:孤立,陷于无法理解的种种势力的掌握之中无法自拔,备受内心冲突、紧张、焦虑、恐惧以及潜意识中种种不可理喻的原始冲动之苦,烦躁不安地反叛现有秩序和常用形式。因此,表现主义的艺术特点是绝对强烈的感情和革命化的表达方式。[①]

声乐套曲《月迷彼埃罗》是勋伯格创作进入无调性时期的重要作品,共二十一首歌。歌词取自象征派诗人阿伯特·吉罗的朦胧组诗,采用象征主义、表现主义手法,以第一或第三人称讲述作品的主人公——孤独的彼埃罗对着月光痛苦地回忆过去,渴望返回家乡的种种情景。彼埃罗原是意大利喜剧中的一名丑角、恋爱失败者和被同伴取笑的对象,但是这首作品中的彼埃罗却有很大的变化,他实际上具有精神错乱的心理特征。诗人想象自己是彼埃罗,通过月光的象征,表现自己的种种形象,犹如一缕月光照进玻璃杯中,呈现出许多颜色,变幻出一幅令人毛骨悚然的景象。全曲用女声独唱和一组五个人演奏八件乐器的室内乐重奏,八件乐器为长笛、短笛、单簧管、低音单簧管、小提琴、中提琴、大提琴和钢琴。全曲分为三个部分,每部分有七首歌曲,每首歌十三行歌词,第七行及末行重复第一行,第八行重复第二行。

初听《月迷彼埃罗》时,音乐的怪诞令人费解,但认真仔细地聆听之后,又让人深刻感受到作曲家所要表现的复杂思想感情——痛苦、不安,让听众为其淋漓尽致、逼真深刻的表现力而感到震惊。在第八首歌《夜》中,用了人声朗诵歌词,按一定的音高和节奏,音乐以上行小三度继以下行大三度——不断以不同时值出现在织体的各个部分,其中的一个固定音型,我们可以强烈感受到彼埃罗被大蝙蝠逼入可怕陷阱时的那种阴森、恐怖、不安的心理。而第十三首歌曲《斩首》,听上去感觉音乐在随歌词内容的变化而毫无组织地即兴演奏,这时彼埃罗想象自己因罪行累累而被月光砍头,之后的音乐是由低音单簧管和中提琴倾泻出一连串音符表现铡刀落下,随后一段音乐让人感受到彼埃罗抱头鼠窜,企图避开月光,这时钢琴上的增和弦似乎让我们看到他双腿膝盖相撞。彼埃罗狼狈扭曲的形象完完全全、真真切切地展现在我们面前。但我们已经感受到了作者用这种夸大、生动的形象和语言的起伏、音乐的不协和来实现他创作的目的——真实地表现人物无法自拔、复杂、恐惧、不安的内心。

继《月迷彼埃罗》之后,1908年起勋伯格先后创作了一系列无调性作品,成了第一位放弃调性的作曲家。虽然他的作品难免曲高和寡,但他手法精致,表现力惊人、深刻,他的革新精神对后世有着深远的影响。

20世纪的音乐现象可谓光怪陆离,这是一种进步还是一种退步,是正常现象还是反常现象,我们不知如何评价。但其发展一方面体现出多样化特征,各种风格和流派并存,另一方面趋向综合,不局限于某一特定流派,作曲家们可以利用一切可以利用的手段进行创作,从而形成自己的个性。20世纪音乐也因此以独特的身姿呈现在多彩的音乐世界里。

[①] 格劳特,帕利斯卡.西方音乐史[M].汪启璋,吴佩华,顾连理,译.北京:人民音乐出版社,1996:766.

第五节 案例实作

音·画交响
——《德彪西》

课名:德彪西(第十六单元第三十二节)
教材:人民音乐出版社2019年版普通高中教科书《音乐·音乐鉴赏(必修)》。
课型:鉴赏课
年级:高中一年级

【教学理念】

音乐与美术课程都是借助于情感对学生进行美、德教育的艺术课程,其共同点是在一定的艺术氛围中,调动学生积极向上的情感,创设他们健康、丰富的精神审美世界,让他们感受"真、善、美"的艺术真谛。好的音乐就像一幅美丽动人的画面,好的美术作品又宛如一支美妙的乐曲。音中有画,画中有音,说明音乐与美术有一种必然的内在联系。它们共同陶冶着人们的情操,充实着人们的精神生活,让人们在生活中发现美、创造美。

以审美为核心的音乐教育基本理念,应贯穿于音乐教学的全过程。通过激发学生学习音乐的兴趣,运用感受、体验、探究、对比、讨论、联想等学习方式,让他们了解世界优秀音乐作品和多元文化,培养良好的审美能力。本课主要从姊妹艺术着手,让学生从音乐中想象画面,从绘画中体会音乐,层层铺垫,逐步推进,加深学生对音乐的理解,培养学生对美的分辨力和鉴赏力,充分发挥学生的想象力和创造力,使他们体验画中有乐,乐中有画的美好意境。

【教学目标】

(1)通过欣赏印象主义代表性音乐作品德彪西的《月光》《大海》《亚麻色头发的少女》,培养学生对美的分辨力和鉴赏力,让学生充分发挥想象力和创造力。

(2)采用对比法、视听法、归纳法、学科联系法、绘画法、律动体验法等方法,引导学生了解印象主义音乐大师德彪西及其作品的风格特点。

(3)通过聆听鉴赏,了解德彪西和印象主义音乐的特点。同时也了解、探索印象主义绘画和印象主义音乐的关系。

【教学内容】

(1)贝多芬《月光》片段。
(2)德彪西《月光》片段。
(3)德彪西《大海》第一乐章《海上——从黎明到中午》。
(4)德彪西《亚麻色头发的少女》。

【教学重点难点】

重点通过印象派绘画作品的导入及过渡,使学生了解印象主义音乐的特点,欣赏德彪西主要印象主义作品《大海》之一《海上——从黎明到中午》,感受、体验其特有的表现手法及作品风格,从而对印象主义音乐加深认识。

难点在于结合印象派绘画作品,了解印象主义音乐的特征、创作手法,音乐抽象中的具体、具体中的抽象,从德彪西作品中感受音乐的飘逸、模糊,色彩的变幻等独特的音画之美。

【教具】

多媒体课件　素描纸　油画棒　钢琴

【教学过程】

一、导入

教师:音乐常使人产生联想,使我们眼前浮现出画面或色彩的感觉。后印象派画家保罗·高更(Paul Gauguin)曾经说过,有色彩的绘画将进入一个音乐的时代。这足以说明音乐和绘画有着密切的联系。我们今天的音乐课和绘画有关,就让我们一起走进今天的交响音画,去了解德彪西和印象主义音乐。

二、初步·印象

1.首先请同学们欣赏一幅画(大屏幕展示莫奈的《日出·印象》)
教师:这幅画给你们的直观感受是什么?
学生:模糊,朦胧,色彩多,线条少,模糊的轮廓,细碎的笔触。

教师：请同学们选出一首音乐作品为这幅画配乐。

教师提供《春节序曲》片段和德彪西《水中倒影》片段，请同学们选择。

2. 介绍《日出·印象》，莫奈，印象主义画派

莫奈（1840—1926），法国著名画家，印象主义画派创始人之一，被誉为"印象派之父"。《日出·印象》是这一画派的标志。这幅画表现了莫奈在勒阿弗尔港口一个有雾的早晨，透过晨雾观看太阳初升的瞬间印象。

印象主义画派（可以展示几幅有代表性的作品），西方绘画史上划时代的艺术流派，19世纪七八十年代达到了它的鼎盛时期，其影响遍及欧洲，并逐渐传播到世界各地，但它在法国取得了最为辉煌的艺术成就。其代表人物有莫奈、马奈、毕沙罗、雷诺阿、西斯莱、德加、莫里索、巴齐约以及保罗·塞尚等。该画派把对自然清新生动的感观放到首位，认真观察沐浴在光线中的自然景色，寻求并把握色彩的冷暖变化和相互作用，以看似随意实则准确地抓住对象的迅捷手法，把变幻不拘的光色效果记录在画布上，留下瞬间的永恒图像。这种反映光线的方式和准确表现捕捉到的种种生动印象及其所呈现的风格，不能不说是印象派绘画的创举和对绘画的革命。

3. 从画到乐的过渡

教师：看到这些标题——《月光》《云》《雨中花园》《雾》《焰火》，你首先想到了什么？

学生：画面。

教师：这些都是音乐作品——印象主义音乐大师德彪西的作品。

我们先从教材上了解印象主义，请同学们翻到147页，快速阅读，用几个词语来概括印象主义音乐的特点。（幽静朦胧、飘忽空幻、模糊的旋律线条、缥缈的音色、独特的和声等）

★设计意图：

从印象主义绘画作品切入，使学生对印象主义有初步的感觉，从而延伸到印象主义音乐，由画到乐的过渡，使学生对德彪西以及印象主义音乐从感性上有初步认识，为下一环节印象主义音乐的鉴赏做好铺垫。

三、感受·印象

教师：请同学们听辨两首描写月光的钢琴曲片段。

问题：

（1）根据刚才的了解，判断哪首是印象派的音乐作品，请说出原因。

教师提示：一首是贝多芬献给恋人朱丽埃塔·圭恰尔第的《月光》，另一首是印象主义乐派德彪西的《月光》。

同学们选择出德彪西的《月光》。

(2)两首作品的音乐风格有什么不同?(结合谱例让学生辨别。)

教师提示:古典主义音乐的创作原则与风格是严谨、规整的,浪漫主义则注重情感的表现与激情的发挥。与之相比较,印象主义音乐并不是通过音乐来直接描绘实际生活中的图画,而是更多地描写那些图画带给人的感觉或印象,渲染出一种神秘朦胧、若隐若现的气氛和色调。通过教师再次弹奏强化,同学们可以辨别出贝多芬《月光》的规整和德彪西《月光》的神秘。

(3)试着哼唱一段旋律。(教师再次弹奏两种《月光》片段。)

教师提示:请同学们试着哼唱出这两首曲子的旋律。第一首有旋律,而后者基本没有旋律,几乎都是有个性的和声。因此对于印象主义大师德彪西来说,音乐中的和声胜于旋律,如同绘画中的色彩胜于线条。

★设计意图:

把不同乐派的音乐(如古典主义的音乐和印象主义的音乐)放在一起对比欣赏,通过让学生直接感受、体验、比较作品音乐的风格,得出印象主义音乐与绘画的关系:音乐中的和声胜于旋律,如同绘画中的色彩胜于线条。同时帮助学生更好地理解作品的意境,进而顺利地了解印象主义音乐的特征。

四、体验·印象

1.看海

教师展示:《神奈川冲浪里》。

介绍日本版画大师葛饰北斋。这幅画表现大海的壮美,有着不同寻常的表现:超越常规的构图,神秘玄妙的色彩,使大海和浪花显得那样巍峨壮观,震撼人心。

学生阅读:教材145页。

教师:德彪西的《大海》有三个乐章:《海上——从黎明到中午》《波浪的嬉戏》《风与海的对话》,德彪西把这幅版画作为《大海》总谱的封面。

2.听海

教师:请同学们一起来聆听这首《海上——从黎明到中午》。

为了更好地理解这首音乐,教师讲解乐曲结构,学生感受意境。教师安排学生活动——相互评价。

(1)请同学根据音乐作画。

(2)请几位同学闭上眼睛,自由走动,用身体律动来体验音乐。

3.谈海

(1)乐曲结束后,请同学们谈谈自己的感受。

(2)探究:在交响素描《大海》问世之初,曾有评论家用"我没有听到大海,没有看到大海,没有感觉到大海"来表示不满,但德彪西认为他要创造的不是大海的复制品,而是大海的意象。请同学们谈谈自己的看法。(鼓励学生说出自己的看法,可以有不同的意见。)

教师:难怪有人说,在德彪西之前,还没有人能把海浪的蓝色和绿色,那变幻闪烁的光泽,海水的律动和清澈可见的深度,还有海涛那神秘、令人难忘的声响及其威力,表现得如此淋漓尽致。

★设计意图:

通过聆听、绘画、律动体验感受音乐《海上——从黎明到中午》所表现出的意境,更加深刻地理解印象主义音乐的风格特征,及音乐表现形式,在乐曲的形式上多采用短小、不规则的形式。

五、提升·印象(拓展与探究)

(1)把下列属于印象主义音乐特点的词语选出来。

规整、意象、浪漫、个性、缥缈

请同学们自己再说几个关于印象主义音乐的词语。

模糊空幻 独特 抽象 超越现实的色彩

(2)聆听德彪西作品《亚麻色头发的少女》,强化对印象主义音乐风格特点的理解。

★设计意图:

本环节的设计,意在让学生简单直接地再次强化对印象主义音乐的理解。通过引导学生对印象派绘画特点的了解,进一步说明印象主义音乐与当时印象派绘画和象征主义诗歌的联系,在聆听音乐作品的过程中感受体验其间的奥秘。

六、回味·印象(课堂小结)

(1)课后再收集印象主义时期的绘画和音乐作品,结合今天所了解到的内容和同学交流分享。

(2)试听《大海》其他两个乐章,并写一小段随笔。

今天,我们只是很直观地从绘画和音乐的角度初步了解了印象主义音乐的特点。在以后的学习中,我们将共同探索关于印象主义音乐的其他知识。

最后,让我们一起在分享德彪西对音乐的感悟中结束我们今天的"音·画交响":

> 我非常热爱音乐。正因为我热爱音乐,我试图让它脱离使它受到抑制的贫乏的传统。音乐是热情洋溢的自由艺术,是室外的艺术,像自然那样无边无际,像风,像天空,像海洋。绝不能把音乐关在屋子里,成为学院派艺术。

【课后反思】

德彪西的印象主义音乐这一课相对来说有点不好驾驭,这不仅仅是因为作品的创作技法复杂、专业程度艰深,也是因为我们过去对印象主义音乐了解太少、钻研不深。在一般情况下,引导学生通过音乐要素、音乐表现手段去认识普通音乐作品的风格特征是比较容易的,而认识类似《海上——从黎明到中午》这样的作品却困难得多了,因为它的音乐要素、音乐表现手段并不像普通的音乐作品那样容易把握。鉴赏这部作品,侧重点在于直接感受、体验音乐的风格,对于作品的音乐要素、音乐结构及音乐表现手段不宜做过多探究,主要目的是要紧扣本节课的教学目标,理解印象主义音乐的风格特点。由于教学内容比较多,时间的分配、层次的铺垫和逐步推进时的课堂节奏较难把握,因此,教师应该思路清晰,把握好时间的分配。

【教学点评】(河南省音乐教研员 张晓华)

这节课能够紧扣教学目标,最大的特点就是能够充分调动学生的积极性,体现了教师在课堂上的主导地位;其次,学生在本节课的学习过程中通过对比能够自主总结出印象主义音乐的特点,突显了学生的主体地位。在教学过程中,让学生聆听音乐片段,运用联觉选择与其相对应的色彩,莫奈的《日出·印象》的展示逐渐把学生引向印象主义音乐那朦胧的意象中,随着主讲老师的娓娓道来,学生的思路不知不觉地随其漫步于印象主义的音乐中。本次课圆满完成了教学任务。

建议:在感受环节中学生对贝多芬《月光》片段的旋律哼唱和对德彪西《月光》中和声特色的对比应引导得更具体些,让学生真正感受到印象主义音乐和声胜于旋律如同绘画中色彩胜于线条的特点;对于交响素描《大海》第一乐章,教学中设计的身体律动体验,教师应该对学生加以引导,让学生结合音乐的强弱快慢用身体体验,最后的拓展环节可根据时间灵活安排,《亚麻色头发的少女》可以选择性地聆听。

总之,本课例为我们提供了一种好的教学方式,让我们发现,原来音乐鉴赏课也能上成既令人精神愉悦又能获得知识的学生喜欢的好课。

第四章

歌唱教学研究

第一节 歌唱教学的方法与策略

在漫长的历史发展进程中,歌唱始终是表达人的思想情感的一种方式,成为伴随着人类历史、生产、劳动、社会生活、审美意识而发展、演变的声乐艺术。在我国,很长一段时期内,歌唱教育都是经过口头传唱的形式进行的。经过历史的发展演变,当今世界音乐教育空前繁荣,而歌唱教育又是音乐教育中非常重要的一个方面。从20世纪国外的音乐教育来看,匈牙利的柯达依一直把歌唱作为音乐教育的主要手段。重视歌唱,更重视合唱中的歌唱,是基于柯达依的"要使音乐属于每个人"的教育理念。科达依认为,通过歌唱最容易接近音乐,歌唱也是最容易表达思想情感的音乐形式。有了歌唱的基础,更高层次的音乐教育就能够得以发展。只有人声——这个人们生而有之的、最优美的乐器,才使音乐属于每个人的沃土。歌唱是普及音乐教育的切实可行又有实效的途径。歌唱中的合唱所产生的社会性作用,是音乐教育目的的一个重要方面。在合唱中,学生学会倾听和配合,对于艺术的和谐、完美的追求和由此自觉形成的统一意志,取代了行政的约束。它所形成的纪律性来自艺术的内在表现和对于美感体验的自觉要求,而不是外在的压力。同时,一些社会性的因素可以使合唱产生一种"魔力",并且形成凝聚力。合唱的群体参与形式、合唱中忘我的投入和合唱所创造的和谐之美,可以增进人们的集体感和友谊,能够给人带来精神上的升华。

一、高中音乐"歌唱"模块开设的理论意义

《普通高中音乐课程标准(2017年版2020年修订)》中规定,"歌唱"为必修(选学)课程之一,体现了高中课程改革最基本的设计思路——具有时代性、基础性和选择性的特点,

这一特点为学生生动活泼、富有个性地全面发展奠定了良好的基础。高中歌唱课的重要任务是：以歌曲作品为教学载体，以表演音乐为主要活动媒介，并通过学生的音乐表演艺术实践，培养、发展学生演唱歌曲的兴趣与爱好，增强演唱的自信心；发展学生的表演潜能及其创造潜能，使他们能够运用歌唱的形式表达个人的情感或与他人沟通、融洽感情；引导学生用健康的审美意识规范自己的歌唱实践，并在其中享受到美的愉悦，得到情感的陶冶和升华。这也体现了歌唱在高中素质教育中的作用与价值。

第一，歌唱教学是培养学生音乐表现力和审美能力的有效途径，它给予人的艺术感受是最直接、最深入人心的，歌唱本身有着非常丰富的学习内容，通过这种最自然的音乐学习形式，学生可以获得音乐能力的发展。

第二，歌唱教学是培养健康的情感与正确的价值观的重要渠道。欣赏或演唱一次优秀的声乐作品便是接受一次美的洗礼。艺术歌曲是诗与音乐的结合，优秀的艺术歌曲由于歌词与歌谱往往都出自名家之手，所以文化内涵丰富，艺术价值较高。学生在演唱、欣赏的过程中，会逐渐提高自己的文化品位，在艺术的熏陶下，逐步变得知美、爱美，情趣高雅。传统的民间歌曲以简洁完美的形式，传达着人类永恒的情感，学生演唱传统的民间歌曲，无异于进入民间音乐文化的殿堂和民族精神的乐园，会油然生起对自己民族的爱与民族自豪感，以及对其他民族的尊敬与理解，从而成为一个热爱艺术、热爱生活、热爱世界的心胸宽广的人。

第三，歌唱教学是培养学生终身发展能力的良好手段。课标中提到的"兴趣爱好""自信心""创造潜能""与他人沟通""融洽感情"等，都已超出歌唱学习本身，而这些又构成一个人"终身发展的能力"，是促成一个人事业成功、生活快乐的因素。歌唱是走进音乐艺术的最便捷之道。音乐作品有着丰富的内涵，对调整知识结构、拓宽知识层面、夯实基础有着重大作用。同时，音乐作品的丰富内涵，可以将音乐内化为巨大的精神力量，对陶冶人的情操、提高人的修养、塑造人的灵魂、健全良好的人格等都起着重要的作用。

二、高中音乐"歌唱"模块开设的实践意义

高中音乐歌唱课教学包括声乐相关知识及合唱、重唱、独唱等多种内容和形式。

第一，合唱教学在"歌唱"模块占首要位置。合唱是培养学生家国意识、社会责任感、集体主义精神、合作意识及合作能力的有效途径。就单位时间里学生的参与概率和学习功效而言，合唱优于重唱和独唱，教师工作对象多，施教的功能也比较明显。

第二，在艺术上，重唱对演唱者的歌唱素养及表演能力都有较高的要求。它要求参与重唱的每一个人不仅能独立地承担一个声部的演唱，还要与同伴做到彼此默契，做到声部

间相互和谐、彼此统一。

第三,独唱教学要求演唱者能够"深入理解作品的风格及表现要求,并依据自己的声音特点,自信而有表现力地歌唱"[①]。这一要求,不仅需要学生具备一定程度的独立演唱能力,还要求学生具有相当程度的文化素养和理解作品艺术真谛的能力。除此以外,独唱教学往往采用师生之间一对一的活动方式,因而对具有一定音乐特长且愿意将来从事专业音乐工作的学生来说,具有特别重要的价值。

三、"歌唱"模块教学策略与教学方法

高中"歌唱"模块所面临的重要任务是以歌唱表演为媒介,进而引导学生在歌唱实践中进行音乐艺术创作。因此,歌唱课的重点应该是让学生放声歌唱。对"歌唱"模块教学方法与教学策略的研究势在必行。如何达到预期的目标,如何针对教学目标开展教学,需要认真思考和精心安排。

(一)根据学生的情况进行教学

教师要上好音乐课,必须对课内课外的音乐教育进行研究,对校内校外的不同音乐课堂进行观摩,及时对音乐教学实践中遇到的典型教学现象进行反复分析研究,并揭示其内在的规律。高中音乐的六门必修(选学)课程彼此独立,却又相互联系。下面以人民音乐出版社2019年版普通高中教科书《音乐·音乐鉴赏(必修)》第十九节"学堂乐歌"为例,进行阐述。

虽然是音乐鉴赏课程,但是对于歌曲的赏析同样离不开歌唱。教材选用了经典的五首歌曲《黄河》《祖国歌》《春游》《问》《西风的话》。短短一节课,如果对五首作品进行面面俱到的欣赏、歌唱,教学可能就会流于形式,深入不到作品的内核中去。因此,教师可以根据学生的情况,详略得当地把作品歌唱放在教学的导入、对比、拓展、作业等环节。

为了能够有的放矢,我们对高中二年级40个班2500名学生进行了问卷调查。汇总了10个常见问题(如:你喜欢唱歌吗?你对自己的歌唱满意吗?你能明确说出自己唱歌的目的吗?等等),并进行相关统计分析。通过问卷调查,我们了解到目前我们高二年级有95%的学生是喜欢唱歌的,但是只喜欢流行歌曲和课外的部分经典歌曲,对部分教材歌曲没有兴趣。问卷还反映出,有57%的学生希望在歌唱教学中渗透一定的发声技巧。

根据学生目前的情况,我们开设了关于学堂乐歌的专题讲座。引导学生对作品进行

[①] 中华人民共和国教育部.普通高中音乐课程标准(2017年版2020年修订)[S].北京:人民教育出版社,2020:16.

整体感受与体验,对经典曲目进行赏析,让学生了解、熟悉作品的表现特点,理解作品的创作意图,感受音乐作品的美,体会和谐统一的音色。这样,既能提高学生的音乐审美水平,又能为学生更好地歌唱及演绎歌曲打下基础。

(二)树立正确的教材观

我不主张完全照本宣科,而是合理选择、整合教材中的教学内容,并充分利用好教材内容进行"歌唱"教学。具体来说,不是要老师们在18课时内将教材内容全部教给学生,而是在18课时内,充分利用好教材内容,提高学生"听、唱、排"的能力。理解到这一点,对于在18课时内如何开展"歌唱"教学非常重要。为了能充分利用好教材资源,应从以下三方面着手。

1. 创造性地使用高中歌唱教材

可取舍教材内容,即可选取教材中最有利于教学的部分材料进行教学。如在人音2019年版普通高中教科书《音乐·歌唱(必修)》第三单元"放歌祖国"一课中,可以选择教材之外同学们熟悉的《我的祖国》和《我和我的祖国》两首歌曲学唱,这两首歌更易于被学生接受和理解,更能激发学生的爱国热情。

2. 重组教材内容

即根据学生的实际情况,调整教学次序,甚至可以对几方面内容同时进行教学。如:将人音2019年版普通高中教科书《音乐·歌唱(必修)》第四单元"声之交响"和第七单元"感受经典"放在一起进行鉴赏和歌唱教学,会使学生更加容易理解和接受世界多元文化。

3. 拓展教材内容

即根据教学需要和教师拥有的资源情况,适当补充一些与学生现实音乐生活息息相关的鲜活的"歌唱"教学内容,以激发学生的学习兴趣,拓展学生的艺术视野。在第九单元"浓郁乡情"的教学中,教师可以不局限于教材的两首作品,引导启发学生搜索更多的描绘"乡情"的歌曲,比如《思恋》《我的家乡沂蒙山》等。

(三)采取合理的教学方式

"集中欣赏"和"结合欣赏"是歌唱模块教学中欣赏课必备的教学方法。"集中欣赏"即由教师根据教学需要,就歌唱中某一内容以主题的方式集中组材欣赏。如:"感受合唱经典""无伴奏合唱作品赏析""童声合唱的艺术""五彩缤纷的演唱形式""独唱的魅力"等等。"结合欣赏"即在进行演唱实践时结合排练曲目进行赏析。《普通高中音乐课程标准(2017年版2022年修订)》歌唱模块中强调,在歌唱中要结合对优秀声乐作品的赏析,帮助学生理解歌曲的题材及风格,学习声乐的相关知识。排练合唱曲时要引导学生感受与体验完整的作品,结合学生的排练曲目进行赏析,让学生了解熟悉作品的表现特点,理解作品的创作意图,感受音乐作品的美,体会和谐统一的合唱音色。这样既能提高学生的音乐审美水平,又能为他们更好地进行歌曲演唱打下基础。歌曲演唱是强化音乐体验和提高音乐理解能力的有效途径之一,在教学中,将赏析与演唱有机融合,能促进学生审美能力与表现能力共同提高。同时可以结合课外的社团活动,让学生在实践中体验演唱一些经典的混声合唱作品,如《水母鸡》、英文歌曲"Sing Sing Sing"、《追寻》、《不忘初心》、《月亮今晚要出嫁》、《跳动的阿佤》以及女声合唱《木叶吹呀吹》、《牛背上的花喜鹊》等。从排练初始对声音的严格要求,到后来对歌曲情感的处理,以及参加演出和比赛时对表演的锻炼,的确可以将课堂教学和音乐体验有效地结合到一起,既愉悦了学生的身心,又提高了歌唱者和欣赏者的审美修养。

(四)提高必要的演唱技能

高中歌唱模块中演唱技巧的学习由于受各方面条件的影响,如学生之间嗓音条件、学习基础、对演唱方式的兴趣偏好等存在较大差异,学习的周期较短(18课时),"一对多"的学习方式等,在演唱技能的学习中,确实面临着较多的问题和困难。学生在这样一种受到诸多条件限制的演唱技能的学习中,应以最基础的演唱技能学习为主,基本做到可以呼吸方法运用正确、发声有气息支持、音色圆润、咬字吐字清晰,有感染力和艺术表现力地歌唱。在具体实践中,学习演唱技能应尽量做到三个"结合"。

1.理论与实践相结合

在小学、初中的演唱技能训练中,更多的是教学生如何"唱";而在高中的演唱技能训练中,要让学生掌握一些声乐的基础理论知识,如呼吸、发声、共鸣、语言的基本原理与规律,感情表现的基本原则与手段等。让他们通过短期学习掌握一种声乐学习的方式,为以后进一步学习打好基础。

2.集体训练与个别指导相结合

演唱技能的学习与提高是歌唱模块的教学目标与要求之一。歌唱模块的教学,要让学生"想唱""能唱""会唱""唱好"。在课堂教学中,由于我们面对的大多数学生没有受过专业的歌唱训练,因此,教师需要在充分了解学生的基础上,设计合理的教学形式,在歌唱的综合感知上下功夫,培养学生在知觉上对歌唱的敏感度。我在《声乐演唱中的知觉体验》一文中提到,声乐演唱应与音乐理论、音乐史学、音乐美学甚至文学、地理等学科知识紧密结合起来,对作品产生的历史背景、文化背景、地域背景以及演唱技巧、表现形式进行深入的分析,加深对作品的了解,这是声乐演唱的重要知识储备。而对于少数接受过相对专业的歌唱训练的学生，教师则要对其进行较为系统的声乐演唱技巧训练，让他们在歌唱技巧上下功夫，然后再与他们一道，对声乐作品产生的背景、声乐美学的表现方式等各方面进行综合分析，让他们尽量达到通过演唱完美地表现艺术作品的目标。对这部分学生的歌唱教学，则必须采取"一对一"的形式，做到整体局部兼顾。

3.学习与表演相结合

学习演唱技能的目的是更好地表现音乐，演唱技能的学习一定要与表演相结合。如：将表现歌曲的情感作为教学的主要关注点，激发学生的演唱情感，让他们的演唱做到以情带声，声情并茂，将咬字吐字、发声方法等知识技能融合在音乐艺术实践的过程中加以解决，等等。技能学习与艺术实践紧密结合，摆脱了单纯讲授知识、机械地训练技能的桎梏，也更适合普通高中学生声乐技能学习的需求。

（五）倡导自主的学习方式

高中的音乐课程倡导学生主动学习。在高中歌唱课的教学中，要充分发挥学生的学习主动性。让学生通过自主排练歌曲来培养其排练能力，提高其综合表现能力，也是歌唱模块的教学目标之一。人音版高中歌唱教材也很关注学生"自主排练能力"的培养，安排了一定数量的曲目让学生自主排练表演。学生们都熟悉《同一首歌》《在太行山上》等歌曲，我们可以在日常的教学中引导他们利用课外社团活动时间，分声部练习，并选出指挥，进行排练，有钢琴特长的学生可以担任钢琴伴奏。对于这样的排练，学生们兴致盎然。在学校的集会上进行表演，大家的鼓励能够极大地激发学生的兴趣。在欣赏合唱作品时，教师要引导学生关注、欣赏曲目中歌曲的处理方式、表现形式，积累相关的排练经验，给学生充分的实践机会，在互动排练与自主排练中学习排练。常言道，"要在游泳中学游泳"。学生的歌曲排练经验与能力，也应从实践中得到积累与提升。在学期末，可以举行一次"乘着歌声的翅膀"合唱音乐会，请家长和老师来观看。大家的鼓励更能极大地激发学生们的演唱热情。

高中音乐歌唱模块的教学对于教师们来说虽然不是一个全新的领域，却蕴含着诸多新的教学理念，对教师们提出了新的挑战。正确定位课程目标，把握教学重难点，采用多样化的教学手段有效地开展教学，是顺利实施歌唱模块教学的关键。

第二节　唱歌教学的有效性

好的音乐课,应该是"有生长"的课。教师应该在充分了解学生的基础上,选择恰当的教学手段,使学生在音乐课堂上逐步掌握科学发声、合理用嗓的方法,从而提高歌唱质量,经过几节课、几个月或是一学期,学生的音域有所扩宽,歌唱技能整体有所提高,音色彼此融合,这就是"生长"。增加唱歌课的有效性,是一个日积月累、循序渐进的过程。我认为从以下几方面入手,会达到预期效果。

一、正确使用合适的"调"

音乐教材中所选歌曲的谱例,都有该歌曲特有的"调"。"调"是经过作曲家、演唱者反复推敲研究,结合歌曲特征选定的,有它的合理性。在音乐教学过程中,有的音乐教师往往会根据本区域、本校、本班的实际情况,选择适合学生的调,让学生在歌唱过程中不至于"低的压死","高的吊死"。有的音乐教师却认为歌曲就要按照原调演唱,才不失原有的风格和特色,但是学生能力又达不到,所以往往事与愿违。在歌唱教学中,教师应如何选择歌曲的"调"?经过调查、研究、实践、研讨,我认为,不能一味地用原调,或是根据教师自己的音域,或是迎合学生的音域"一调到底"。

(一)引导学生认识"调"

思考:教材中的歌曲,学生一定要按原调唱吗?

可以在了解学生基本音域的前提下,选择适合男生唱的调,再选择适合女生唱的调,让学生对比体验,横向比较。比如《大海啊,故乡》,作品原调"F",可以让男生唱"D"调,女生唱"降E"调,从而让学生通过自身体验了解"调"。这比我们直接告诉学生,"调是调式主音的音高位置",让学生听得"一头雾水",效果要好得多。这样,学生既学唱了歌曲,又对"调"有了一定的了解。

(二)提高技能,扩展音域

学生在开始学唱歌时往往会出现热情高涨,大声歌唱的情形,这时,他们对自己的声音没有控制,"喊唱"问题严重,以至于歌唱没有音乐线条,缺乏音准,"无调可谈"。如何能使学生适应歌曲的原调,唱出作品原有的风格?这就要求歌唱课多一个教学环节——发声练习。教材上几乎每节歌唱课后面都有专门为所教歌曲设计的"练声曲",《大海啊,故乡》就是三拍子的练声曲。或者也可以用"u""luo""na""ma"练习歌曲中的某一乐句。

在练习过程中,教师要注意引导学生放松喉咙、抬起软腭、轻声高位发声,甚至可以让学生"以行带声",利用甩动胳膊、摇摆身体等动作带动发声。每节课坚持做,一周练习一点,长期坚持,养成习惯,学生们自然而然地就能达到张口就能唱歌的状态,唱歌技能就会循序渐进地提高,音域也会得到扩展,就会逐步接近歌曲原有的调,最终达到原调,声音也会越来越好听,我们的教学就会达到事半功倍的效果。

(三)提高教师自身素质,熟弹15个调

钢琴伴奏、熟练弹奏歌曲常见的"调",是音乐教师的必备技能。当然,熟弹15个调不是为了迎合学生的"唱不了原调",而是面对不同的歌曲,使我们的教学手段更加丰富,我们的教学更加游刃有余。营造出快乐、和谐的教学氛围,可以使我们的音乐课更加丰富多彩。

二、有效解决音准

唱歌课的首要问题在于会唱,会唱的标准是,把歌曲的谱子标准地演唱下来,并把握基本的音准节奏。记得有一次上公开课"唱脸谱",因为是临时选班上课,当学生们兴致昂扬地大声唱出第一句时,我顿时就蒙了。学生的声音很大,但基本没有音高的概念,基本都是"喊唱""念唱",然而我自己也没有及时进行纠正,所以随后的情绪、唱腔的处理都无济于事。相信老师们都有同感,在我们的唱歌课上同样也存在唱不准音的问题。如何解决音准问题,主要有以下几种常见方法。

(一)必要的静心聆听

音乐学习中常用的方法有很多,我们常说,比较是音乐学习最有效的方法,听辨是音乐学习中最常用的方法,体验是音乐学习的主要学习方式,表达是音乐学习中最好的检验方式,重复是音乐学习中必要的教学环节,想象和联想是音乐学习中的个体化行为,等等。歌唱教学的一个重要环节是聆听。现在学生们唱的很多歌曲都不是老师教给他们的,但是他们唱得有模有样,那是他们自己通过网络等途径反复聆听学会的,足见"聆听"的重要性。学唱歌曲不仅要聆听,而且要反复聆听,只有听得多才能学得快。

比如"唱脸谱"一课,在平时的课中,往往会有一个共同的败笔,就是在间奏完之后,学

生往往不能准确进声。如果此时教师一味给学生打拍子,那么学生既要歌唱又要看老师的手势,就容易"越忙越乱",不见成效。因此,我们建议"应该停下来让学生听一听",这是很容易做到但往往又容易被忽略的教学方法。再比如"摇篮曲"一课,如果教师按照钢琴伴奏的正谱弹奏前奏部分(前奏没有旋律),学生们在歌唱时"进声不齐",我们就可以建议说:"同学们,老师给大家弹两遍,请大家静心聆听。"这样,学生再次演唱时就会逐渐地做到准确进声。

(二)使用钢琴伴奏

口传心授是中国传统的音乐教学方式,但在一个班级有几十人的情况下,如果还依靠老师一个人的声音带动全班歌唱,恐怕是一件非常吃力的事情。在歌唱课中,依靠钢琴伴奏或者其他的乐器伴奏带动歌曲情绪、推动演唱是必不可少的。目前,几乎所有的音乐教师都是专业音乐院校的毕业生,所以基本的即兴伴奏能力应该是具备的。如果不行,现练也未尝不可,即兴伴奏是音乐教师必须具备的教学技能之一。我们经常会见到年龄很大的音乐教师,即便已经是校长了,还坚持在一线上课。一个偶然的机会,我观摩过这些老教师的音乐课,他们还专门练习了歌曲伴奏的正谱,这种精神很值得我们年轻教师学习。也有一些教师,在课堂上尽管也用钢琴,但是从头到尾只用一个主和弦伴奏,听起来反倒像是对课堂教学的一种干扰和破坏。

当然,教师一定要准备充分,要能够熟练地弹奏所要教唱的歌曲,达到背唱谱子的程度,而不是一直埋头盯着琴键或者歌谱。因为无暇顾及而对学生的歌唱学习状态置之不理,其教学效果可想而知。

(三)科学使用发声方法

首先,要让学生进行必要的发声练习。由于小学生声音稚嫩,中学生大都处于变声期,学生的声音绝大多数都干涩纠结,教师应该提前让学生做一些简单的发声练习,最好用"呜"和哼鸣练习,旋律最好是歌曲中的某一句,便于学生的声音集中到高位置。

其次,要让学生保持正确的歌唱状态。在歌唱练习中,教师要随时提醒学生注意歌唱的状态,嘴巴要张开,笑肌提起来,避免大声喊唱,身体要保持自然放松。教师的提醒应当是有效的提醒。如果给学生的提醒仅仅停留在"说"上,没有真正引导学生做到,甚至有时我们提醒学生"面带微笑,挺胸抬头",结果为了达到这种状态,学生会因紧张而身体僵硬,反倒不利于歌唱,那么,这样的提醒就是无效提醒,是教师应当避免的。

比如《摇篮曲》这首歌,其意境是轻柔甜蜜的,我们在练声时就有意无意地带学生用假声进行歌唱,因此歌曲的旋律自然而然就准确了。如果是像《军民大生产》这样的歌曲呢,我们一方面要引导学生把劳动号子喊出来,另一方面还要避免学生把歌唱变成说唱,取一个折中的办法就是引导学生感受劳动号子的声音力量,但是歌唱的声音状态和位置要保持,通俗地讲就是引导学生用最大的腔体共鸣和力量唱出弱一点的声音。又比如高中音乐课中的"京剧大师梅兰芳"一课,我们在引导学生体验京剧唱腔时,也可以先带领学生喊喊嗓子。咿咿呀呀也好,模拟小动物的叫声也好,都是为了让学生获得一个良好的声音。

(四)及时吸引学生的注意力

首先是语言召唤、感染学生。教师的语言、示范不仅能让课堂生动起来,更重要的是能够为歌唱教学锦上添花。如果教师的语言苍白,那么学生的歌声也会很苍白。如若教师的声音亲切圆润,那么学生的声音同样也会很甜美,这也许就是教师语言的"魅力"吧。上课时学生可能会出现心不在焉的情况,教师应及时恰当地"召唤",引导他们很快融入歌唱中。当然,这种召唤不仅仅是提醒,而是"以身示范",打动学生,感染学生,只有教师自己做到声情并茂,学生才会跟着音乐的节奏走。

其次是肢体召唤、唤醒身体。在很多优质课比赛过程中我观察到,学生往往非常认真地配合老师。一般情况下,大多数的学生都是正襟危坐,"双手捧书,埋头苦唱",俨然一种"读书"的状态。可是歌唱本身应该是愉悦身心、陶冶情操的,所以教师应该及时召唤学生,让他们身体精神都要放松,或是点拍子,或是加上有效的身体律动等辅助动作,引导学生融入歌曲中。比如歌曲《大海啊,故乡》,很多老师在教唱的过程中,都设计了打拍子或者用奥尔夫的声势律动去体验三拍子的节奏特点,但是不要过于程式化,要引导学生在肢体中融入音乐的感觉。比如唱《长江之歌》,可以引导学生用肢体模拟旋律线,体会长江的波浪。又比如唱墨西哥歌曲《小伙伴》,可以引导学生用肢体感受歌曲的节拍重音,体会歌曲风格。

(五)必要的视唱练习

识谱能力是音乐课中学生必须要掌握的技能。在教学实践中什么时候唱,怎么唱,值得我们探究。自从音乐科目纳入中考改革之后,很多地方的中考音乐加试中加入了视唱的内容,这对于学生提高音乐技能很有帮助,同时也说明学生素质在不断提高。因此,在唱歌课中加入视唱练习是必备的环节。当然,视唱学习也是音乐课程标准的要求。什么时候唱,唱哪些谱子,需要教师在进行教学设计时仔细推敲。在实际的教学中,教师们有的是让学生全曲学唱谱子,有的是难点部分领学谱子。究竟采取哪种方式好呢?不能一概而论,要根据实际需要来决定。学视唱最好的办法就是听唱和视唱相结合,在视唱之前,一定要让学生听完一个乐句,对音乐有了完整的感受,再进行视唱练习,否则会破坏学生对音乐的整体把握和对音乐学习的兴趣。比如在"唱脸谱"一课,最后一句"叫喳喳"三个字的旋律,就可以采用学唱谱子的方法。众所周知,这首歌中的难点就在这最后一句,通过视唱的练习不仅可以让学生唱准节奏,更能解决音准问题。

三、及时把握情感的表达

行百里者半九十。一旦学生学会歌曲的旋律,绝大多数教师就会戛然而止于"歌唱",急于进行"活动"。但是老师们可曾想过,"唱会"和"唱好"还有一步之遥,那就是歌曲的情感处理及歌曲风格的表现。要想准确表达歌曲的情绪,就必须把握以下几点。

(一)关注必要的音乐记号

歌曲中的相关音乐元素如拍子的类型,装饰音记号,速度、力度记号等都是为唱好歌曲而服务的,我们不能视而不见。戏歌《唱脸谱》中用到了装饰音中的"倚音"和"波音",应引导学生有意识地了解这一音乐常识。当然,这不是目的,当把这些装饰音表现出来后,音乐风格即京剧的韵味也会呈现出来。此外,有些歌曲中还有连音记号、换气记号、跳音记号等,按这些记号唱,对于歌曲的情绪处理都有帮助。当然,传授音乐知识不是音乐教学的最终目的,而是要辅助歌唱者对歌曲的情绪、情感的表达。音乐教学的关注点始终是音乐本身,而不是组成音乐的要素。

(二)理解歌词的准确内涵

音乐课中,在学生初听歌曲时教师经常会问:这首歌曲的情绪怎样?提问的目的不仅是让学生"知道",而且是让他们"会用、会表达"。歌曲的情绪首先反映在"歌词"上,但从歌词来看,我们就知道《让世界充满爱》表现的主旨是"爱",《摇篮曲》表现的也是"爱",《沂蒙山小调》表现的也是"爱",《唱脸谱》同样是"爱",但是这些爱具体到歌曲中又分别是"人间大爱""至亲母爱""对家乡的热爱""对民族文化的热爱"。如何唱出这些"爱"之情呢?关注音乐固然重要,但适当分析歌词有时也很有必要。教师一定要在备课环节下功夫,比如"唱脸谱"一课,上课之前可以查阅资料或请教语文教师,便于对作品内涵有更深层次的理解。尤其是第三段的歌词"一幅幅鲜明的鸳鸯瓦""一群群生动的活菩萨","活菩萨"指的是什么呢?学生有可能会提出疑问。京剧艺术中塑造的真善美的艺术形象,都来自老祖宗留下的"脸谱"艺术的"一笔笔勾描、一点点夸大",这对于学生理解作品,唱出"热爱和自豪感",无疑有很大的帮助!

(三)激发丰富的想象力

不同的作品具有不同的创作背景和艺术内涵。在理解感受作品的同时,演唱者应张开想象的翅膀,使作品内容在自己心中、眼前活起来,身临其境才能使己动情,歌唱才能声情并茂,具有强烈的感染力。

学生要想在歌唱中尽可能地表现作品风格,就需要有丰富的想象。想象诱发感情,感情推动想象,二者是互为作用的。这种创造性的心理活动,关系着艺术的生命。在全面分析并真正理解了歌曲所要表达的内容之后,教师要引导学生在脑海里呈现出一幅与歌曲内容相吻合的虚拟画面,让他们仿佛也置身于这一画面之中。换句话说,就是要像戏剧演员进入角色一样去身临其境。如果学生把歌曲的基本情绪和意境设想得很具体,那么在表达时就会很真实很生动,就有可能真正唱出具有较强艺术感染力的歌声。比如《沂蒙山小调》:"人人那个都说哎沂蒙山好,沂蒙那个山上哎好风光。青山那个绿水哎多好看,风吹那个草低哎见牛羊。高粱那个红哎豆花香,万担那个谷子哎堆满仓……"那么在我们的脑海里也应有一幅图画——青山绿水,草地,牛羊……歌曲中的情境描绘得越清晰,学生通过歌词和旋律激发并展开的音乐想象就越丰富,就越容易把握歌曲的风格基调,激起内心的歌唱热情。唯有如此才能使学生的歌唱更加细腻、传神。

(四)准确表现歌曲风格

不同的歌曲作品风格也各具异彩,因此,在情感表现上也必须有所区别。要演唱好一首歌曲,就必须对其风格、语言、音调、节奏等各方面特征有所了解和研究。例如,民歌中劳动号子、山歌、小调风格就不一样。不同少数民族的歌曲,如蒙古族、藏族、维吾尔族的音乐风格就截然不同。还有,蒙古族歌曲中长调和短调的特点也不同,如《牧歌》和《银杯》。戏歌或者戏曲个性就更鲜明了,如《前门情思大碗茶》和《这一封书信来得巧》。所以要引导学生准确把握歌曲的风格,如:在演唱新疆维吾尔族民歌《青春舞曲》时,要注意引导学生把握其鲜明的舞蹈节奏以及炽热的情感;在演唱《大海啊,故乡》时,要讲究气息的控制,声音的延伸;在演唱《唱脸谱》时,则要注意中国京剧"净行"唱腔的运用;等等。

四、合理有效的拓展活动

以"唱脸谱"一课为例来说明音乐课的拓展活动。很多教师设计的最后一个环节都是让学生戴上脸谱进行分组表演唱。在教学实际中,如果学生没有实现"有感情的演唱",这个活动就显得多余;但是如果在前面的30分钟已经解决了学生"唱准、唱好"的问题,这个活动就水到渠成了,戴上脸谱表演就可以进一步让学生体验这首作品的风格。又比如"沂蒙山小调"一课,为了让学生理解"鱼咬尾"的创作手法,教师可以设计"词语接龙—旋律接龙"的活动。我们的教学实践证明这个活动是成功的,学生的表现出乎意料,他们不仅理解了"鱼咬尾",而且也在活动中体验到了"创作的成就感"。

歌唱课的目标不仅仅是让学生把一首歌唱会,更是要通过学好一首歌,让学生逐渐掌握唱好的方法并形成习惯,用发展的眼光对待音乐课。在音乐课堂上,教师要坚持从学生的发展出发,只要不断付出努力,坚持下去,学生的歌唱水平就会"生长",他们也会从中享受到歌唱的快乐。

教学有法,但无定法。课堂教学要有模式,但不唯模式。只要勤于思考,反复推敲,一定能打磨出生成度高、学生参与度和吸收度高的高效课堂。如何让学生真正"想唱、能唱、会唱、唱好",说易做难,音乐教育工作者任重道远。

第三节　班级合唱教学实践研究

随着国家美育政策的落地和《普通高中音乐课程标准(2017年版2020年修订)》及《义务教育艺术课程标准(2022年版)》的出台,普通高中有了专门的合唱课教材,义务教育阶段的音乐教材中,合唱也是重要的内容。在课程标准中,合唱这项教学内容在歌唱教学中占有重要位置。主要原因有以下两点。

第一,社会职责。目前世界正经历百年未有之大变局,国际竞争日趋激烈,而这种竞争突出表现在人才竞争方面。因此,我们国家把培养具有创新意识和实践能力的高素质人才作为一项战略性的教育任务。具有国际竞争力的高素质人才必须具备自觉的民族使命感和社会责任感,具备高度的合作精神和社会参与意识。高中音乐课程义不容辞地要担当起培养高素质人才的责任。可以说,培养国家意识,培养社会责任感,培养集体主义精神,培养合作意识及合作能力,成为高中合唱教学必须承担的教育责任。

第二,学科价值。歌唱课天然具有强烈的感情色彩及情感交流特征,有益于人际感情沟通及合作交流,而合唱课在这方面的优势则表现得尤为突出。合唱艺术需要在演唱上做到旋律、节奏准确,音色融合、统一,咬字、吐字清晰,声部间要和谐均衡,情感表达要准确细腻,等等。这要求参与合唱的每一个学生不仅要具有强烈的责任心,还要具有高度的合作意识和合作能力。同时,在单位时间里,学生参与合唱的概率比重唱、独唱大,教师工作对象的面和施教的功能也比较大。在学习、表演合唱的过程中,学生可以潜移默化地培养国家意识、民族自信心、社会责任感、集体主义精神、合作意识及合作能力。

因此,研究有效的班级合唱方法,势必成为音乐教师们的一项新课题。我们基于日常的教学实践,对班级合唱进行了初步的探索。

一、由简而难,构建班级合唱教学的基础

班级合唱教学可以从学生熟悉的轮唱开始,逐步过渡到多声部合唱。轮唱是"卡农"的一种比较简单的形式,由一个、两个、三个声部先行,其他声部以一定时间间隔随后跟进,并持续加以模仿,依次进入的各声部互相交织、叠置,构成协和的、此起彼伏的效果。各声部既演唱同一旋律,又形成相互对比、交叉的效果。但并不是所有歌曲都适合轮唱,我们选择了专门的作品进行练习。教师对教材中的作品进行综合分析,歌曲选择由简至繁、由易至难,在螺旋上升的教学过程中形成一种递进关系,如《我和你》《军民大生产》《游击队歌》等。轮唱是合唱教学的基础,它能引导学生更快、更好、更有兴趣地走进多声部班级合唱。

(一)以"卡农"为起点,练好基本功

在实际的教学过程中,常常以"回声"来比拟这种同一个旋律先后演唱,其所产生的音响效果充满了乐趣。但在班级合唱中往往会出现很多始料不及的状况。比如:速度越唱越快、演唱中跑调、音量越来越大、声部歌唱错位等。为了解决这些问题,我们采用了以下办法。

第一,基础能力的训练提升。即对学生进行音高与音准、节奏与节拍、速度与力度等训练。音高和音准是密不可分的,培养音准其实就是培养准确的音高感。在课堂教学实践中,运用轮唱的形式寻找各音之间的距离,可以采用单音、音程模唱、音阶模唱等办法。节奏是构成音乐的一个重要元素,训练学生准确、独立的节奏感对歌唱表现很重要。在轮唱中很重要的一点就是对速度的把握。速度是时间性的,学生容易越唱越快,所以我们要重视、稳定学生演唱的速度,力求让学生在歌唱中表现出稳定和谐的声音。

第二,音色与音量的控制。歌唱中良好的音色表达,是建立在一定的练习基础之上的。要拥有好听的、和谐与均衡的音色,在教学中可以采用专门的练声曲进行练习。达到音量上的收放自如有一个长期的过程。

第三,情感的表达。唱歌就是唱情,声音只是表达工具和载体。挖掘学生的情感,体

现歌曲的内在情感,需要借助多种途径,如歌词、作品结构、创作背景的分析等,让学生对歌曲有多方面的了解,从而通过歌声、表情、动作来传达每首歌曲蕴含的真挚情感。

(二)循序渐进,练就合唱技能

重组教材,提高课堂合唱教学有效性。那种"跳死也摘不到桃子"的做法只能打击学生的学习信心,扼杀学生的学习兴趣,教师不得为之。面对全体学生的合唱教学,只有降低难度、由浅入深、循序渐进地展开才能取得让学生歌唱技能普遍提高的效果。因此,教师要学会改变教材,应该从小学低段开始就加强学生多声部的训练,根据各班学习能力的差异,合理增删声部音符,使之接近学生的能力发展点,以达到"跳一跳就能摘到桃子"的效果。针对课堂教材,可运用"旋律模仿法""情境配音法""卡农预渗法""音程积累法""欣赏比较法"等策略,从小学一年级起就开始培养学生多声部合作的兴趣,每学期循序渐进地唱好两三首合唱曲子,细水长流,滴水穿石,让学生养成良好的合唱习惯,提高班级的合唱能力。

想要有效提高以班级为单位的合唱教学,还必须遵循"以音为基""以唱为技""以趣激情""以矩促和"的原则。"以音为基"就是通过听音训练耳朵的敏感度,通过听赏各种各样的优秀合唱作品提升音乐审美能力。"以唱为技"则是帮助学生树立科学的发声观念,对其进行科学的声音训练,让他们学会气息、发声、咬字吐字等演唱技巧,增强对速度、力度等音乐要素的表现能力。"以趣激情"讲究趣味性,让学生在有趣的音乐活动中积极主动地学习音乐,激发其情感、学习合唱的兴趣和欲望。"以矩促和",即建立音乐课堂常规和诚恳的音乐评价机制,对学生进行引导、点拨,促使他们和谐学习,和谐歌唱,真正实现班级合唱教学的审美育人价值。

合唱作品多而泛,教师要抓住重点,适当减量,选择精品,循序渐进,由浅入深,分学期、分阶段地突出一个中心,解决一两个问题,让学生学会唱好一两首作品,细细打磨,完美表现。

二、化繁为简,创新班级合唱教学的手段

由于合唱歌曲都有两个以上声部,所以一般合唱歌曲的歌谱看起来较为复杂,给人一种又长又难的感觉。合唱曲谱有很多地方采用了重复或变化重复的创作方式,如果将这些乐句或乐段进行比较,就会感觉到,只要突破几个难点,就能把握整首歌曲的演唱。学习合唱歌曲时,教师一定要对合唱歌曲的创作进行仔细分析,找到合唱歌曲创作的特点和规律,以"化繁为简"来开展教学。具体采取的教学手段可以有:

(一)立于"听"

听,是音乐艺术最基本的特征,一切音乐艺术的实践都必须依赖于听。同样,合唱教学的所有活动都依赖于听,从而达到在听赏中开展合唱教学目的。那么,让学生听什么,又如何指导学生听呢?

其一,"听"整体。也就是让学生听合唱歌曲的范唱,使其对歌曲有整体的感受。接着教师指导学生开展听音色、听和声、听情绪情感等有意识的欣赏活动,为学习合唱歌曲做铺垫。

其二,"听"声部。听听高低声部的旋律走向,找找两个声部的异同点。这种感性的体验和理性的分析,能够进一步帮助学生全面把握歌曲演唱中的音准、情绪、情感。

其三,"听"彼此。这是合唱中不可缺的技能。它更多的是强调学生在合唱时,能够仔细聆听自己及他人的演唱,及时调整和控制自我在合唱中的声音,寻求合唱声音、情感表达的共性。

(二)善于"评"

教师在合唱教学中要善于运用"评价"这一教学手段。教师要对学生的合唱能力持信任态度,而不能以音乐权威自居,应尽可能地寻找学生的优点。美国心理学家詹姆斯说,人最本质的需要是渴望被肯定。特别是对于个性较强的高年级学生来说,鼓励是对他们的一种态度评价,也是一种反馈。但鼓励并不代表完全赞同,教师在肯定的基础上对学生提出一些建设性意见是很有必要的。此外,教师还要运用多元化的评价方式,如"录音评价",这种评价方式深受学生的喜爱。手机是最方便的录音工具,现场录制学生合唱的声音,将录音播放给学生听,同时又让学生对比范唱录音,将两者进行比较,并作出自我评价。最后,在老师的指导下进行多次录音、聆听、比较,有意识地在评价中解决问题,提升学生的合唱能力。

(三)成于"动"

"动"在这里是指学生参与合唱的主动性,以及师生在合唱活动实践中"动"的程度,参与的情感和态度。

其一,要注意合唱教学中师生情感共鸣的产生。合唱教学不仅要求师生处于一种愉快的状态,兴致盎然,还依托师生情感共鸣来感染学生,让他们自觉自愿地参与到合唱中来。所谓师生间的情感共鸣,是指师生面对同一音乐审美对象,共同参与音乐活动,获得相同或相似的情感体验,并相互给予尊重和欣赏。

其二,教师应充分激发学生的主动性。如:在以往的合唱教学中,总是由老师安排学生的高低声部,学生不能自主选择自己喜欢的声部进行合唱,导致学生缺乏主动性。何不让学生自由地选择声部,老师进行调控呢?又如:教师可以与学生进行交流,遵循学生的意见,共同选择适合每一次合唱学习的方法和形式,让学生成为合唱学习的主人。还有,在解决合唱声音及歌曲情感处理的问题时,可以充分发挥学生的主动性和创造性,提出多种处理方案,让合唱教学在强调共性的同时,又能促进学生个性发展。

其三,在课堂合唱教学中,需要关注一些特殊学生的表现,让他们真正动起来,积极参与到音乐活动中来。何谓特殊学生?特殊学生在这里是指声音特殊、性格内向、缺乏自信、音乐素养较差的学生。对于这些学生,教师应以极大的耐心和爱心去帮助他们。比如:那些音色较特殊的学生,教师可以在课外与他们交流,教会孩子们合作的方法,使其在合唱时注意自己的声音与其他同学的融合,保持合唱的统一与和谐。又如:由于合唱是一种集体行为,就容易导致一些缺乏自信、音乐素养较差的学生在集体中当"南郭先生",教师在课堂上应多关注他们,为其树立合唱的自信心,使他们明确自己在合唱中的作用和意义,并利用课余时间对他们进行辅导,用爱和心灵的交流唤回他们对合唱的喜爱。

正如严文井所说,"多读、多思考、多写、多改,一切技巧问题都在这几'多'之中"。如何更好地完善和创新合唱教学,还需我们音乐教师在实践、思考中再实践、再思考……

三、循序渐进,追求班级合唱教学的和谐

在我们的歌唱课中经常会出现这样的现象:一首多声部的歌曲,学生一个声部一个声部地学唱,最后却怎么也合不到一起。这是因为声部之间的和谐不是一朝一夕就能够做到的。在做好了层层铺垫之后,这种和谐的声音之美才会水到渠成。

(一)难度进阶的练习曲

班级合唱不适宜唱声部太多的歌曲,一般只需要两个声部的配合就可以了。尽管同样是二声部的练习曲,在难度上还是存在很大的差异。第一步,可以在一个声部演唱根音稳定的前提下,在另一个声部加入冠音;第二步,进行平行三、四、五度的练习;第三步,进行不同音程的转换练习。第一步如果没有做好,就不要急于进入第二步,绝不可以操之过急。

(二)螺旋上升的音乐作品

现行的音乐教材按难度可以大致归纳为三类。第一类,以高声部旋律为主,低声部作装饰性点缀,如《踏雪寻梅》的前半部分;第二类,轮唱形式的合唱歌曲,如《保卫黄河》;第三类,也是最多的一类,平行二声部形式的合唱歌曲。这三类歌曲由易至难,但教材并非完全按照这样的难易顺序排列,因此在实际教学中可以重新组合教材,也可以根据学生的实际演唱水平修改声部,调整难度。教材中前两类作品较少的话,教师可以作适当补充,以帮助学生打好基础。班级合唱的作品还要根据学生的情况不断进行调整,有时,同样的歌曲由不同程度的学生演唱时,要增删声部片段,甚至创新修改部分旋律,使作品难度螺旋上升,这样才能达到合唱教学的目标,又不影响原作品的主要艺术效果。当然,前提是要根据学生实际情况去调整。

(三)由外到内的作品处理

若我们只停留于形式上优美的和声的表现,一首合唱歌曲充其量就是一支复杂的和声练习曲。每首优秀的合唱歌曲都有其独特的人文内涵,对歌曲中所体现的动人情感、曲式体裁、文化背景进行深入分析,才能引领学生认识歌曲本质,提高音乐审美能力、表现能力,从而更进一步热爱合唱艺术。抓住了合唱歌曲的独特人文内涵,就抓住了它的灵魂。优秀合唱歌曲的声部并不是为了表现和声而写,而是和它要表达的人文内涵密不可分。如《踏雪寻梅》这首非常短小的二声部合唱歌曲,乍一看好像没有什么文章可做,但通过深入挖掘,却能发现其中韵味。经过分析可知,歌曲其实可以分为"踏雪"和"寻梅"两部分,在前半部分中,第一声部代表的是诗人的形象,而第二声部分明就是代表的毛驴的铃铛声,我们甚至可以从"叮当、叮当、叮叮当"这一并不规整的节奏中看到一头调皮的小毛驴。通过对声部形象的深入分析,歌曲的艺术形象跃然眼前,一下子拉近了与学生的距离,学生们在演唱时就更能把歌曲意境表现得淋漓尽致。

我国教育已进入高质量发展阶段,在德、智、体、美、劳"五育"并举的学校教育中,班级合唱也是学校美育的重要途径。合唱教育是面向全体学生的素质教育,是提高学生审美修养,涵养美德的重要途径,在提高学生人文修养的职能中扮演着重要的角色。班级合唱在我国刚刚起步,需要音乐教育工作者解放思想、与时俱进,共同努力探索实施的有效途径。

第四节 案例实作

唱脸谱

课名:唱脸谱(第五单元"京腔昆韵")
教材:人音2013年版义务教育教科书《音乐(简谱)》(八年级下册)
课型:歌唱课
年级:八年级

【教学目标】

1.通过学唱戏歌《唱脸谱》,让学生了解中国的国粹与流行歌曲的巧妙融合,从而培养学生对京剧的兴趣和热爱祖国优秀传统文化的情感。

2.通过学唱戏歌《唱脸谱》,并与一般歌曲的风格特点相比较,了解戏歌这一歌曲体裁,感受京剧花脸唱腔和唱法的特点,并能有板有眼地演唱好歌曲。

3.通过对比、聆听、歌唱、表演等方法使学生会唱歌曲,唱出对京剧艺术的赞美之情和对这门传统艺术的骄傲与自豪感。

【教学重点】

有板有眼地演唱好歌曲《唱脸谱》。

【教学难点】

歌曲中的休止、后半拍起以及最后的一句拖腔。

【教学过程】

一、导入

教师演唱:京剧《霸王别姬》中虞姬的唱段《看大王在帐中和衣睡稳》。
学生聆听:《唱脸谱》《说唱脸谱》。

思考问题：

(1)《唱脸谱》《说唱脸谱》这两首作品有什么异同？

(2)这两首作品和京剧相比有什么异同，和一般的歌曲相比呢？

提示一：

《唱脸谱》和《说唱脸谱》是两首非常相似的歌曲，前一首是唱，后一首是边说边唱——说唱，但是都有相同的唱段。歌曲的第二段，出现了京剧西皮流水板的音调，采用了"净行"的唱腔，以洪亮宽厚的声音，简明鲜活地展示京剧人物形象。

《唱脸谱》是1989年由词作家阎肃、曲作家姚明创作的。《说唱脸谱》是1994年由词作家阎肃、曲作家孟庆云创作的。

阎肃：词作家，大家经常在电视上见到的一位艺术家。代表作品有：歌曲《敢问路在何方》《雾里看花》《前门情思大碗茶》等，还有歌剧《江姐》《党的女儿》，京剧《红色娘子军》等。

姚明：此姚明非彼姚明，作曲家。代表作品有：歌曲《前门情思大碗茶》《西游记》续集主题曲，影视音乐《炊事班的故事》，小品配乐《红高粱模特队》等。

孟庆云：当代作曲家。代表作品有：歌曲《为了谁》《祝福祖国》《美丽的心情》等。

提示二：

和京剧比，有唱歌，和歌曲比，有唱戏。这种"歌不歌，戏不戏"，"歌中有戏，戏中有歌"的作品，同学们喜欢吗？这种体裁我们称之为"戏歌"。几位艺术家把我们中国京剧中最经典的故事、人物，以流行音乐的形式表现出来，还不失京剧原本的韵味，在我们中国观众最多的舞台——春晚上得到了全国观众的认可喜欢。

二、介绍戏歌

一首歌曲的旋律既汲取了戏曲(京剧、越剧、豫剧等)音乐的素材，又采用了通俗(或美声、民族)音乐的创作手法，这类歌曲称为"戏歌"。

我们今天就一起来学唱《唱脸谱》这支京味十足的歌曲。

三、唱脸谱

1.有感情地朗诵歌词

再次聆听，讨论歌曲的内涵。

窦尔敦盗御马：窦尔敦为报个人私仇，盗取御马的故事。

红脸的关公战长沙：关羽攻打长沙，收黄忠、魏延。

典韦:曹操手下的一员大将。

曹操:曹操在戏剧中的形象是奸诈小人,但在历史上可是一位英雄。

张飞:性情暴躁。

紫色的天王托宝塔:京剧《大闹天宫》中李天王的形象。

鸳鸯瓦:京剧脸谱的画法,以一种颜色做底色,用黑色勾画眉、眼、鼻三窝,形状像三块瓦。

活菩萨:京剧每个真善美的故事中,都有一位形象鲜明的忠义之士。

★设计意图:

从文学的角度感知歌词的内容,既有人物又有故事,还有色彩,这一切的美均来自京剧脸谱的勾描夸大。

2.打板练习

打板练习:跟音乐哼唱打板。

教师讲解:流水板、闪板、过板开唱。

重点体验最后一句的拖腔,为解决难点做好铺垫。

★设计意图:

给出节奏,让学生们在音乐中边打板边哼唱。学生基本能很快学会前边几句,但最后一句拖腔"叫喳喳""笑哈哈""美佳佳"却是难点,要重点把最后一句的节奏让学生弄得清清楚楚、明明白白,为唱好做铺垫。

3.解决难点

用歌曲的最后一句作为练声曲,通过画旋律线用"啊"演唱,引导学生提前解决歌唱中的难点部分("叫喳喳""笑哈哈""美佳佳")。

4.全曲歌唱

思考:

(1)演唱的角色以及相应的声音。

(2)演唱的情感。

提示一:

这部分演唱的行当是花脸,这就要求我们的声音要行当化、人物化,所以声音要有所变化——模仿花脸的声音,铿锵有力、浑厚、粗犷、嘹亮。要求口劲十足,铿锵有力,字头咬清,声音有棱角。(可以用身体带动,用手掌虎口带动身体。)

提示二:

在歌曲情感上,要唱出中国人对国粹京剧艺术的赞美之情和拥有传统艺术的骄傲和自豪。

在学会歌唱的前提下，教师引导学生带着感情进行演唱(注意弱起、休止符、下滑音、倚音、拖腔)。鉴于学生理解音乐、表现音乐的能力不够，所以教师在教唱过程中的"亮相"一定要到位，同时要召唤鼓励学生大胆参与"亮相"，展现出骄傲自豪的情绪。

四、说脸谱

同学们我们唱了半天，唱的是什么呢？脸谱！

1.什么叫作脸谱

脸谱是指戏曲中各种角色脸上画的图案，用来表现人物的性格和特征。

2.京剧脸谱的起源

脸谱的起源是面具。脸谱直接画在人物脸上，而面具则是在其他东西上画好，然后戴在脸上。

联系：在中国古代的祭祀活动中有巫舞和傩舞，舞者经常戴着面具。相传，北齐兰陵王性情勇敢，武功高强，但长得像个美女，他怕自己的长相不足以威慑敌人，于是戴上面具上阵。唐代歌舞《兰陵王入阵曲》中，扮演兰陵王的演员需要戴面具，这是戏曲中脸谱的由来。

3.色彩寓意

蓝色：性格刚直，桀骜不驯。

红色：忠勇侠义，多为正面角色。

黄色：凶暴、沉着。

白色：奸诈阴险。

紫色：刚正威武，不媚权贵。

绿色：勇猛，莽撞。

金色：神仙高人。

银色：神仙，妖怪。

接下来在了解人物性格的基础上边演边唱。

4.脸谱的作用

第一，除了表现人物角色的性格外，脸谱还可以表现人物的各种境遇。比如将项羽的眼睛画成"哭"相，象征着他的悲剧结局，包公的皱眉象征着他的忧虑。

第二，脸谱的另一个功能是拉开戏剧与观众之间的心理距离，让观众产生神秘感。

第三，脸谱具有审美和欣赏价值。浓郁、明亮的油彩和各种脸型，加上净行"咆哮"的粗犷嗓音，形成了强烈的艺术刺激，起到让观众激动和感到震撼的作用。

五、演脸谱（边唱边演）

1. 分组

发给学生脸谱,让学生在了解脸谱代表的性格之后,分组进行表演。其余的同学可以根据台上同学的表演演唱歌曲,或是分组对唱。

2. 评价

教师评,学生互评,学生自评。

六、拓展与延伸

(1)播放李娜的豫剧戏歌《你家在哪里》,引导学生了解豫剧风格的戏歌,再次强化学生对戏歌这一体裁的理解,同时对德艺双馨的艺术家常香玉有一定的了解。

(2)希望在当今流行音乐盛行的时代,身为华夏儿女的我们不要忘记继承和发扬我们的民族音乐,做一个热爱民族音乐的人,并为我们能拥有这样宝贵的艺术财富而感到骄傲。

匈牙利音乐家科达伊认为,民族传统的有机继承,唯有从我们民间的音乐中才能找到。[①]在流行音乐盛行的今天,就让我们从学唱戏歌开始,把中国的优秀传统文化继承发扬下去吧。

---

① 王雅洁.孔子"乐教"思想与小学器乐教学的融合研究[J].文化产业,2021(14):71-72.

第五章

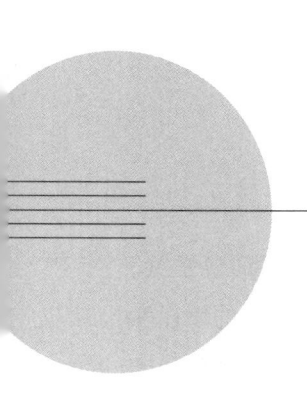

音乐编创教学实践研究

第一节　音乐编创教学的现状分析与对策

随着《普通高中音乐课程标准(实验)》的颁布,2003年起,编创课被正式列入普通高中音乐课程中,课名为"创作";2017年,《普通高中音乐课程标准(2017年版)》颁布后,"创作"课更名为"音乐编创",被列为六大必修(选学)课程之一;2020年颁布的《普通高中音乐课程标准(2017年版2020年修订)》,仍将"音乐编创"确定为必修(选学)课程之一。学生的音乐素质体现在音乐素养和音乐实践活动能力的统一上,更体现在音乐学习过程中他们表现出来的创造性行为和创新意识上。核心素养提出了培养学生的创造能力,艺术素质测评指标体系也明确指出要发展学生的创造力。音乐编创课程正是在这样的背景下设立的音乐教学模块。

在音乐编创模块的教学中,教师要善于培养学生的创作能力。一方面,教师要通过对经典音乐作品的赏析,使学生初步了解音乐作品的创作特点;另一方面,在学生进行编创时,要让他们能够深入体验音乐特点,了解音乐风格,增强学习音乐编创的兴趣,从而培养他们的音乐编创才能。

音乐编创模块不像音乐鉴赏、歌唱等模块有着比较成熟的教学方法和规律可循,很多时候教师都是在摸索中前行,遇到很多的问题和困惑。教学中为了创作而创作的现象很常见,也出现了一些编创活动毫无章法,或者是将创作公式当作法宝,创作作品缺乏专业性和个性化等问题。要上好编创课,教师应当创设情境,让学生了解并掌握音乐创作的基本方法和手段,使其对音乐产生浓厚的兴趣,充分发挥学生的主体能动性,让学生积极主动地参与编创,激发其想象力、合作意识和创造意识,从而实现创新、创作的体验和实践,达到提高学生学科核心素养的目的。

一、聚焦、透视音乐编创教学中的常见问题

(一)音乐编创启蒙过于"萌"

音乐编创课的启蒙,到底应该启发学生什么?音乐编创启蒙中,依曲填词最常见。教师往往会给学生很多具体的限定,比如:必须用诗词填词,必须完全按照音乐的旋律和节奏填词等。虽然学生初步体验到了创作的感觉,但是这些限定也使他们的思维模式固化,选择哪一首古诗搭配音乐成了创作的全部,很难激发出学生对音乐进行变化发展的能力,没有完全开发出学生的创新思维。课堂上我们往往能够感受到学生是有"创作欲望"的,有时教师也会让学生分组填词,尽管每组学生填的词都不一样,但是这种创作教学其实很盲目,音乐编创启蒙过于"萌",没有深入音乐,学生没有体会到正真的音乐编创。音乐起源于人们的日常生活,根据环境、情绪的不同,学生对音乐的二度创作应该是多种多样的。例如人民音乐出版社2019年版普通高中教科书《音乐·音乐编创(必修)》教材第一单元"走近音乐编创"中,对李叔同的《送别》这首歌曲,学生可以继承地创作。所谓继承地创作是指在原作基础之上的改编、借鉴与发展,可以让学生根据自己当时的心境,改编旋律、节奏、歌词等,而不是一味地告诉学生要填上古诗词、必须按照原有的旋律进行编创。

教师在课堂教学中应当起到指导和引领的作用。学生初次接触音乐编创,难免会无所适从,而过于具体或单一的限定则会固化学生的思维,教师的提示或指引应当有针对性地给出开放性建议。苏格拉底认为,理想的教育方法不是把自己现成的、表面的知识教授给别人,而是凭借正确的提问,激发对方的思考,通过对方自身的思考,发现潜藏于自己心中的真理。[1]如果课堂气氛热闹活跃,教师就沉浸其中,认为已经达到了教学目标,认为调动了学生的积极主动性,使学生获得了充分的参与和实践,实现了"以人为本"的教学理念。那么,其教学效果很可能会和预定的教学目标有所偏差。因为,这些所谓的参与和实践,有许多是无效的重复,课堂气氛的热烈并不能证明学生真正体验到了音乐编创的真谛,也不能使他们对音乐编创有新的认知。所以教师应当警惕停留在音乐编创表象的教学,避免让学生片面地认为这就是音乐编创。

(二)课型不能精准定位

音乐编创课到底是什么,这是教师们需要思考的问题。音乐编创首先是要"编",然后是要"创",二者紧密联系在一起,由浅入深,由易到难,缺一不可。在音乐编创教学中,有时教学会出现变质的情况,音乐编创变成了音乐欣赏课、音乐理论课,学生听

---

[1] 张华.课程与教学论[M].上海:上海教育出版社,2000:217.

得多,编创得少,教学目标发生了改变,教学也就本末倒置,音乐编创课就会变成音乐欣赏课。

教师的作用在于引导,对于刚刚开始涉足音乐编创的学生,如何引导他们由编到创?第一步就是模仿。教师可以选择经典的音乐进行分析,通过直观的音乐体验与认知,逐步给学生渗透音乐编创的意识,激发学生的创作欲望。之后,学生及时地"编作品",在实践中充分了解和感知旋律发展、主题发展、歌曲创作、伴奏编配等关于音乐编创的理论知识。例如在人民音乐出版社2019年版普通高中教科书《音乐·音乐编创(必修)》第二单元"旋律写作"这一节,学生通过老师的讲解来了解旋律发展手法,但更重要的是要在老师的讲解之后,及时运用知识,去感受每种发展手法之间的不同之处。接下来,老师就可以让学生借助生活中的经验,利用各种音乐要素来抒发自己的内心感情,开发自己的艺术创造力。经过多种多样的练习,让学生能够初步形成概念,理解知识,牢固地掌握知识,最后能够灵活地运用知识。

二、音乐编创课常见误区及对策

误区一:音乐编创课就是作曲理论课,学习音乐创作就是学习作曲理论知识。

音乐编创一般指创作歌词、作曲、编曲等专业性音乐活动。就普通高中的音乐编创教学而言,音乐编创指对音乐的即兴演唱和演奏活动、对音响的探索以及短小曲调的创作和模仿、创编等活动,包括对节奏、旋律短句的创作,为简单的歌曲选编伴奏曲、进行简单的创编或改编等。课程标准中明确提出内容要求,"了解音乐材料组织与发展的一般规律,学习音乐创作必需的基础理论知识,初步掌握音乐作品的常规结构及音乐编创的基本方法"[1]等。

当然,音乐编创需要以一定的音乐理论知识和技能作为基础,但课程的重点是要让学生进行实践性的"编"和"创"。在现实的教学实践中,大部分教师的音乐编创课都以"学习音乐创作必需的基础理论知识"为主要抓手,放大基本作曲理论的学习过程,教学设计偏重理论学习。整节课都是在进行赏析、讲解,学生的主要课堂任务只是"听"——听音乐、听老师讲旋律所运用到的发展手法。教师将大量的知识信息一股脑儿地灌输给学生,学生没有通过练习一点一点地去掌握、消化这些发展手法,由浅入深地内化为自己的知识技能,教师留给学生运用知识并进行创作实践的时间很少。有多少学生能够真正达到老师的预期效果,真正实现音乐的编创呢?结果可想而知。例如人音2019年版普通高中音乐教科书《音乐·音乐编创(必修)》第三单元"音乐主题"中"音乐主题的发展手

---

[1] 中华人民共和国教育部.普通高中音乐课程标准(2017年版2020年修订)[S].北京:人民教育出版社,2020:20.

法"这一节内容,其中"完全重复"和"变化重复"学生在初中已经学习过,所以在教学中进行简单的梳理和复习即可。教师重点要关注学生的应用实践,学生通过模仿,初步"会写"旋律,这样的创作只是初级阶段,但即便是初级技能,也需要通过反复练习才可能达到熟练应用的程度。

　　教学实践的前提是必须保证学生在学习中的主体地位。课堂教学必须要体现以学生为本的原则,学生是教育实践活动的作用对象,更是具有主观能动性的人。音乐编创教学就是以学生的参与为主的音乐实践,教师要组织多样化的教学活动,来激发学生的学习潜能和创造潜能,实现教学的目标。"学是教学的出发点、落脚点,教学的中心、重心在学而不在教,教学应该围绕学来组织、设计、展开。"[①]学生的学决定教师的教,理论知识的教学不能只是教师单方面的灌输和传授,而是要采取以学生的学为指导思想的教学模式。教师应当扮演好引领的角色,设计多样的教学环节,让学生主动地学,在学习中不断探索、发现,在探讨中解决问题,在解决问题的过程中获得新知识并学会应用和迁移。在教学设计中,要结合音乐学科核心素养的要求,从审美感知出发,让学生聆听音乐经典作品片段,认知并理解音乐的要素,体验音乐的美,通过对创作手法的讨论或探究,让学生发现、总结音乐材料组织与发展的规律或特点,进一步理解音乐发展手法、伴奏编配等创作技巧,结合不同编创技巧带来的音乐情绪、风格等方面的变化,获得更多的感性体验,理解音乐语言的内涵,从而达到对音乐文化的理解。学生必须自主编创音乐,才能真正掌握音乐编创的基本方法和技能,进而通过对自主编创作品的演唱或演奏等表现方式,逐步提升艺术表现素养。

　　误区二:音乐编创就是编一编、唱一唱,创作实践就是编创歌曲。

　　音乐编创是音乐学习的一部分,应当将它纳入音乐学习的整体过程中,通过编创、表演、展示,提高学生的音乐实践能力;通过感知、体验、评价,提高学生的音乐审美能力;通过改进与完善,进一步提高学生的音乐编创能力,从而形成一个良性循环的过程。教师要通过对课程标准的研究,将音乐编创课程目标贯穿于整个教学活动的环节中。

　　首先,音乐编创不能只是"编一编、唱一唱",它是一个创造性的活动,主要在于激发学生的创新精神。创新能力是学生明天发展的驱动力,教师要通过学生的"编",了解学生对教学内容的掌握情况,通过学生的"唱",帮助学生发现问题,看到学生发展的可能性,并且提出更高的要求,让学生能够"跳一跳,摘个桃"。

　　其次,教师要对学生展示的作品进行有的放矢的评价和改进指导,不仅要检查学生理论知识的掌握情况,更要通过交流评价解决学生在音乐编创学习中碰到的问题,关注学生对音乐编创作品的表达,以及与之相伴随的文化理解的达成,让学生不断创造"最近

---

① 余文森.核心素养导向的课堂教学[M].上海:上海教育出版社,2017:147.

发展区"。要充分发挥评价的激励作用,关注学生的成长与进步,把最近发展区转化为新的现有发展区,提高教学对学生发展的促进作用。如果教师只停留在让学生模仿或创编歌词上,忽略学生现有的认知水平发展状况,何谈让学生创造"最近发展区"? 当然就更谈不上"编创"了。

音乐编创教学往往在学生展示完创作成果后,一节课就基本结束了,算是教学任务完成。那么,音乐编创的意义在哪里? 音乐编创教学的价值在哪里? 细思,课的结束,才是"思"的开始。评价音乐编创课是为了进一步促进学生音乐编创能力的提升和创新思维的发展,因此对音乐编创课的评价就显得尤为重要。对学生评价的标准要多元化,不能片面否定或笼统概括学生编创作品的好与坏,要关注学生之间的差异性,进行发展性评价。在评价方式上,也可以充分发挥学生的主体地位,让学生参与到评价中来,进行自我评价、他人评价,这既可以增加音乐课堂的趣味性,也可以提高学生的交流能力、评价能力和反思能力,激励学生的音乐编创学习。这样,"学生不仅参与了学也参与了教,师生真正成了互教互学的学习共同体,这是使课堂具有内在动力和充满生命活力的根本机制"[①]。积极的评价能够帮助学生认识到自己在学习策略、思维或习惯上的长处与不足,从而认识自我,树立信心,真正体验到自己的成功与进步。音乐编创课不仅要编创歌曲,更要解决问题,引导学生实现音乐想象力和现实作品的完美契合。

误区三:音乐编创可以忽略主题风格,根据自己的想象随意发挥。

旋律是若干乐音经过艺术构思而形成的有组织的序列,是音乐的要素。旋律中的音高、时值等要素属于音乐的基本构成材料,将这些材料有机组织,可形成乐汇、乐节或乐句,将乐汇、乐节或乐句按一定的手法进行发展,可形成完整的旋律。音乐风格主要是通过音乐的旋律来体现的,旋律里这些音乐要素富有个性的结合方式,使音乐具有显著的音响效果和特征。所谓"富有个性",并非将音乐要素天马行空地随意排列,而是要遵循一定的规律和特点。

音乐编创不是根据自己的想象随意而为的,学生通过概念的学习之后,还需要经过大量的实践练习,才能真正获得这项技能。在实践过程中,可以将音乐编创手法和经典的音乐联系起来,进一步了解每种编创技法的作用,结合自己心中流淌的旋律,更好地运用编创技法来表达自己的情绪。例如连续的音阶上行,给人明亮宽广的感觉,可以结合力度由弱到强的变化,达到情绪激昂的效果,再利用"灵魂式"的节奏进行润色,音乐就"有血有肉"鲜活起来了。音乐承载了我们的各种情感,我们要学会用音乐要素来表达情绪、情感。

节奏也是决定音乐的整体风格的一个重要因素,例如人音2019年版普通高中教科书

[①] 余文森.核心素养导向的课堂教学[M].上海:上海教育出版社,2017:151.

《音乐·音乐编创(必修)》第三单元"音乐主题"的编创实践2:"参照示例,用'3、5、6'三个音为以下节奏配上旋律,即兴演唱,并将精彩的乐句记录下来。"所配旋律要求为"欢快地""诙谐地""庄严地"等等,这些都是音乐作品的风格。显然,节奏的不同直接导致了音乐风格的不同。这种音乐编创实践和杜威提出的"从做中学"的观点是相吻合的。"从做中学",实际上就是强调学生在活动中自己总结经验。教育就是生活的过程,教学应该和生活场景相结合。音乐教师可以通过创设情境,帮助学生确定疑难所在,找到生活中与音乐相关的场景,利用相关的音乐要素对场景进行模仿,让学生充分体会节奏、音程等音乐要素,然后再进行创作。

误区四:教师沉浸式创作,忽略学生。

从"双基"到"三维目标"再到"核心素养",教育理念的变迁体现了从学科本位到对人的关注的转变。"双基"是外在的,它强调的是学科基础知识和基本技能的获得。"三维目标"虽然全面包含了知识体系、知识体系背后的思考、行为方式以及知识体系背后的价值观,但缺乏对人的本性、整体性的关注。"核心素养"的发展基于"三维目标",是对人的发展的关注。

在音乐编创教学中,教师要立足核心素养,关注学生的发展,进行深度备课。备课不仅要研究教材,更要了解学生、研究教法。要考虑学生的年龄特征,了解各学段学生的身心特点,把对人的关注体现在教学的每一个环节。每个学生都有独特的思想和个性,教师不可能代替学生进行认知、体验、观察、分析、思考,只能让学生在亲身体验中观察、分析、思考,自己探究、掌握规律。在教学中,教师的教依赖于学生的学,学生的学离不开教师的教,二者是相互促进的。教师要利用自身的能力带动学生,使其发挥主体作用。陶行知先生提出的"教学做合一"生活教育方法论就反对注入式教学。虽然要重视理论的教育,但是教师不能一味地讲,要让学生将"静态"的聆听转变为"动态"的体验,唤醒学生的多重感觉机能,让他们在亲身参与中体会到学习音乐的乐趣,从而实现理论知识与实际运用的结合。学生对音乐实践活动的参与度越高,对音乐的感受越充分,就越有助于他们认识、理解、掌握基本乐理知识;而学生掌握的基本乐理知识越全面、越牢固,就越有助于他们在音乐实践中感受、理解、表现音乐。[①]

教师在上音乐编创课时要以课程标准为指引,在教学中引导学生以探索的精神投入学习,使学生乐于学习音乐理论知识,提升理论基础水平,借助音乐编创表达丰富情感,激发探索兴趣和创作能力,从而培养学生探索世界的好奇心和改造世界的创造力。

---

① 邵祖亮.中学音乐教法[M].上海:上海音乐出版社,1993:65.

第二节 案例实作

旋律的发展——重复

课名：旋律的发展手法（第二单元"旋律写作"第一节）
教材：人音2019年版普通高中教科书《音乐·音乐编创（必修）》
课型：编创课
年级：高中二年级

【教材分析】

这是人音2019年版普通高中教科书《音乐·音乐编创（必修）》第二单元"旋律写作"中的第一节，学习的内容是"旋律的发展手法"。旋律的发展手法是编创音乐技巧的重要组成部分，本节课应注重安排开发学生潜能的独具特色的实践活动，引导学生发挥想象力和思维潜能，激发学生对编创音乐的兴趣，培养学生用原创音乐表达情感的习惯。

《普通高中音乐课程标准（2017年版2020年修订）》提出："强调音乐实践，开发创造潜能。"编创对于学生创造潜能的开发具有重要的意义。"重复"手法是旋律发展的基本手法，也是最容易掌握的手法，作为旋律发展手法的起始课，应用重复手法来激发学生对旋律发展创作的热情，重复手法的利用是打开音乐创作的金钥匙。

教学内容的确立："完全重复""变化重复""节奏伸缩"在初中和高中音乐鉴赏课上都曾学习过，本课将围绕旋律发展的重复手法，重点关注重复的迁移、模进，进行知识点的梳理和作业的实践操作。

【学情分析】

高中学生已具有初步的音乐视唱能力和音乐表达能力，高中学生在音乐的"听、唱、思、写"中，"写"的能力比较薄弱，特别是记谱和听音，需要循序渐进地进行实践操练。在注重"听"和"写"方面，编创课一定要重视训练学生听音记谱，注重节奏和旋律的听写。

【教学目标】

（1）通过对大量音乐素材的聆听和歌唱，使学生了解生活中音乐旋律重复的创作，能简单地记谱，能哼唱自己写的乐曲片段，对音乐的表现形式、发展手法、表现手段及独特的美感具有更加深入的理解和把握，从而提升音乐感知和评鉴能力，提升艺术修养和人文修养。

（2）通过歌唱体验、思考探究、创作实践等活动，使学生了解旋律发展的重复、变化重复以及模进的方法，激发学生参与音乐创作和音乐表现的兴趣，使其提高艺术表现水平，把握一定的音乐规律，感受其中的乐趣，充实心灵，激发想象力、创造力，培养其自信心，使其获得成就感。

（3）通过审美感知和艺术表现等途径，使学生了解音乐发展的多样性、音乐艺术与生活密不可分，增强学生对世界民族音乐文化的欣赏兴趣和传承信心。

【教学重点】

了解模进的创作手法，并运用模进进行创作。

【教学难点】

运用重复的手法创作一段体的乐段。

【教学准备】

多媒体课件、搜集整理各类歌曲乐谱、器乐、音乐剧选段旋律。

【教学过程】

一、导入

今天老师给大家准备了几个大家熟悉的音乐片段，请同学们一起来唱一下。

1.《欢乐颂》

$\underline{3}$ 3 $\underline{3}$ 4 5 | 5 4 $\underline{3}$ 2 | 1 1 2 3 | 2· $\underline{1}$ 1 - ‖

2.《彩云追月》

彩云追月

1=D 4/4

慢速

任 光 曲
刘 麟 填词

5̣· 6̣ 1 2 3 5 | 6 - - - | 6̣ 1 6 5 3 5 | 6̣ 1 6 5 3 5 | 6̣ 1 6 5 3 5 6 |

月 亮 爬上 东山 顶， 照 着 树林，照 着 山 峰，照 着 小河 水淙

3 - - - | 3 5 3 2 1 2 | 3 5 3 2 1 2 | 3 5 3 2 7̣ 5 6 | 1 - - - ‖

淙。 萤火 虫 向月亮 借来了 小灯笼， 挂在那 河边 绿草 丛。

3.《樱花》

樱 花

1=C 4/4

舒缓、平稳地

日本民歌
[日] 清水修 编曲
罗传开 译配

6 6 7 - | 6 6 7 - | 6 7 i 7 | 6 7 6 4 - |

樱 花 啊， 樱 花 啊， 阳春 三 月 晴 空 下，

3 1 3 4 | 3 3 1 7̣ - | 6 7 i 7 | 6 7 6 4 - | 3 1 3 4 |

一望 无际 樱花 哟， 花如 云朵 似彩 霞， 芳香 无比

3 3 1 7̣ - | 6 6 7 - | 6 6 7 - | 3 4 7 6 4 | 3 - - 0 ‖

美 如画。 去 看 吧， 去 看 吧， 快去看 樱花。

教师：同学们，音乐是时间的艺术，转瞬即逝，这些歌曲为什么易于传唱？对，都是乐曲中反复出现的片段加深了我们的记忆，这就是古今中外很多音乐家创作音乐常用的发展手法——重复。今天老师就带着大家一起来学习旋律的发展——重复。

★设计意图：

选择学生熟悉会唱的音乐片段歌唱导入，引起学生学习的兴趣，激发他们的好奇心，导入音乐编创常用的发展手法——重复，指明本节课的教学目标，为教学的顺利进行做好铺垫。

二、节奏的听记练习

教师:首先,我们先听记一条旋律。

教师:仔细听辨旋律,以四分音符为一拍,每小节有两拍,共四个小节。请同学们仔细聆听老师弹奏的旋律,记录旋律。

$1=C\ \dfrac{2}{4}$

| 1 1. 2 | 3 1 | 2 2. 1 | 3 — |

请一位学生在黑板上写出听力素材,展示PPT的乐谱。

★设计意图:

本环节把学生动手听记简单旋律作为贯穿本节音乐编创课实践环节的线索,把抽象复杂的音乐编创简单化,易于学生接受理解。

三、旋律的发展——完全重复手法

1.聆听歌唱《念故乡》片段

念 故 乡

[捷]德沃夏克 曲
李抱忱 填词

$1=C\ \dfrac{4}{4}$

| 6. 1 1 7 5 6 | 6 1 7 5 6 — | 6. 1 1 7 5 6 | 6 1 7 5 6 — |

故 乡 人 今 如 何, 常 念 念 不 忘, 在 他 乡 一 孤 客, 寂 寞 又 凄 凉。

2.思考讨论

(1)作曲家为什么要用重复的旋律,有何作用?

(2)什么是完全重复?

总结:完全重复即把一个音乐材料原样反复一次或多次,以加深人们的印象。

3.创作体验

请同学们把刚才听写的旋律用完全重复的手法进行发展。

★设计意图:

本环节从最简单的完全重复入手,让零基础的学生无障碍进入创作环节,为进一步理解并进行音乐编创实践做好铺垫。

四、旋律的发展——变化重复手法

1.聆听歌唱,对比《让世界充满爱》和《金蛇狂舞》的片段

让世界充满爱

1=G 4/4

陈 哲、郭峰等词
郭　峰曲

6 1 1 6. 5 - | 6 1 2 1. 2 - | 6 1 1 1 4 3 2 1. 3 - - - |
我们 同欢乐,　我们 同忍受,　我们 怀着同样的期 待;

6 1 1 6. 5 - | 6 1 2 1. 2 - | 6 1 1 1 4 3 2 3 1 1 - - - |
我们 同风雨,　我们 共追求,　我们 珍存同一样的 爱。

金蛇狂舞

1=D 2/4

聂 耳曲

5 6　5 6 | 5 4 5 | 1 2　1 2 | 5 6　1 |

5 6　5 6 | 1 6 5 | 1 2　1 2 | 5 6　1 |

2.思考讨论

这两首作品的重复手法有什么不同?

学生:前者是前面重复,后面变化。后者是前面变化,后面重复。

教师:"同头换尾"和"换头合尾"。

总结:有变化的重复,变化重复旋律时,对个别音或少量音加以变化。

3.创作体验

(1)运用素材旋律,进行"同头换尾"的续写。全体同学依次进行"同头换尾"即兴接龙演唱,调动学生的歌唱积极性。

1=C 4/4

1　1 2 3　1 | 2　2. 1 3 - |

1=C 2/4

| 1 1. 2 | 3 1 | | |

（2）全体同学唱素材，学生进行"换头合尾"即兴演唱。教师引导学生进行创作旋律的接龙演唱。

1=C 4/4

| 1 1 2 3 1 | 2 2. 1 3 - |

1=C 2/4

| | 2 2. 1 | 3 - |

★设计意图：

本环节通过聆听歌唱、思考讨论、编创实践等活动，让学生体验"同头换尾"和"换尾合头"创作手法，对重复的发展手法有了一定的了解，并且能够初步编创出简单的变化重复的旋律进行歌唱。

五、旋律的发展——伸缩重复手法

1.聆听歌唱《蒙古小夜曲》

蒙古小夜曲

1=F 4/4

蒙古族民歌

| 6 1 2 3 | 2 1 6 - | 6 1 2 3 | 2 1 6 - | 6 1 2 3 2 1 6 |
火 红 太 阳 下 山 啦， 牧 羊 姑 娘 回 来 啦， 小 小 羊 儿 跟 着 妈，

| 6 1 2 3 2 1 6 | 6 1 2 3 | 2 1 6 - | 5 6 5 4 - | 5 6 5 3 - - |
有 白 有 黑 也 有 花， 你 们 可 曾 吃 饱 吗？ 啊   啊

```
 ⌒3⌒        ⌒3⌒
5 6 5 2 - - | 5 6 5 1 - - | 3 2 1 - | 6̣ 6̣ - - | 6̣ 1 2 3 |
啊            啊           大星星亮 啦！   卡里玛沙，

2 1 6̣ - | 6̣ - 1 - | 2 - 3 - | 2 - 1 - | 6̣ - - - ‖
不要怕，  我把  灯火  点着 啦！
```

2.思考讨论

这首歌曲是如何进行变化重复的？

总结：旋律的伸缩重复，不改变音乐主题或者前面旋律的音调，只改变节奏，形成节奏上的变化与对比，从而加深人们对旋律的印象。

3.创作体验

1=C 4/4

1 1 2 3 1 | 2 2. 1 3 - |

★设计意图：

本环节通过歌唱对比的办法，让学生在理解旋律的扩张和收缩的基础上，进行节奏变化，编创出相应的旋律片段，进一步激发学生的编创热情。

六、高级的重复手法——移位重复，也称"模进"

1.聆听歌唱：《我们是共产主义接班人》《风中有朵雨做的云》《南泥湾》

我们是共产主义接班人

1=♭B 2/4

周郁辉 词
寄　明 曲

精神饱满地

5. 5 1 | 1 0 | 3. 3 6 | 6 0 |
不　怕 困 难，   不　怕 敌 人。

风中有朵雨做的云

1=D 4/4

李安修 词
陈耀川 曲

中速

3 6 6 3 5 6 5 6 | 6 3 5 6 5 3 - | 6̣ 2 2 6 1 2 1 2 | 2 6 1 2 1 6̣ - |
风中 有朵 雨做 的云， 一朵 雨做 的云， 云的 心里 全都 是雨，滴滴 全都 是你。

南 泥 湾

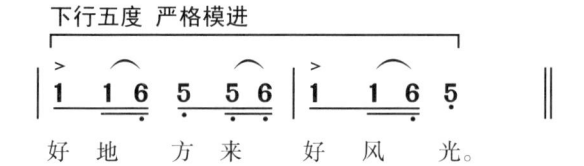

1=E 2/4

贺敬之 词
马 可 曲

稍慢

转句 乐节　　　　　　　　　　　　下行五度 严格模进

> 5 5̇ 3 | 2 2̇ 3 | 5 5̇ 3 | 2 ‖ 1̣ 1̣ 6̣ | 5̣ 5̣ 6̣ | 1̣ 1̣ 6̣ | 5̣ ‖

好 地 方 来 好 风 光，　　　　　好 地 方 来 好 风 光。

2. 思考讨论

这三个音乐片段是如何重复的？

学生：第一首是下方小三度，第二首是下方纯五度。

总结：模进就是模仿进行，把某个音乐片段作为原型，整体移到不同的音高位置上进行重复。音高不同，但音程、节奏一致。

3. 分析探究——认识自由模进

(1) 找找歌曲片段中的模进。

Do Re Mi

[美] 哈默斯坦Ⅱ 词
[美] 罗杰斯 曲
薛范 译配

‖: 1 | 2 | 3. 1 | 3 1 | 3 - | 2. 3 | 4 4 3 2 |

Do 是 鹿 是 小 母 鹿，　Re 是 金 色 阳

4 - | 4 - | 3. 4 | 5. 3 | 5 3 | 5 - |

光。　　　　Mi 是 我 叫 我 自 己，

4. 5 | 6 6 5 4 | 6 - | 6 - | 5. | 1 2 3 4 5 |

Fa 是 奔 向 远 方。　　Sol 是 穿 针 引

6 - | 6 - | 6. 2 | 3 #4 5 6 | 7 - | 7 - |

线，　　La 这 音 符 跟 着 Sol。

奉 献

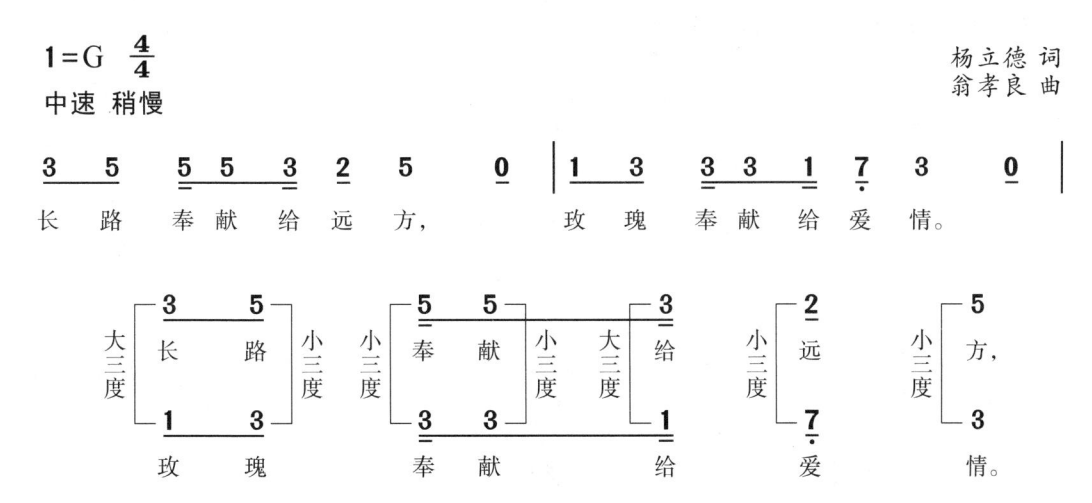

1=G 4/4

中速 稍慢

杨立德 词
翁孝良 曲

3 5 | 5 5 3 2 5 0 | 1 3 3 3 1 7̣ 3 0 |

长 路 奉 献 给 远 方， 玫 瑰 奉 献 给 爱 情。

大三度 [3 5 / 1 3] 长路 小三度 [5 5 / 3] 奉献 小三度 [5 / 3] 小 大三度 [3 / 1] 给 小三度 [2 / 7̣] 远 小三度 [5 / 3] 方

玫 瑰 奉 献 给 爱 情。

（2）总结模进。

A.严格模进：模仿前面旋律的进行，将旋律原封不动地移到另一个高度，音程关系和节奏完全相同。运用严格模进创作并探究模进的原则，得出整体移到不同的音高位置上进行重复的规律。

B.自由模进：将旋律移到另一个高度，音程关系和节奏发生了变化。自由模进不偏离本调，模进与被模进的曲调之间音程没有严格的规定，延伸方向一致。

4.创作实践

（1）上行纯四度严格模进的练习。

小小的礼品

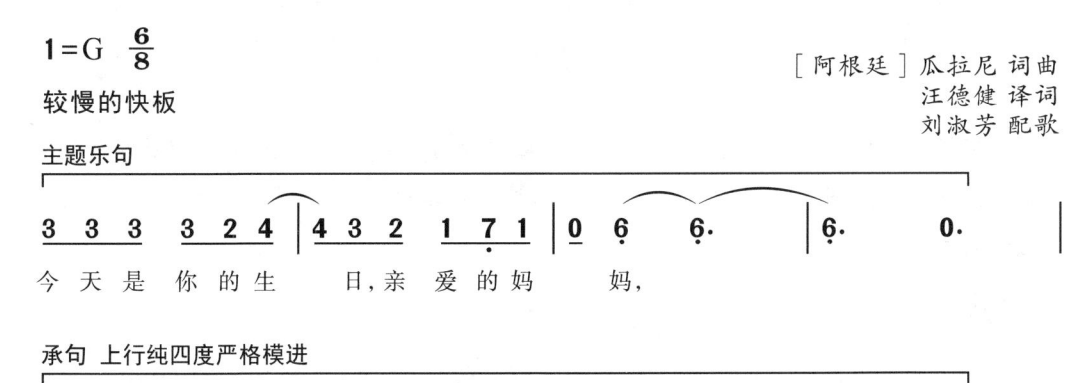

1=G 6/8

较慢的快板

［阿根廷］瓜拉尼 词曲
汪德健 译词
刘淑芳 配歌

主题乐句

3 3 3 3 2 4 | 4 3 2 1 7 1 | 0 6̣ 6̣. | 6̣. 0. |

今 天 是 你 的 生 日，亲 爱 的 妈 妈，

承句 上行纯四度严格模进

（2）把听写的旋律移高三度自由模进发展。

★设计意图：

模进的发展手法既是本节课的重点也是难点，本环节旨在用对比的方法引导学生理解相对比较抽象的移位重复,并且能够进行自由模进的创作,使部分学生对于严格模进的手法有深层次的理解,并能应用到创作实践中。

七、拓展

(1)分析《三十里铺》的旋律采用了哪些重复手法。

三十里铺

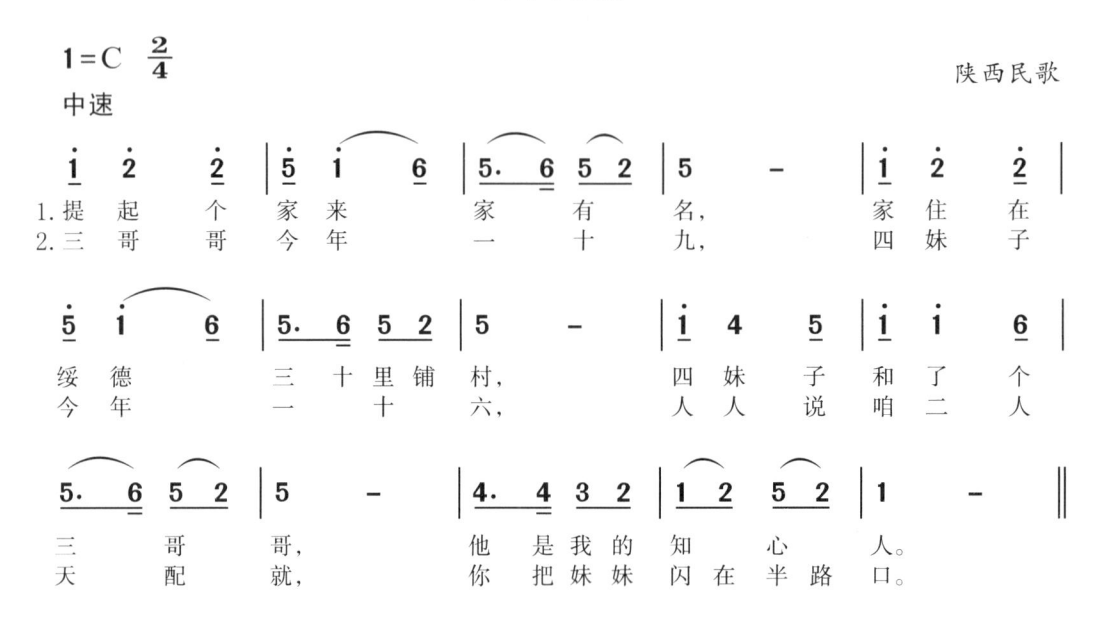

1=C 2/4

陕西民歌

中速

| $\dot{1}$ $\dot{2}$ | $\dot{2}$ | $\underline{5}$ $\dot{1}$ | 6 | $\underline{5.}$ $\underline{6}$ $\underline{5}$ $\underline{2}$ | 5 - | $\dot{1}$ $\dot{2}$ | $\dot{2}$ |

1. 提 起 个 家 来 家 有 名, 家 住 在
2. 三 哥 哥 今 年 二 十 九, 四 妹 子

| $\underline{5}$ $\dot{1}$ | 6 | $\underline{5.}$ $\underline{6}$ $\underline{5}$ $\underline{2}$ | 5 - | $\dot{1}$ 4 5 | $\dot{1}$ $\dot{1}$ 6 |

绥 德 三 十 里 铺 村, 四 妹 子 和 了 个
今 年 一 十 六, 人 人 说 咱 二 人

| $\underline{5.}$ $\underline{6}$ $\underline{5}$ $\underline{2}$ | 5 - | $\underline{4.}$ $\underline{4}$ $\underline{3}$ $\underline{2}$ | $\underline{1}$ $\underline{2}$ $\underline{5}$ $\underline{2}$ | 1 - ‖

三 哥 哥, 他 是 我 的 知 心 人。
天 配 就, 你 把 妹 妹 闪 在 半 路 口。

(2)创作一段包含"变化重复"的4小节旋律,用《春江花月夜》的诗句"春江潮水连海平,海上明月共潮生。滟滟随波千万里,何处春江无月明"作为歌词。

★设计意图:

本环节旨在总结本节课所学的重复手法,让学生进一步加深印象,并且能够将所学音乐编创手法灵活运用到实践中,从而体验音乐编创的乐趣,增强音乐创作的信心,激发想象力和创造力。

【课堂小结】

犹如好听的歌曲循环播放,音乐编创中的重复是不可抗拒的,就让我们的音乐编创从重复开始吧!课后请同学们自己对《春江花月夜》进行继续创作,下节课交流分享。

【教学反思】

导入部分太生硬,要想办法让活动设计变成生活实践中的音乐效果感知,进入课堂的

第一个环节,要有接地气的音乐听力素材,让学生找有规律的音乐节奏和旋律的特点,单调的听写节奏和旋律远离生活乐趣,所以讲重复要使用学生平时熟悉的音乐或者印象深刻的影视音乐,还要善于发现典型的乐曲,探索音乐重复的规律和特点。

  艺术来源于生活,启发学生进行创作不能停留在认知上,一定要结合实际应用,突出实践,除了"听、唱、奏、演、创",还要突出"读"和"写"。启发学生学习旋律的重复,不能停留在认知上,要让他们学会应用音符,从音响上进行感受。对模进的认识结合五线谱会更加直观。同时还要归纳探讨歌曲的风格,一定要让学生了解音乐编创是创造性和再创作行为活动。音乐编创课应始终围绕实践展开,这也是"创造性"的教育活动。

第六章

音乐与舞蹈教学研究

第一节 音乐与舞蹈教学的现状分析与对策

闻一多先生说:"舞蹈是生命情调最直接,最实质,最强烈,最尖锐,最单纯而又最充足的表现……它是一切艺术中最大综合性的艺术。"[1]《普通高中音乐课程标准(2017年版2020年修订)》中,"音乐与舞蹈"是六个必修(选学)模块之一,是培养全体学生的音乐学科核心素养的主要课程。足以见得舞蹈在普通高中音乐课程体系中的重要性在不断地显现。那么,高中音乐教师应如何在课堂教学实践中渗透学科核心素养?应如何正确把握音乐与舞蹈在课堂中的关系?应如何将优秀音乐舞蹈作品与中国优秀的传统音乐舞蹈文化有机结合起来?这些都是我们要思考和探究的重要课题。我们应该树立新的知识观、学生观和教学观,与时俱进,在高中"音乐与舞蹈"模块教学中真正实现以乐化人、以舞化人的育人目标。

一、透视聚焦教学中的常见问题

(一)定位不准确,主体模糊

音乐与舞蹈模块教学的开展,既能丰富音乐教学内容,更新音乐教学模式,同时也能拓宽音乐的教育领域。六大必修(选学)课程形成了多维度的教学模式,相辅相成。在高中音乐教学中开展音乐与舞蹈模块的教学活动,一是因为舞蹈和音乐在表情达意上具有高度的统一性,二是因为舞蹈对高中音乐教学的改革具有促进意义。舞蹈与音乐的有机

---

[1] 闻一多.说舞[M]//闻一多.神话与诗.长春:吉林出版集团股份有限公司,2017:185-186.

融合,能够激发学生的学习兴趣,逐渐引领他们走进基础音乐教育的课堂,使他们在高中音乐教学活动中收获丰富的知识,培养起高雅的艺术审美情趣。

但是在进行模块教学之初,教师在备课时常常会对音乐和舞蹈在课堂上的关系产生疑虑,多有将音乐和舞蹈割裂开来,无法建立二者间互相联系、相辅相成的关系的情况。教学思路出现这样的问题,就会导致教学不符合课程标准的要求,对"音乐与舞蹈"模块定位不够准确。也有不少教师有这样的疑虑:课堂到底应以音乐为主题还应是以舞蹈为主题?出现在课堂上脱离舞蹈谈音乐,或者脱离音乐谈舞蹈的情况。因此,"音乐与舞蹈"模块内容的构建,首先要考虑的问题是课程内容的安排,音乐和舞蹈所占课时的比例,应对音乐与舞蹈的关系有正确理解。

(二)教学观陈旧,无创新性

就教学思维而言,教师习惯于传统的舞蹈课教学,在进行课堂设计时,往往会形成这样的思维定式——教什么、怎么教、通过教学达到怎样的效果,其思维是受局限的、片面的。就教学方法而言,传统的舞蹈课教学,也往往是以教师为主导,对学生进行"口传身教",学生则加以模仿和练习。显而易见,这种单一的方式已经不能够满足新时代对学生的素质教育要求,也无法达到对学生进行综合能力培养的目标,更无从谈及学科核心素养在课程中的渗透。

在教学过程中,传统的舞蹈课教授方式与新课标的要求是有偏差的,主要表现在两个方面。第一,课堂以学生学会了多少动作和动作组合作为评价标准,教师的教学方法完全依靠"口传身授",在学生的模仿中完成舞蹈教学。以学生按照教师的要求,完成标准的舞蹈表演,提高艺术表现力为唯一教学目标。第二,教师们对音乐与舞蹈模块的教学很容易停留在固定思维上,即教学主要是对舞蹈作品的鉴赏和分析,让学生通过感知、欣赏、评价进行学习,忽视舞蹈的表演性实践,这些现象反映出部分教师教学观念陈旧,不能够与时俱进,对新课程标准理解有偏差,教育理念陈旧并且教育方式缺乏创新性。

二、音乐与舞蹈教学中的误区及对策

误区一:舞蹈可以只有节拍、没有音乐,可以脱离音乐单独存在。

音乐与舞蹈模块内容的构建,首先要考虑的问题就是如何安排课程内容,音乐和舞蹈在课堂上所占据的比例应该如何分配。在《普通高中音乐课程标准(2017年版2020年修订)》中,对音乐与舞蹈的"内容要求"有明确的表述,如:

(1)了解音乐与舞蹈的关系,根据舞蹈的节奏和情绪选配适合的音乐,或通过肢体动作表现舞蹈音乐的节奏特点和情绪、情感。

(2)学习有代表性舞种的基本动作及动作组合,并随音乐进行练习。

(3)学习优秀的舞蹈或舞剧片段,注重中国民族民间舞和古典舞的学习。

(4)学习舞蹈编排的基本常识,根据音乐设计与之相应的舞蹈动作及队形,进行舞蹈排练。[1]

以上内容表明音乐与舞蹈有着密不可分的关系,使学生理解音乐与舞蹈的关系也是这一模块的重要指向之一。音乐与舞蹈本身就是亲密无间的艺术,从产生之初就有着密不可分的关系,音乐是舞蹈的精神核心,舞蹈是音乐的外在表现形式,二者结合紧密、相辅相成并相互作用。

在舞蹈的鉴赏和学习过程中,不仅不能够忽视音乐的存在,而且应该将音乐风格和舞蹈风格的统一性放到较为重要的位置上,以人音2019年版普通高中教科书《音乐·音乐与舞蹈(必修)》的第二单元"中国汉族民间舞"和第三单元"中国少数民族舞"两课为例,中国的汉族民间舞蹈和少数民族舞蹈都有较强的地域性和风格性,独特的音乐风格和舞蹈风格是相辅相成的。例如:东北音乐的调式以宫调式、徵调式居多,这些调式较为明亮,因此东北秧歌的舞蹈风格也是以泼辣、热情、爽朗为主;东北音乐多节奏明快富有弹性的鼓点,与东北秧歌哏、俏、幽、稳、美的韵律也是一脉相承的。不难发现,音乐中的要素、动机、主题旋律与舞蹈的一致性达到了近似"同步"的境地。这些都是在音乐与舞蹈的课程内容构建过程中需要教师运用不同的教法,让学生感知和体验的内容,只有这样才能使得学生更好地把握音乐与舞蹈的关系。

误区二:艺术表现是音乐与舞蹈课的全部。

在音乐与舞蹈模块的教学中,教师们很容易将高中音乐鉴赏课的实践经验迁移过来,形成思维定式,即教学注重对舞蹈作品的鉴赏和分析,让学生通过感知、欣赏、评价进行学习,忽视舞蹈的表演性实践。这其实是偏离了音乐与舞蹈教学的中心。在义务教育阶段,舞蹈学科课程内容就包含了"表现"、"创造"、"欣赏"和"融合"四类艺术实践。在高中阶段音乐与舞蹈模块的教学中,教授舞蹈鉴赏的内容是必要的,但是要注意与艺术表现相结合,一方面提高学生对舞蹈的审美感知能力,一方面注重学生艺术表现能力的培养,当然,对于舞蹈文化的理解也要渗透到模块教学中去。

一节课上,教师为了帮助学生了解中国古典舞的博大精深以及舞蹈特点和规律,让学生们欣赏了大量的舞蹈作品,例如《扇舞丹青》《秦俑魂》《飞天》《踏歌》,学生们看得眼花缭乱,大呼过瘾。课程结束后,这节课在学生们的心里留下了什么,他们学到了什么,是教师需要思考的问题。当然,经典的舞蹈作品就像是舞蹈历史之中的一颗颗珍珠,璀璨夺目,

---

[1] 中华人民共和国教育部.普通高中音乐课程标准(2017年版2020年修订)[S].北京:人民教育出版社,2020:21-22.

很有必要让学生了解和欣赏,但是怎样安排,有什么样的效果,也是教师必须要考虑的问题。经典作品是人类的财富,是文化遗产,每一部作品都足够老师讲上一节课,然而有几个问题需要我们思考:

第一,如何合理地使用经典作品?

第二,如何安排好鉴赏的侧重点及其与课堂内容的联系?

第三,如何把握鉴赏的深度与学生认知水平的契合度?

教师还应该清楚的是,经典作品鉴赏只是音乐与舞蹈课堂的一部分,需要让学生参与到舞蹈的体验之中来,让学生们动起来的舞蹈课才是真正的舞蹈课,当然,缺少文化理解、作品鉴赏的舞蹈课也不完整。三者是辩证统一的关系,它们相互作用、相互影响。

经典舞蹈作品揭示了舞蹈的文化影响,有助于确定舞蹈的整体艺术价值,研究经典舞蹈作品,有助于学生了解不同舞蹈种类的风格特点,以及舞蹈在不同的时代中的作用。我们可以当今的思维去解读过去的作品及其对今日的启示,但要服务于教学目标的达成。例如:在人音社2019年版普通高中教科书《音乐·音乐与舞蹈(必修)》第四单元"中国古典舞"的学习中,教师如果想要让学生了解古典舞中道具的作用,就可以结合着《扇舞丹青》(折扇)、《飞天》(长绸)两个舞蹈片段进行讲授;如果想要学生们感知和体验男女古典舞不同的风格特点,就可以选用《秦俑魂》(刚劲有力)和《踏歌》(婀娜多姿)舞蹈片段进行鉴赏讲授;等等。这些都是能够将经典的舞蹈作品正确合理利用到课中的例子。不同的角度彰显了教师不同的设计意图。

舞蹈是身体的运动,如果一节舞蹈课学生只是坐在那里观赏,即使观赏的内容再精彩,他们也很难体验到舞蹈的精髓,只有让他们的身体舞动起来,切身感受舞蹈动作的韵律美,才能够让他们更好地理解和体会不同地域、不同民族、不同时代舞蹈的魅力。只有这样才能使学生真正走近舞蹈,体验舞蹈,从而喜欢上舞蹈,用舞蹈来表达生活。以舞达情,这也是音乐与舞蹈模块最终想要每个学生达到的目标,这需要教学一线的舞蹈老师们不懈地努力。

误区三:课堂内容和课堂语言要凸显专业化。

舞蹈学科的专业性,决定了拥有准确示范、表演、掌握舞蹈专业语汇等能力是一位舞蹈教师必备的专业素质。在音乐与舞蹈的教学中,教师专业的示范必不可少。教师的示范可以激发学生的上课热情,增强学生的参与感,同时也凸显教师的个人魅力,让舞蹈课更加精彩。在课堂上,教师专业的示范往往会博得学生的阵阵掌声和赞美声:"老师真专业。"应当注意的是,教师的示范不能忽略学生的主体地位。在课堂上,教师该如何"示范"和使用"专业语言",才能达到最佳效果?

高中音乐与舞蹈教学是普适性的舞蹈教育,面向的是全体高中学生,也可以称之为教育性舞蹈,它区别于专业舞蹈演员和舞蹈专业学生的培养。教育性舞蹈的关键词是启发、探究和掌握,是通过基础的舞蹈教育来拓宽学生的视野,教学生跳舞、编创舞蹈、理解舞蹈是一种人类情感的表达方式,同时教会学生用自己全新的舞蹈语汇去分析、衡量和评论舞蹈。

为了上好音乐与舞蹈课,我们必须充分运用教育性舞蹈的六大本质特征:(1)综合性(涵盖的范围广泛);(2)实质性(令人深思且意义深远);(3)连贯性(整齐有序中循序渐进);(4)审美驱动性(追求高品质);(5)连贯性(相关且相连);(6)探究性(参与并探究)。其中,连贯性的教学内容和课堂教学能够系统地培养学生的舞蹈技能,因为教学是循序渐进、由易到难的,也有助于使学生保持新鲜感和对舞蹈学习的兴趣。如果教师的课堂设计没有考虑到学生对舞蹈的认知水平,为了彰显自身的专业水平增加课堂内容难度,课堂语言过于专业且难懂,不仅会使学生难以掌握相关知识,还会拉开学生与舞蹈的距离,从而对课程失去兴趣。因此,在教学过程中,应该采用连贯性的、螺旋式的舞蹈教学,这样才能使课程逐渐向丰富、深入发展。

从另一方面来说,对教育性舞蹈的正确理解更能够帮助教师找到准确的定位,对于教师的课堂语言能够起到重要的指向作用。在高中音乐与舞蹈教学中,教师首先要解决的问题就是拉近学生与舞蹈的距离。教师应当营造学生熟悉的语境,增强学生对舞蹈的适应感,便于学生更好地融入课堂当中,这也有助于教学目标的实现。在舞蹈教学中,每种舞蹈都有特定的术语,教师必须准确使用这些术语,这是教师引导学生鉴赏舞蹈作品时分析和识别动作的基本代码,是学生需要学习的基本舞蹈素养的内容之一。学生专业术语的习得有一个循序渐进的过程,教师切忌为了彰显自己的专业水平,在课堂上使用过多学生不熟悉、不明所以的专业术语,这会导致学生失去对本门课程的学习兴趣。

误区四:教师要百教不厌。

在一些舞蹈课堂上,我们会看到教师"很辛苦":整节课不停地讲解、做示范,为了让学生能够准确地掌握动作特征,为了带动学生参与到舞蹈体验当中来,教师"控制"了整个课堂。这种不顾学生感受,没有思考教学方法、启发方式的运用是否恰当的教学,无法充分调动学生的学习主动性,学生的课堂主体地位更无从谈起,其结果只能是事倍功半,教师和学生在课堂之中都是"疲惫的"。

在高中音乐与舞蹈课教学中,想要让所有的学生都能够跟着老师翩翩起舞是有一定难度的,这个年龄段学生的生理特点、心理认知水平、个性差异性,以及对他们对舞蹈的认知水平和兴趣度的不同,都影响着课程的顺利开展。在实际教学中,不难看到一些学生较为羞涩,担心自己学不会,担心自己不协调的动作让自己出丑等状况,影响到他们放开自己去享受舞蹈的美。出现这种情况时,一些特别有责任心的教师,就会不厌其烦地一遍遍给学生做示范，让学生一遍遍地模仿和学习，结果却往往难如人意。那么，怎样才能够让学生卸下"思想包袱"，"轻装上阵"去体验和感受舞蹈的美呢？这就需要教师创建并维持有效的舞蹈学习环境。

音乐与舞蹈的教学效果与教师创建的学习环境有密切关系。只有让学生全情投入，才能够顺利达到教学目标。课堂教学的成功和实际的环境因素有着极大的关系，实际环境因素包括：设置并保持安全的范围、管理有效的课堂等。也就是说，教师应当创建一个积极的舞蹈学习环境。何谓积极的环境？"它是一种有利于艺术表现的环境。这个环境建立和维持得越好，你的学生就越受益，你就越理智，越能够受到同行、管理者、学生和家长的尊重，会从学生身上看到更满意的结果。"[①]那么如何做才能保持环境的有效性，创建一个稳定、活跃和有激励作用的环境呢？

首先，教师需要建立学生的自尊，减少课堂的不当行为。没有学生喜欢以自我为中心，课堂没有朝着自己预想的方向发展就满怀抱怨的老师；学生都喜欢能够让自己专注学习、不浪费教学实践时机、令人愉悦的教师。教师在课堂上必须避免自己不当行为的出现，要引导学生找到各自的特长，尽自己的努力去学习，并且保证每一位学生都能够得到关注和鼓励。当你将学生视为无数优秀的个体，真正欣赏他们的独特之处并告知他们时，师生之间的安全感和信任度才会提升，你才能够创建一个协作而积极的课堂环境。

其次，教师需要以学生为主体，发挥自己的专业性。教师要具备乐观进取、超越自己的精神，让自己成为课堂上的多面手，掌握教学技能，自信满满，以学生为中心，艺术教育理念先行，从而建立一个积极的课堂环境。

最后，老师需要用积极的方法，关注每一位学生的艺术成长。很多学生在舞蹈时感到不安，教师要善于分析和掌握学生的年龄特点和心理特征，让他们感觉到教师的存在，并向学生保证，不会牺牲他们的诚实或让他们形象受损，以缓解学生的焦虑。用积极的正面强化、目光交流、表扬优点等方式，关注和评价学生的个人成就，让每个学生都有存在价值感、受重视感和被激励感，只有这样才能够让学生获得身体、艺术和智力的成长，将自己的全身能量集中于舞蹈艺术表现和创意表达之中。

总之，教师个人综合素养的提高、课堂专业性的淬炼等都能够成为音乐与舞蹈模块创建并维持有效的舞蹈学习环境的助推剂。我们要建立一个活跃的、有激励作用的、积极的舞蹈教学环境，使学生们在稳定的师生关系中，全身心地融入舞蹈，感受音乐与舞蹈之美。

---

① 布伦达·普·麦克臣.舞蹈：作为艺术教育[M].上海：上海音乐出版社，2015：303.

第二节 舞蹈教学中的德育渗透
——舞动的旋律,心灵的升华

在教育史上,德育是一个永恒的话题。在"舞蹈"教学中渗透德育,最根本的是教学观念的变革,育人意识的凸显。因此,"以舞育人"也必将成为音乐教师的研究课题。

一、舞蹈教学对学生素养的提升

在音乐与舞蹈模块的教学中,常见的上课形式是教师示范,学生学,几乎是手把手地对动作进行机械的学习,至于动作的含义或意义,学生恐怕很少关注。高中舞蹈课是以舞蹈为教育手段,以审美为核心的素质教育,主要是培养学生的审美观与舞蹈素养。教学过程应注重体验性,通过对舞蹈的表现形式、表现要素及独特美感的体验、感悟、理解、把握,让学生参与舞蹈活动,轻松愉快地接触更多的舞蹈名作,扩大文化艺术视野。高中舞蹈教育不是为了培养专业的舞蹈家,而是为了培养有舞蹈鉴赏能力的高素质国民。高中舞蹈课对学生艺术素养的培养,将为学生终身学习舞蹈、享受舞蹈奠定基础。

二、舞蹈教学中德育的内涵

舞蹈是人类最古老的艺术之一,其教育功能与生俱来,始终伴随人类探索前行的脚步。正所谓"舞以宣情",舞蹈能促使人的精神达到至真至美之境。舞蹈让身体和谐,让和谐的身体承载和谐的生命。无疑,舞蹈是一种文化,是一种文明,需要传承光大。舞蹈课具有独特的审美功效,始终是审美教育强有力的支柱,在学校艺术教育中具有不可替代的价值和地位,是实施素质教育的重要途径之一。

在学习舞蹈的过程中,学生需要不断地克服体力和心理上的障碍,这是一个克服困难、磨炼心志的过程,是对人的意志、性格、品格的磨炼。在舞蹈表演过程中,学生不但可以得到身体锻炼,而且也能得到精神锤炼。普通高中舞蹈教育较多采用音乐与舞蹈和舞蹈表演两个模块相结合的方式,这种教育方式相对灵活,而且能够充分调动学生的积极性,挖掘其艺术潜力。教师应当通过相关课程与活动,培养学生对舞蹈艺术的认识、理解、掌握、鉴赏、创造能力,从而使学生在审美体验中净化心灵,逐步树立正确、高尚的审美观,培养良好的思想道德素质和文化素质。

三、舞蹈学习和舞蹈表演的德育功能

舞蹈教学中的德育功能主要表现在以下几方面：

(一)奋力拼搏，磨砺坚强意志

对于教育者和受教育者来说，教授舞蹈和学习舞蹈都是艰苦的。对于受教育者(学生)来说，正是在艰苦的学习过程中，磨砺了吃苦精神和坚强的意志，培养了吃苦耐劳、勇于拼搏的精神。舞蹈动作、技能的掌握，需要长期、艰苦、枯燥的训练，一个看似简单的动作，往往需要经过几千遍、几万遍的反复练习。很多舞蹈的初学者因为无法坚持而放弃。因此，学生在掌握舞蹈技能的同时，也磨砺了意志，培养了吃苦耐劳、勇于拼搏的精神。同样，一些经典舞蹈作品的赏析也有助于学生培养坚强的意志，如第四届CCTV电视舞蹈大赛中，两位特殊的选手成为全场最大的亮点，他们是这个舞蹈大赛举办以来的第一对残疾人选手。两人合作的舞蹈《牵手》被观众评为全场最震撼人心的舞蹈，它所表现出的人在绝境中自强不息、互帮互助的精神激起了人们强烈的共鸣。学生通过赏析舞蹈作品，从情感上的共鸣上升到理性认识，从而受到教育，找到学习的榜样。

(二)团结协作，培养团队精神

舞蹈学习是一种集训练、表演等为一体的群体教育活动。在教学排练、表演等方面有严格的统一性、规范性、强制性，这种统一性、规范性、强制性有助于培养学生的纪律观、协作意识和荣誉观念。比如在队形排列时，学生可以学会如何共享空间，如何按一定的规则顺序入场、退场；在换演出服时，学生可以学会如何互相帮助；在成功与失败时，学生可以学会如何同甘共苦；等等。舞蹈学习和表演可以在潜移默化中，使学生掌握协商、合作、交流、分享、关爱等社会交往能力。目前，学生中独生子女比较多，在城市学生中独生子女占绝大多数，一些学生缺乏团队意识，而舞蹈学习和表演对学生团队精神的培养很有帮助。特别是集体舞蹈，因其大多是男女合作的群体活动形式，更能有效地促进练习者的身心发展，改变学生孤独少言、消极离群的性情，使其心胸开阔，形成平易近人、与人为善的性格，培养起团结互助、热爱集体的精神。

(三)相互鼓励，培养尊重意识

无论舞蹈表演成功与否，舞蹈演员克服困难、永不言弃、拼搏到底的精神值得人们尊重。为成功者欢呼是应该的，为失败者鼓掌对其加以鼓励，更彰显了懂得尊重的良好修养。因此，在舞蹈教学中，应有意识地引导学生，培养其相互鼓励，相互尊重的意识。

(四)弘扬民族文化,激发爱国热情

中华民族的优秀文化是各族人民智慧的结晶。各族人民共同开发了祖国的锦绣河山、广袤疆域,共同创造了悠久的中国历史、灿烂的中华文化。秦汉雄风、盛唐气象、康乾盛世,是各民族共同铸就的辉煌。五十六个民族丰富的民族民间舞蹈资源,让我们取之不尽,用之不竭,学生可以从中领略感受不同民族的文化和情感表达方式,这对学生振奋民族精神、增强民族自豪感和自信心起到不可估量的促进作用。如欣赏舞蹈《唐宫夜宴》《只此青绿》等,可以让学生在感受艺术魅力的同时,感悟民族精神、民族文化的真谛,油然而生爱国热情。五十六个民族,五十六朵花,中华民族像石榴籽一样紧紧抱在一起。实现中华民族伟大复兴,需要各民族手挽着手、肩并着肩,共同努力奋斗。

舞蹈教育的德育功能是通过学生主动参与、感受、体验的形式来实现的。真正体现了寓教于学、寓教于乐和自我成长的教育原则,符合学生思想品德形成的规律。但是基于目前高中学生学习任务繁重、艺术课课时少、音乐教师师资配备少、教学效果欠佳等现状,在学生的舞蹈学习中渗透德育需要久久为功,教师要认真研究学生、研究课堂,持之以恒地把这项工作做到实处,才能让舞蹈教育的德育功能充分发挥作用。

第三节 案例实作

中国汉族民间舞——陕北秧歌

课名:中国汉族民间舞——陕北秧歌(第二单元)
教材:人音2019年版普通高中教科书《音乐·音乐与舞蹈(必修)》
课型:音乐与舞蹈课
年级:高中二年级

【教学理念】

舞蹈是以人体的动态形象反映人类生活、表达思想情感的艺术形式。音乐与舞蹈课

要让学生在感知音乐美的同时增强肢体的表现力,进而感知姿态美、灵动美和造型美。内容包括促进学生身体协调性的训练、简单舞蹈组合的学习、对优秀舞蹈作品的赏析和舞蹈表演实践活动等。使学生感知音乐与舞蹈的亲密关系,在音乐中体味舞蹈,用舞蹈语言表达音乐情感,达到以情带舞,以舞达情的目的。

《普通高中音乐课程标准(2017年版2020年修订)》指出:"舞蹈与音乐是亲密无间的艺术。学生在音乐与舞蹈模块的学习中,通过优秀舞蹈作品赏析和舞蹈表演实践,获得舞蹈艺术的审美体验;初步了解中外代表性舞种及其艺术特征,理解音乐与舞蹈的关系;学习舞蹈的基本动作及动作组合,开展舞蹈表演与编创活动。"本课始终贯穿对音乐与舞蹈关系的关注,让学生从音乐中感受情绪、想象画面,从而促进学生对舞蹈艺术表现力的准确把握,在音乐中体验陕北秧歌的基本动律,由易到难,循序渐进,充分发挥学生的自主探究能力和知识迁移能力,多方面体味秧歌的韵味和风格,深入体验载歌载舞的中国民族民间舞蹈魅力。

【教学目标】

(1)创设不同的表演情境,在听、唱、奏、跳等艺术活动中,引导学生感知舞蹈情绪,体会音乐与舞蹈的联系。

(2)引导学生发现生活、劳动和节日秧歌的特点,体验陕北秧歌的舞蹈动作,初步感受陕北秧歌的韵味和风格特点。

(3)探究舞蹈风格特点的形成因素,从文化中理解艺术来源于生活,增强学生的艺术表现力。

【教学内容】

(1)陕北民歌《秧歌调》《山丹丹开花红艳艳》《把咱的秧歌扭起来》。

(2)陕北秧歌基本动律学习。

【教学重难点】

重点:通过唱、看、扭、舞、探逐步加深对陕北秧歌的音乐、基本动作、情绪、韵味、风格、精神、内涵的理解和表现。

难点:联系生活学习陕北秧歌的舞蹈动作,并能"形神兼备"地进行秧歌表演。

【教具】

多媒体课件、灯笼、红绸、锣、鼓、钹等。

【教学过程】

一、课堂导入

1.舞蹈导入

教师表演舞蹈,直入主题,将学生带到舞蹈的情境中去。

提问:老师跳的是什么类别的舞蹈?

2.引出课名

今天就让我们一同体验陕北秧歌。

★设计意图:

创设舞蹈情境,通过视觉与听觉的感知,激发学生探索的兴趣,调动学生学习舞蹈的积极性,直接导入课题。

二、看秧歌

(了解陕北秧歌的程式,感知秧歌情绪,体验民俗风格。)

教师:大家知道吗?陕北人扭秧歌是特别讲究的,每年正月初二、初三开始,一直到正月十五,依次是:祭奠先祖的谒庙秧歌,挨家挨户拜访的沿门子秧歌,村邻之间互相拜访、比歌赛舞的彩门秧歌,正月十五是规模最大的闹秧歌——夜晚的灯场秧歌,人们在九曲黄河阵中扭秧歌、唱祭歌,祈求一年的丰收与平安。

★设计意图:

了解陕北秧歌的民俗知识,引发学生对学习陕北秧歌的兴趣,了解其程式化表演方式,感受陕北秧歌在人民心中的特殊地位和社会功能。

首先让我们来看一段原汁原味儿的秧歌。

教师:感觉怎么样?

学生:欢快热烈、热闹红火。

教师:你能模仿一下吗?

根据课堂具体情况,引入十字步、扭步的体验。

★设计意图:

采用视频观看、音乐感受,通过观察初步了解陕北秧歌的情感表达,感受陕北秧歌的简单动作,并能够模仿,引发学生对陕北秧歌动作学习的兴趣,为舞蹈体验做铺垫。

三、唱秧歌

（边唱边跳，感知音乐特点，体验节日场景。）

教师：古人这样形容秧歌："言时较阳，春歌以乐。"跳秧歌离不开音乐，刚才在彩门秧歌视频中用到的旋律，大家还有印象吗？

教师：这就是陕北民歌《秧歌调》。跟着老师，我们一起来边唱边跳。

教师：音乐表现什么样的场景？

学生：锣鼓唢呐鞭炮声，非常热烈的秧歌场面。

教师：那么舞蹈怎样表达出这样的热烈呢？

学生：通过动作幅度来表达。

教师：我们再来看一下音乐的节奏有什么特点。

学生：切分节奏较多。

教师：切分节奏带给我们的是一种推动力、一种张力，那么我们把舞蹈动作幅度加大，让热烈的氛围表现出来。

★设计意图：

音乐是舞蹈的灵魂，运用上一环节对舞蹈基本步伐的学习，在节日的场景中感知陕北民歌的特点，引导学生熟悉主题音乐，创设边唱边跳的情境，并能够运用舞蹈表现音乐情绪。

四、跳秧歌（一）

目的：让学生了解秧歌起源，体验劳动场景，扭出秧歌韵味。

教师：秧歌还叫"村田乐""闹社火"，从字面意思看它是什么时间在什么地点跳的舞蹈？

学生：……

教师：秧歌是来源于插秧耕田的劳动生活，那么我们用秧歌反映田间地头劳动的场景，会是什么样的呢？怎么来表现插秧呢？讨论一下。

教师：谁来尝试表演一下？

学生：……（弯腰低头）

根据课堂情况，教师给予示范和引导。

教师：我们一起来做一下，腿上的音乐感觉（切分）保持不变。

加上前面的动作，分配音乐，引导学生扭出秧歌的韵味。

★舞蹈小知识

汉族民间舞蹈的特征：运动路线多为弧线。

体态特征：圆、曲、美。

★设计意图：

创设劳动场景，引导学生从生活实际中捕捉舞蹈动作特征，由易到难循序渐进地进行体验，在音乐中体验陕北秧歌的韵律美，在动作中加深对音乐情绪的表达。

五、跳秧歌（二）

目的：让学生感知音乐情绪，体验庆祝胜利的场景，跳出秧歌风格。

教师：1942年，在延安文艺座谈会之后，开展了"新秧歌运动"，将陕北秧歌正式搬上了舞台，当时出现了一部轰动全国的秧歌剧《兄妹开荒》，我们来看一下这部秧歌剧。

教师：这部秧歌剧掀起了全民扭秧歌的热潮。因此，陕北秧歌被称为"革命秧歌""翻身秧歌"，那么这时的秧歌表现的是什么样的场景？我们通过一段音乐感受一下。

学生：庆祝胜利的场景。

教师：那么我们怎样用舞蹈表现出这样的场景呢？

学生：跳起来。

教师：怎么跳起来呢？老师示范一下。上身一定是高昂的状态，情绪更加热烈。（十字跳跃步）让我们将庆祝胜利的场景表现出来。

音乐：第一遍，感受十字跳跃步；第二遍，加上前面的动作，分配音乐。

★舞蹈小知识

陕北秧歌风格特点口诀：陕北秧歌扭摆走，情绪活泼又自由，节奏欢快变化多，动作好似风摆柳。

引导学生跳出秧歌的风格，完整表现音乐。

★设计意图：

将学生带入历史岁月，感受当时的经典秧歌剧，通过对音乐的感知，创设全国人民跳秧歌庆祝胜利的情境，引导学生通过肢体动作表达欣欣鼓舞的心情，加大动作幅度和难度，深入体验陕北秧歌的风格特点。

六、跳秧歌（三）

目的：让学生视听感知秧歌，体验道具功能，形神兼备地进行舞蹈。

1.体会道具和伴奏功能，加深对秧歌风格的了解

（1）观看视频，了解道具（使用道具是我国传统民族民间舞的特征之一）。

道具：伞、彩扇、手绢、红绸、旱船、鼓、棍棒等。

（2）感受乐器伴奏，营造氛围（锣鼓伴奏也是秧歌表演的灵魂）。

伴奏乐器:大鼓、大锣、钹、镲、唢呐等。

无论是道具还是伴奏乐器,它们都具有什么样的作用?(渲染气氛)

使得节日的氛围更加地……?(热烈)

(3)组成伴奏乐队,拿道具形成表演场面。

$$
\begin{cases}
鼓\ \dfrac{2}{4}\ \|:\ X\quad X\ |\ \underline{X\ X}\ X\ |\ \underline{X\ X}\ \underline{X\ X}\ |\ \underline{X\ X}\ X\ :\| \\
钹\ \dfrac{2}{4}\ \|:\ X\quad X\ |\ \underline{X\ X}\ X\ |\ X\quad X\ |\ \underline{X\ X}\ X\ :\| \\
锣\ \dfrac{2}{4}\ \|:\ X\quad 0\ |\ 0\quad 0\ |\ X\quad 0\ |\ 0\quad 0\ :\|
\end{cases}
$$

★设计意图:

通过观看视频,从学生的视觉和听觉出发,引导学生感受秧歌表演的特征,探究道具和伴奏在舞蹈表演中重要的作用,感受打击乐器伴奏为陕北秧歌风格的呈现所增添的雄壮和热情,为下一步深入体验陕北秧歌的风格做铺垫。

2.载歌载舞,形神兼备地舞秧歌(师生站成圆圈)

(1)创意使用道具,增强情感表达。

教师:同学们,我们的红绸该怎样帮助我们在不同的场景中表达情感?

伴奏给鼓点,学生展示,互评,教师点拨。

(2)全身心投入表演,舞出秧歌的"神韵"。

教师:同学们,舞蹈讲究"手传意、眼传神"、"形神兼备",不仅要有美妙的形态,还要有神韵。我们在舞蹈时,不仅要带着音乐的情绪和情感,还要注意眼睛和表情。

音乐和伴奏一起加入,形神兼备舞起来。

(3)总结陕北秧歌的特点。

基本步伐:十字步、扭步。

基本动律:走、扭、摇、摆、跳。

象征意义:精神寄托、激情绽放、文化因子。

社会功能:祭祀祈福、激发斗志、欢庆节日、愉悦身心、强身健体。

★设计意图:

通过学生亲身体验道具的作用,与鼓乐伴奏相配合,引导学生形神兼备地舞秧歌,感受热烈的表演氛围。从舞蹈动作特点到情感情绪表达,再到舞蹈风格神韵,最后到道具伴奏加入,让学生层层深入地体验秧歌,感受秧歌的精神,提升动作和情感表达的境界,以情带舞,以舞传情!

七、探秧歌

目的:让学生感知不同地方的秧歌,进行对比探究,升华文化理解。

(1)观看视频,进行风格对比。

播放山东胶州秧歌视频片段,感受不同风格的秧歌。

引导学生从舞蹈动作、音乐风格、情感表达三方面进行对比思考。

(2)从地理环境、文化底蕴、性格特点、舞蹈特点等方面探究陕北秧歌和胶州秧歌不同风格形成的原因。(见表6-1)

表6-1 陕北秧歌与胶州秧歌的对比

影响秧歌风格的因素	陕北秧歌	山东胶州秧歌
地理环境	黄土高原	港口
文化底蕴	中原农耕文化 与游牧文化交融	齐鲁文化
人的性格特点	粗犷豪放 坚忍乐观	灵活进取 含蓄柔美
舞蹈特点	扭得活泛 摆得花哨 走得轻巧	抬重、落轻 走飘、扭断腰

(3)了解秧歌知识。

汉族秧歌分为四大类:东北秧歌、山东秧歌、陕北秧歌和河北秧歌。

★设计意图:

通过对不同类别秧歌风格的对比感知,拓展对汉族民间舞蹈秧歌的知识学习,进一步对不同类别秧歌风格的形成进行探究,让学生从审美感知上升到对舞蹈背后深厚文化的理解。

八、升华、思考

习近平总书记指出:"中华文明经历了5000多年的历史变迁,但始终一脉相承,积淀着中华民族最深层的精神追求,代表着中华民族独特的精神标识,为中华民族生生不息、发展壮大提供了丰厚滋养。"我国五十六个民族是一个大家庭,丰富多彩的民间舞蹈是劳动人民智慧的结晶,是我们引以为傲的优秀传统文化。希望同学们能够走进民族民间舞蹈,了解民族民间音乐,把中国优秀的民族民间艺术传承并发扬下去!

课后请同学们思考新时代如何继承和发扬优秀传统文化,实现优秀传统文化的当代价值。

★设计意图：

通过对舞蹈中的人文内涵、思想感情、审美价值和社会价值的挖掘，将知识性与艺术性有机结合起来，体现对学生文化理解能力的培养。对优秀传统文化继承和发扬的思考，加深学生对中国传统文化的理解，提高学生对中国传统文化的自信心，课虽结束但思考不停止。

【课后反思】

对于没有接触过舞蹈的学生来说，本节课会有一些难度。教师应运用学生熟悉的旋律，让学生快速地进入对舞蹈情绪的感知中，将舞蹈动作与生活联系在一起，激发学生的学习兴趣，通过探究和思考进一步深化对舞蹈特点、韵味和风格的体验。尤其是在舞蹈动律的学习过程中，动作的选择一方面要突出陕北秧歌的代表性特点，同时还要适合男女生共同表演，这可能会让教师有束缚感。其实，教师不妨大胆地给予学生尝试的机会，要相信学生通过引导能够提升艺术表现的能力，提高对舞蹈的审美感知能力。对道具的使用是个亮点，如果能够引导学生将动作与道具融为一体，创作使用道具表达情感的舞动方式，会更有助于学生对舞蹈的完整表现。

【教学点评】（音乐教研员郑小艳）

这节课紧扣课程标准，教学目标清晰，重难点突出，课程设计详略得当，最大的特点是能够将舞蹈与音乐紧密结合，这一点也是对课标的充分诠释。教师充分运用了高中生具有一定知识基础的特点，利用知识的迁移帮助学生理解舞蹈特征、内涵和精神；创设了良好的情境，将陕北秧歌锣鼓喧天、边歌边舞的场面表现了出来。整个教学过程教师都处于引导的地位，引导学生思考、体验。在教师引导下，师生、生生在自评和互评中逐渐加深对舞蹈风格的理解，最终通过中国汉族民间舞"手传意，眼传神"的表现，对中国优秀传统音乐的内涵有了更进一步的了解。

建议：首先，陕北秧歌的学习可以考虑音乐的多样化，在不同的学习环节更换音乐，让学生在学习的过程中感知不同的音乐情感，能够灵活运用舞蹈动作；其次，每个环节的音乐和舞蹈都是一个有机的整体，无论是民歌的学唱，还是道具和伴奏的加入，都是为了逐渐加深对舞蹈的体验，注意不要产生音乐与舞蹈的剥离感。

总体来说，这节课是对高中音乐与舞蹈模块教学一个很好的尝试和探索，让我们去发现高中生对舞蹈课的极大兴趣。让学生在音乐与舞蹈课堂上充分动起来，在获得相应的舞蹈知识、体验舞蹈魅力的同时，也对中国传统音乐有更进一步的了解和更多的热爱。

第七章

音乐与戏剧教学研究

第一节 音乐与戏剧教学的现状分析与对策

自2003年起,戏剧课正式列入普通高中音乐课程中,名为"音乐与戏剧表演";《普通高中音乐课程标准(2017年版)》颁布后,"音乐与戏剧表演"更名为"音乐与戏剧",成为六个必修(选学)模块之一;在2020年颁布的《普通高中音乐课程标准(2017年版2020年修订)》中,"音乐与戏剧"仍为六个必修(选学)模块。由此可见音乐与戏剧课地位的重要。音乐与戏剧模块的设置,也对音乐教师提出了新的挑战,教学研究、探索教法就愈显重要。

在音乐与戏剧模块的教学中,教师要善于使用情景化教学手段。一方面对经典戏剧作品进行赏析,使学生初步了解戏剧艺术的一般特点;另一方面让学生在欣赏和排演戏剧时,能够深入体验音乐特点,了解戏剧的内容与风格,综合分析人物关系及矛盾冲突,增强学生对戏剧体验的兴趣,培养学生综合艺术表演及戏剧编创的才能。

一、透视聚焦教学中的常见问题

(一)情境的创设缺乏有效性

音乐与戏剧课的常见问题是,很多时候老师虽然激发了学生的学习热情和表现欲望,整节课看去热闹无比,学生也表现出极大的兴趣,但是实际上老师对于学生的引导却是无效的。

首先,情境创设有效性的缺乏表现在教师的提问上。提问在一节课中有着十分重要的作用,也包含着教师的教学智慧,好的提问能够更好地启发学生,引导学生去思考和拓展更多的知识。"知道什么是歌剧吗？""同学们,听一下接下来的这段视频是不是歌剧？""同学们,这段视频表现了什么样的情绪？""你们在表演的过程中感受到了什么？"诸如此类泛泛的、没有启发性和引导性的问题高频出现,学生们的回答往往也是随声附和,停留在表面。而戏剧作品背后的创作背景、文化内涵、主题教育等审美感知和文化理解的重要部分却被忽略了,显然,这样的"问题情境"创设是失败的。

其次,情境创设有效性的缺乏还表现在教师对表演的指导上。对学生艺术表现能力的培养是音乐与戏剧课的侧重点,因此,"体验情境"的创设也很重要。老师在进行作品鉴赏分析时,就应该从戏剧作品的人物关系、角色塑造、歌词、形体表演等方面对学生进行引导。在教学中,如果教师单从情绪方面去指导学生的表演,只能使得学生的表演浮于表面,"哗众取宠"。看似一节热热闹闹的戏剧课,其实并没有带给学生深层次的体验和思考,更别说综合能力的提升了,有的只是开心和喧闹。这样的教学,其"体验情境"创设显然是缺乏有效性的。

(二)音乐与戏剧课上成了戏剧知识介绍课

课程标准对音乐与戏剧模块有明确的教学建议,即:一方面对经典戏剧作品进行赏析,通过观赏、体验、理解、比较等途径,使学生初步了解戏剧艺术的一般规律,认知不同戏剧品种的主要特点以及戏剧中音乐的地位和作用;另一方面,因地制宜地组织学生积极参与不同形式的戏剧表演和编创实践,发展学生综合艺术表演及戏剧编创才能。教学中,常常有教师对课程标准的要求认知不全面,虽然课程内容安排得非常丰富,对戏剧知识讲解非常全面,但是忽略了这是一节戏剧课,教学过程应围绕着对作品的观赏、体验、理解、表演等进行,把一节戏剧课上成了戏剧知识介绍课。究其原因,主要是忽略了学生在小学、初中阶段,甚至在音乐鉴赏课上就已经了解了很多戏剧知识,因而面面俱到,从戏剧的起源到发展,从行当到板式,涵盖了大量的戏剧知识。到了讲具体的作品时,教师却轻描淡写,学生没有机会感受和体验戏剧的美,更无从谈及其艺术表现。

因此,在戏剧教学中,教师应该以引导者和启发者的身份带领学生探究戏剧的精髓,让学生在艺术表现中体验音乐之美。而不是教授戏剧知识、展示戏剧才艺,目中无"人",过多关注文化讲解,忽略了艺术表现。

二、音乐与戏剧课中的几个误区

误区一:"音乐与戏剧课等同于戏剧表演课"——教师强调表演的重要性,忽视音乐的地位。

《普通高中音乐课程标准(2017年版2020年修订)》中明确指出:"依据音乐与相关艺

术的密切关系,将相关艺术与音乐基础课程有机整合。"音乐与戏剧就是这种有机整合的产物。音乐与戏剧密不可分,同是学校实施美育的重要载体。音乐与戏剧课体现了不同的艺术门类之间相互渗透的关系,丰富了高中音乐课程的内容。在课程标准中,音乐与戏剧模块缩减了戏剧种类,更多关注那些音乐在戏剧中发挥重要作用的内容,例如戏曲、歌剧和音乐剧等,体现了对戏剧中音乐学习的重视。高中的课时有限,不能面面俱到。因此,在教学中应该着重让学生了解音乐与戏剧的关系。要以拓宽学生的艺术视野、让学生在音乐的感受中体验戏剧、在戏剧的学习中理解音乐为教学目标。因此,脱离音乐讲授戏剧知识和脱离音乐进行戏剧表演都是不妥当的。

我们以人民音乐出版社2019年版普通高中教科书《音乐·音乐与戏剧(必修)》中第三单元"中国戏曲代表性剧种"第七节"京剧音乐"中"都有一颗红亮的心——京剧《红灯记》选段"一课为例,看一下在教学设计上应如何通过不同的活动设计,来让学生进行京剧学习,让他们对音乐的感知、欣赏、体验、学唱贯穿始终。

活动一　初步感受。

京剧问好,以奇促趣。教师用京剧念白跟学生问好,以念白的方式引发学生对京剧深入了解的兴趣,为后面的现代京剧学习做好铺垫,为京剧歌曲学习奠定基础。

活动二　演唱体验。

教师范唱,让学生复听唱段、了解京剧的主要唱腔;教师讲授京剧花旦唱腔特点,学生通过教师引导掌握花旦唱腔特点。教师运用示范法,以欣赏、学唱、模仿、表演等不同的方式,引导学生进行学习体验,通过发声练习模仿演唱,引发学生对京剧音乐的亲切感,激起学生的戏曲学习兴趣,为学习歌曲、戏剧表演打下基础。

活动三　准确演唱。

通过教师指导、小组学习和自主学习的教学方法,以欣赏、模仿、学唱、表演等不同的学习方式,引导学生进行戏剧体验。

活动四　京剧表演。

师生共同模仿和小组合作表演。进行京剧表演,使学生能身临其境体会京剧音乐,也能激发他们表现自己的欲望和欣赏京剧的兴趣。

总之,由于戏剧与学生的生活有较大的距离,学生较难与之产生共鸣,难以真正达到理解、鉴赏层面,而音乐与戏剧课为学生学习戏剧提供了极好的机会。"一方面,戏剧中的音乐成分,无论是作为伴奏还是引领,对剧情的推动、人物角色的塑造、思想感情的铺垫、紧张气氛的营造等都发挥着不可轻视的作用;另一方面,结合戏剧的剧情、舞美效果和人物性格特色等,拉近学生与作品之间的距离,让学生可以通过对经典戏剧作品进行赏析,从而认知音乐在不同类别的戏剧作品中所发挥的作用,引导学生不仅关注音乐的本身,也要了解音乐能够以不一样的方式与姊妹艺术相结合,使学生对音乐艺术独特的表现力有更丰富的体会,音乐与戏剧相结合的综合性体裁能够使音乐更好地发挥其审美教育功能。"①

误区二:只要有情境,创设就是成功的。

知识的情境性是揭示知识本质的一个重要视角,在情境理论中,都强调认知与学习的交互性。最早在教育学意义上运用"情境"的是杜威,他认为思维发生于具体的情境和活动之中,"从做中学"要求从学生的做、从学生的活动入手,对传统教学方法进行彻底的改革。②加德纳提出,教师应当创设情境,加快促进学生的智力发展,进而使其全面发展。情境教学作为一种新兴的教学手法,是在课堂上采用一定的情景设置,例如导入情境、问题情境、体验情境等,使得学生们更有代入感,更快融入音乐和戏剧作品之中,便于消除作品与学生之间的距离感,启发学生的艺术表现力,引发学生更深入地思考和探究。因此,对于音乐与戏剧模块而言,情境教学是一种有效的教学方法。在音乐与戏剧课堂上,教师常用的情境设置大致包含以下几个方面。

第一,导入情境,激发兴趣。

教学第一环节便是导入。教师需要根据戏剧表演的内容创造出导入型思维教学情境,让戏剧表演场景直观呈现,便于学生融入教学情景。从教学语言、教室布置、教具选择等方面,营造出良好的学习环境和氛围,使学生走进课堂就产生"身临其境"的感觉,从而激发学生的学习兴趣和动机,使其潜移默化地得到审美感知和知识经验积累,为课堂重点环节的学习打好基础。

第二,对话情境,引发思考。

教学对话在课堂中尤为重要,教学对话是通过教师提问、激励和引导,让学生进行独立思考、提出疑问、发表见解而获得知识技能、发展能力与人格的教学方法。如果说课堂每个教学环节都犹如一颗珍珠,那么教师的提问就是将珍珠串起来的那条线。张华在《课程与教学论》中对此进行了阐述:"恰当的提问最起码要符合三点要求:第一,这种提问不仅会使学生再现其已有的知识,而且还会激发学生的思考;第二,这种提问目标明确、内容清楚明白,便于学生理解,能给学生提供思维的方向;第三,这种提问是机智的、富有艺术性的,能视情境的需要而灵活变通,在这一方面,苏格拉底的提问风格堪称典范。"③

在音乐与戏剧模块的教学中,教师要善于创设具有引导性、启发性和思考性的对话情

---

① 邓倩嶷.普通高中"音乐与戏剧"模块教学的现状分析——以广州市三所中学为例[D].广州:星海音乐学院,2020:39.
② 张斌贤,刘冬青.历史上最具影响力的教育学名著19种[G].西安:陕西人民出版社,2007:145.
③ 张华.课程与教学论[M].上海:上海教育出版社,2000:222.

境,鼓励学生去思考、去探究,或者通过集体讨论的形式增强解决问题的能力,引导学生在思考中感受和理解作品。

第三,体验情境,鼓励创新。

在情境教学中,"学生是通过自己的身体来认识世界的,教学的出发点不是课本、不是抽象的知识,而是学生身体与自然、社会、他人和自我的相互作用。教师创设教学情境,让学生在情境中生发自己对事物的原初性的感受,表达身体对事物的体验,激发他的感性思维和内在探究事物的渴望和能力,而不能用概念来代替学生的知觉,不能用语言来代替事物本身。用教学活动、教学情境和生活情境来刺激学生的身体感知,调动学生的眼、耳、口、鼻、手、身等多角度、多方面的体验知觉外部世界,注重口动、手动、眼动、耳动、身动的互动和结合来激发学生的学习兴趣,培养学生良好学习行为习惯,使学生能自然地释放身体和情感,提高学习质量"[1]。

音乐与戏剧模块中的艺术表演,更加需要学生调动全部的身体感知,全情地感知作品、表现作品,从中体验戏剧的魅力。同学们在合作和配合之中会产生灵感的火花,教师更要鼓励学生在原有的情境体验中进行创新,与时俱进,体现新时代高中生的风貌。

误区三:"自由表演,很开心"——以学生为主体的课堂就是给予学生充分的自由。

音乐与戏剧模块教学中,教师要引导学生解放思想、解放身体,激发学生的潜能,但是要注意把握"度",给予学生自由发挥的空间,并不意味着不加引导任由其表演。课堂应该是愉悦的,但教师更要注重课程开设的实质性,利用戏剧艺术的"故事性、表演性和综合性"开展教学。

艺术表现作为高中学生音乐学科核心素养之一,旨在激发学生参与表演和创作实践的兴趣,提高其艺术表现水平。音乐与戏剧模块的教学可以根据实际情况,与选择性必修课程中的戏剧表演模块结合起来。在戏剧教学过程中,教师要尊重学生的课堂主体地位,以引导者和启发者的身份带领学生探究戏剧的精髓。罗杰斯将教师称为"促进者",明确了教师在教学过程中的作用不是指导而是帮助学生,把每一个学生都当作具有自己独特经验和情感的人,而不是等待接受某些知识的容器,与学生建立起一种真诚的、相互信任的关系,为学生创造一种"安全的"心理氛围。[2]那么,戏剧课堂教师应该如何把握师生关系?需要引导和促进学生哪些观念的形成?

首先,要端正学生的学习态度。音乐与戏剧课因为脱离了黑板、课桌的束缚,会让学生觉得好玩,缺少课程学习的严肃性。教师要从观念上对学生对待课程的观念态度进行

---

[1] 杨晓.让"身体"回到教学[J].全球教育展望,2015(3):7.
[2] 转引自:张华.课程与教学论[M].上海:上海教育出版社,2000:147.

引导,也要让学生了解戏剧课不是漫无目的随意发挥,也不是没有指向性的自由表演。教师应当适当引导学生注意对音乐及剧本的感受,在表演实践中去体会和捕捉音乐与戏剧的灵感。例如上人音2019年版普通高中教科书《音乐·音乐与戏剧(必修)》第四单元"中国戏曲代表性地方剧种"第十四节"黄梅戏音乐"一课,在黄梅戏《天仙配》的排演之初,青春期的学生显得拘束,加之有部分男生起哄,教室里笑成一片,根本无法排演下去。此时,就需要教师对学生进行正确的引导,让学生正确地认识作品的价值,对艺术作品、舞台保持敬畏之心。这种引导既不是枯燥乏味的说教,也不是以教师的权威压制学生,而是鼓励学生在自我内心的感知和思考上进行符合人物性格的表演,让他们的语言表述贴近生活实际,就好像自己就是剧本中的角色一样。只有这样,学生才能慢慢解放天性,关注作品,真正融入音乐、剧情和人物之中,更好地完成表演。

其次,要在排演过程中,培养学生心无旁骛、揣摩角色、刻苦训练的习惯。高中生的年龄特征和心理特点很明显,其知识储备已经让他们具备了对角色、冲突、台词进行深度理解的能力,因此,教师更加需要引导他们不断建立和提高戏剧创编、拓展创新的能力。例如上人民音乐出版社2019年版普通高中教科书《音乐·音乐与戏剧(必修)》第一单元"走近戏剧"第二节"戏剧中的音乐"课时,教师可以指导学生排演京剧《贵妃醉酒》选段,除了演员、导演、舞台、道具、化妆等也是戏剧表演的重要因素,教师应放手让学生去处理这些因素,这对于学生来说,也是全方位的锻炼。在排演和准备过程中,导演虽然不直接参与演出,却是灵魂人物,统筹安排、协调组织,可以锻炼学生的综合能力,也能让他们深度理解所排演的戏剧内容;化妆方面,即便是同学们画出的杨贵妃的妆容不那么完美,但排演的过程也能让他们体会到京剧艺术之美,这对培养其民族自尊心和自豪感具有非常重要的作用;演出服装方面,京剧中的不同人物,其服装、色调的搭配也是学生需要学习的领域;道具的制作与准备,可以丰富学生的京剧知识。一场京剧的排演,就是一个全方位了解京剧文化的过程。在做相关案头工作的时候,学生可以拓宽自己的知识面,促进文化知识的内化,更加深入地了解京剧文化的各个方面。教师则要注意引导学生多方位体验,协调分工,让不同的学生在适合的位置,多角度感受。

最后,教师要在个人品质和思维方式上引导学生,包括培养学生的团队精神和合作意识,建立换位思考的思维模式,帮助学生打开眼界,拥有更广阔的视野,从而树立正确的人生观和世界观等。音乐与戏剧的教学就能自由而不放任,就能做到使学生闻之有悟,观之有触,言之有尺,行之有度。

第二节　豫剧进校园实践

2015年7月,国务院办公厅印发了《关于支持戏曲传承发展的若干政策》(以下简称《政策》)。《政策》中提到,要大力推动戏曲进校园,支持戏曲剧本创作,加大戏曲普及和宣传,加强学校戏曲通识教育,大力推动戏曲进校园,争取每年让学生免费欣赏到一场优秀的戏曲演出,鼓励学校建设戏曲社团和兴趣小组,鼓励中小学与本地戏曲艺术表演团体合作开展校园戏曲普及活动,鼓励中小学特聘校外戏曲专家和非物质文化遗产传承人担任学校兼职艺术教师。同时为深入贯彻落实《中共中央关于繁荣发展社会主义文艺的意见》、《国务院办公厅印发关于支持戏曲传承发展若干政策的通知》(国办发〔2015〕52号)、《河南省教育厅关于印发戏曲进校园活动实施方案的通知》(教体卫艺〔2016〕651号)的精神,我们开展了豫剧进校园实践活动。下面做一些简要介绍。

中小学生有着强烈的求知欲和探索欲,贯彻素质教育理念、全面培养全体学生的基本素质,就要培养学生的创新精神和实践能力,加大学生的发展潜能。戏曲进校园能够营造积极的校园文化氛围,是培养学生人文素养的重要途径。课程改革要求构建具有地方特色的课程结构,开发丰富多样的校本课程。因此,我们根据地方特色开展了豫剧进校园活动,作为音乐与戏剧课的补充与延伸,让学生通过对豫剧音乐文化的了解,学习更多的戏剧知识,培养良好的人文素养,把我国优秀传统戏剧文化继承和发扬下去。

一、豫剧进校园的原则

第一,坚持育人宗旨,遵循教育规律。根据不同年龄段学生身心发展的特点,对教学内容进行化繁为简的处理,由易而难、循序渐进地培养学生的学习兴趣。寓教于乐,寓教于学,寓教于练。

第二,面向全体学生。结合学校实际情况,自编校本教材,培养学生学习戏剧的兴趣,在优秀民族文化的熏陶下,提升民族自豪感。

第三,引导学生以兴趣为动力进行学习,注重教学方式与学习方式的多样化。将戏剧学习和经典名段欣赏结合起来,在富有审美愉悦的艺术实践过程中逐步引导、培养学生的兴趣与爱好。

第四,普及与提高相结合。在面向全体学生普及豫剧知识的基础上,利用社团,对有戏剧表演特长和浓厚兴趣的学生进行专门培养和训练,努力提高学生的戏剧表演水平。

第五,校内与校外相结合。豫剧的知识普及要以校内课堂教学为主阵地,运用"校团(剧团、协会)""校际联合"等模式,通过学生课外活动、兴趣小组活动、专题讲座、示范观摩等多种形式,有效地推进豫剧艺术教学和欣赏活动。

二、豫剧进校园的途径与方法

(一)进入教材,让豫剧学习课程化

编教材、有课时、有评价是豫剧进入课堂的保证。豫剧进校园,开设豫剧课程,将豫剧融入学校艺术教学中,作为学校艺术教育课程资源,是极其重要的途径。教材是课程内容的重要依据,也是教师上课的参考依据,好的教材是课程内容系统连贯的保证,是学生能力和素养提高的前提。

增设豫剧课程,每学年都要有系统的计划。要巧借课程建设之东风,把脍炙人口的豫剧唱段和经典豫剧的选段作为教学内容,向全体学生普及豫剧知识。经典的唱段如《花木兰》选段、《朝阳沟》选段、《穆桂英挂帅》选段、《七品芝麻官》选段等都应列入必唱的曲目。在教学的过程中,为了便于学生在演唱中深入理解唱段的内涵,可以让学生先了解唱段所表达的故事情节和内容等相关背景。例如《花木兰》选段《刘大哥讲话理太偏》,学生一般都能随便哼上两句,但对作品的背景了解甚少,教师可以结合编好的教材,引导学生了解演唱背景,以便学生唱出花木兰的英勇气质。教学中,可以生生或师生对唱,也可以分角色进行演唱,激发学生积极参与和主动学习的积极性,培养其学唱家乡戏曲的兴趣。增强自信心和成就感。

(二)视听结合,让豫剧教学生动化

理论学习在音乐与戏剧教学中占有重要地位,但是单纯的理论教学枯燥乏味,也有悖于音乐教育"教"的理念。针对学生不太熟悉又缺乏兴趣的戏剧理论课,要提高教学的实效性,教师是需要下一番功夫的。比如,对于豫剧的起源及发展、豫剧的曲调和语言特点、豫剧的表演与伴奏知识等理论内容,学生往往不感兴趣,教师要提高理论教学的效果,就需要在课堂中注入活力,使教学形式生动起来。教师可以播放电视节目《中国豫剧》栏目的视频,为学生展示豫剧起源、改革、繁荣以及创新等过程中的人和事物,同时兼顾当地历史风情,全面地展现豫剧的风采。通过视觉和听觉结合的呈现方式,吸引学生的注意力,将枯燥的知识直观且精练地展现给学生,利于学生理解与掌握。

同样,在豫剧鉴赏教学中,仅仅让学生听辨豫剧名段,也难以获得预期的教学效果。

如果教师以现代化教学手段辅助教学,则效果比较显著。教师可以采用视频影像播放的方式为学生展示知名的豫剧片段,如《梨园春》《绝对有戏》等。现代化的教学手段能够让学生感受到豫剧的精彩之处,从而更深刻地感受豫剧的魅力。教师还可以为学生播放一些逗趣性的豫剧选段,营造生动活泼的豫剧学习氛围。比如将《五虎闹南京》引入豫剧课堂中,可以让学生在愉悦快乐的氛围中学习豫剧。

(三)采取形式多样的教学方式,让豫剧学习趣味化

由于很多音乐教师的戏曲演唱能力都有所欠缺,因此,在唱腔的教学中,教师可以借助音像资料来辅助自己的教学,先让学生进行模仿,教师再进行纠正。或者邀请豫剧专业演员进行现场教学,在领着学生反复练习的过程中,激发学生学习豫剧的兴趣。

千篇一律的课堂教学方式很容易让学生在学习的过程中产生疲惫感和枯燥感,因此,教师需要积极探索、创新教学方式,采取形式多样的教学方式,真正让学生爱上豫剧。如:教师可以选择戏曲小品作为课堂突破口,让豫剧融入学生的生活。豫剧小品相较于娱乐逗趣性的豫剧选段,形式更加正式,还可以营造诙谐幽默的氛围,让学生真正处于家乡戏的情境中,轻松地走进戏曲的情节中,实现快乐学习。

要进一步提高学生的积极主动参与性,还需要激发学生对戏曲的创编能力,发挥其创新意识,让学生具有成就感。在这个过程中,可以培养学生的团结合作能力和创新能力,让学生自主地挖掘学习豫剧的乐趣,真正爱上豫剧。

唱演不分家,戏曲的身段表演也是必不可少的一部分,可以结合《戏曲广播操》创编一套具有特色的《豫剧广播操》,在课间让同学们伴随着经典的豫剧音乐集体演起来,当豫剧的身段表演俨然成为学校的一道风景,当豫剧无处不在,学生们学习鉴赏豫剧的兴趣就会更浓。

(四)组建社团,让豫剧学习特色化

组建豫剧社团,社团有专职的教师负责,有完善的管理章程、系统的学习内容、固定的活动时间。教师要注意挑选有戏曲特长和对戏曲有浓厚兴趣的学生进行重点培养,提升社团成员的表演水平。学期末带领社团成员举办豫剧社团演唱会,并在每学期期末表彰鼓励优秀社团成员和干部,进一步促进学生学习的热情。

定期组织学生参加志愿活动,送戏到社区、养老院等。这既能提升学生的戏曲演唱能力,激发学生学习戏曲的兴趣,又能增加学生的成就感,增强其社会责任心。

(五)让豫剧进校园活动与学科知识相结合,让豫剧学习普及化

学生时代是学生增长知识的黄金时期,也是培养学生传统文化情感和对文化价值认同的关键时期。因此,豫剧进校园活动要大力营造校园豫剧学习氛围,进行校园豫剧文化知识推广和宣传,让学生能通过多种途径学习豫剧知识,欣赏经典剧目及名家唱段,让豫剧学习更加普及化。

首先,推进豫剧与其他学科的结合。比如,结合美术课,开展国画、书法等传统艺术欣赏活动,为学生讲授戏曲脸谱、服饰、造型等知识,组织开展戏曲脸谱画、人物画等比赛;结合体育课,开展传统体育项目的教学及戏曲广播操的创编活动;结合语文课,开展经典诵读、戏曲知识竞赛等传统文化的教育;等等。

其次,推进豫剧与校园文化融合。比如,音乐与戏剧课教师可与学校的大队委或者团委配合,为学生营造一个传统文化氛围,让学生置身于以戏剧为主的传统文化氛围中。以豫剧进校园活动为抓手,结合校园文化建设,建立豫剧社团排练室、豫剧体验室、传统文化展厅、文化长廊;制作图文并茂的豫剧进校园板报,让学生在办板报的过程中会主动学习研究豫剧,增长戏剧知识;在传统文化的环境中生活学习,利用校园广播室播放豫剧经典唱段,将豫剧元素融入上下课铃声中;等等。

学校还可以定期或不定期地组织豫剧知识竞赛。豫剧进校园的目的之一,在于加强学生对豫剧的了解和爱好。有了丰富的豫剧知识,才会有更多的人懂得欣赏豫剧。基于这种想法,学校可以参照中国戏曲大会、中国诗词大会等模式,组织学生进行豫剧知识竞猜比赛,以班级为单位,每班选派代表参赛,评比各种奖项,以此促进学生了解豫剧,学习豫剧知识的积极性。

(六)名家指导,让豫剧学习专业化

邀请豫剧名家亲临学校进行指导或者成为兼职豫剧教师,已经成为目前我校(济源第一中学)一种常态化的教学方式。在学唱豫剧、学习身段表演的过程中,剧团的专业演员定期对社团的师生们进行专业的指导,可以使学习豫剧的方式变得更加多样化、专业化。河南省各地市基本上都有豫剧团,尤其是开封更是祥符调的发源地,名家名角很多,我国著名的豫剧艺术家李树建艺术研究中心就设在河南大学。这么多宝贵的社会资源,都是豫剧进校园的重要保障。

还可以邀请豫剧团到学校演出,让学生感受戏剧"三五步走遍天下,六七人千军万马"的魅力,从一招一式、唱念做打中加深对戏剧程式化、虚拟化的理解和感悟。目前,河南省内各大剧团定期"送戏进校园",带给学校的折子戏已逐渐让中小学生了解豫剧、接纳豫剧、喜欢听豫剧、喜欢唱豫剧。有的学校甚至发动了家长,利用"家长开放日""家长进校园"等形式,让擅长豫剧表演的家长去学校教授豫剧唱段。

激发学生兴趣最有效的方式,就是组织他们演出。豫剧进校园活动,除了要让学生学习豫剧知识,还要结合学校教育实际及学生身心特点,选择优秀、经典的豫剧艺术作品,让学生演出。

(七)培训教师,让豫剧学习长效化

学校的音乐教师大都不擅长豫剧,要让豫剧进课堂着实有点赶鸭子上架,但是,给学生一杯水,自己要有一桶水。一方面,学校积极鼓励音乐教师走出去,拜访名家,学习豫剧。另一方面,随着豫剧进校园活动的开展,各地也加强了对师资的培训,依托高校、专业艺术院团的戏曲专业专家,对相关教师进行戏剧理论知识和专业技能培训,以提高他们的理论水平和专业教学技能。定期的培训让教师们受益匪浅,使得豫剧教学更加有保障,让课堂更具生命力,让学生的豫剧学习长效化。

豫剧有着丰富的文化底蕴,是中国传统文化的瑰宝。将其引进校园、引进课堂,让学生加深对豫剧音乐文化的理解,能够增强学生传承与弘扬其音乐文化的责任感和使命感。因此,教师要积极发挥主导作用,在豫剧进校园活动中,引导学生认识豫剧,学习豫剧,从热爱到传播,让豫剧得以长久传承。

第三节 案例实作

大美梅兰芳

课名:京剧大师梅兰芳(第四单元)

教材:人民音乐出版社2004年版普通高中课程标准实验教科书《音乐·音乐鉴赏(必修)》

课型:音乐与戏剧课

年级:高中一年级

【教学目标】

(1)本课主要是通过鉴赏梅兰芳的两段经典唱段《看大王在帐中和衣睡稳》和《海岛冰轮初转腾》了解南梆子及四平调的唱腔特点,对梅兰芳唱腔特点及其京剧艺术特征有一定认识。

(2)通过对比聆听、歌唱表演、身段体验等方法使学生对京剧大师梅兰芳及其京剧艺

术特征有更加深层的了解。

(3)通过本课的鉴赏,使学生对京剧大师梅兰芳的艺术有较深的认识,学习其精益求精的精神,以及传承发扬中国京剧艺术的民族情怀。激发学生欣赏京剧艺术的热情,培养学生学习传统京剧艺术的兴趣。

【教学重点】

学唱《看大王在帐中和衣睡稳》,并体验该唱段的身段表演。

【教学难点】

对梅兰芳京剧唱腔的艺术特点的把握。

【教学过程】

一、导入

教师:同学们,最著名的京剧大师大家知道吗?——梅兰芳。

梅兰芳,京剧"四大名旦"中的首席。出生于京剧世家,8岁学戏,11岁登台,16岁才有"梅兰芳"这个享誉中外的艺名。他擅长青衣,兼演刀马旦。

戏剧家欧阳予倩曾赞誉梅兰芳是"伟大的演员,美的化身"。那么,梅先生的京剧艺术究竟有多美呢?今天老师就带着同学们一起领略——大美梅兰芳。

★设计意图:

开门见山,导入"梅兰芳"这个话题,直接点题:伟大的演员,美的化身。使"梅兰芳"很自然地走进学生的视线,激发学生的鉴赏兴趣和热情。

二、欣赏与体验

(一)身段美

身段是传统戏曲中的专有名词,是戏曲演员的各种形体动作的总称。身段包括形和神两个方面。形神兼备才能获得最佳的表演效果。

1.欣赏梅派手势

梅兰芳是把我国戏曲带出国门的第一人,先后到访过美国、苏联、日本等国家。美国人称他有"醉人的美"。某位美国艺术家拍摄了很多梅兰芳的手势,辑成画册予以介绍;还有一位雕塑家,依样用石膏翻塑了梅兰芳各种手势的模型,再雕塑成大理石像供人欣赏。

正如唐德刚在《梅兰芳传稿》中所写的那样:"兰芳的艳名,这次是从极东传到极西了。这时他又成了纽约女孩子们爱慕的对象。她们入迷最深的则是梅君的手指,他的什么'摊手''敲手''剑诀手''翻指''横指'……都成了她们仿真的对象。"

2.体验梅派手势

梅兰芳显然是用手演戏的行家,在长期的舞台表演中积累了大量的手势运用经验。据称,他还从龙门石窟和太原晋祠仕女塑像中汲取灵感,并与传统手势相结合,创造出风华绝代的梅派手势,共53种。这些手势的名称,极富古典意蕴与艺术想象,如雨润、醉红、含香、映水、掬云、滴露、陨霜……每种名称所代表的手势图式与含义都各不相同,根据不同的剧情要求,分别使用在不同的场合之中。

3.表演体验

全班同学走台步和着曲牌体验兰花指。

★设计意图:

本环节旨在引导学生通过学习梅派手势及其表演要领,感受梅兰芳京剧艺术的身段美,激发学生参与鉴赏的热情,为下一环节唱腔美的学习做铺垫。

教师:在五十多年的舞台实践中,梅兰芳对旦角的唱腔、念白、舞蹈、音乐、服装、化妆等各个方面都有创造性发展,形成了独具风格的"梅派"艺术。塑造了很多真善美的女性角色,大家知道哪些呢?说说看。

学生:如《霸王别姬》中美丽忠义的虞姬,《女起解》中外柔内刚的苏三,《贵妃醉酒》中雍容华贵的杨玉环,《天女散花》中舞姿蹁跹的天女,《穆柯寨》中赤胆忠心的穆桂英,《抗金兵》中英武豪放的梁红玉……

教师:接下来我们就来欣赏其中"虞姬"和"杨贵妃"的美。

(二)唱腔美

1.欣赏唱腔美

(1)观看视频《看大王在帐中和衣睡稳》。

教师:楚汉之争,项羽被围垓下,虞姬劝他等候援兵,自己步出帐外以驱散愁情,唱出这段《看大王在帐中和衣睡稳》。此时虞姬的心情是忧愁、凄凉的。这个唱段中梅兰芳塑造的是美丽忠诚的虞姬形象。

(2)观看视频《海岛冰轮初转腾》。

教师:杨贵妃与唐玄宗相约百花亭赏花,久等不见。太监禀告说玄宗移驾西宫梅妃处,杨贵妃哀怨伤情,乃在亭中独饮,酒醉而归。梅兰芳塑造了一个雍容华贵,醉不失态的贵妃形象。

教师:请同学们在欣赏虞姬和杨贵妃的美的同时,跟着哼唱几句,对比一下两段的音乐情绪。

2.思考讨论

《看大王在帐中和衣睡稳》情绪激越,唱腔高亢、明亮、细腻优美。《海岛冰轮初转腾》情绪沉着稳重,唱腔委婉缠绵、凝练严肃。

(1)唱腔上的不同:前者是南梆子,梅兰芳先生独创的唱腔,属于西皮类唱腔。后者属于四平调(梅兰芳先生不仅独创唱腔,还广泛吸收借鉴地方戏的唱腔,四平调来自江苏省句容市四平山区的四平高腔),伴奏与二黄很相近。

(2)行腔的相同之处:音色明亮、圆润、优美,吐字清晰;旋律连断非常清晰;尾音下滑,呈抛物线甩音。

教师:优美的唱腔,凸显了演唱者扎实的基本功。接下来我们也唱一唱,感受一下唱腔之美。

(老师先给大家唱上几句。)

3.唱腔学唱

(1)学唱《看大王在帐中和衣睡稳》的第一句。

首先,喊嗓子,咬字的讲究。

我们中国的戏曲练嗓子一般讲就是:喊(嗓子)、念(白)、调(嗓子)。老师先带着同学们一起来喊喊嗓子。我们喊喊"咿咿呀呀"的"咿",脑后音,声音螺旋式地上升,越喊越高。丹田给力,肋骨扩张。

其次,跟唱,用模唱的方式进行学习,结合谱例,画旋律线。

(2)教师逐句教唱。

我们中国的戏曲学唱讲究"口传心授",不像普通歌曲拿个谱子就可以唱,这需要教师示范戏曲的腔调。当然,如果用谱子进行辅助的话,学唱会更容易一些。

同学们注意京剧中的"尖团字"和"上口字"。我们重点说一下上口字,如:"和"读 huo,"街"读 jiai,"声"读 shen,"出"读 chü。上口字也叫"顺口字",来源于方言。

首先,集体演唱,体味京剧的韵味。

体味京剧中一字多音的拖腔,连断分明,尾音下滑,甩出抛物线。梅派对旦角的讲究是,口不要张得太大,更不要露出牙齿,看上去要秀气。旦角的声音讲究"细、锐、深"。

其次,单独展示。

把气息、咬字、韵味都做到位了,唱腔就会甜厚达远,韵醇味足。

戏曲是一门综合艺术,京剧梅派的"美",不仅听着美,看着也美。接下来我们就加上身段表演。

4.唱、演体验

(1)学习《看大王在帐中和衣睡稳》的身段。

表演的要领:欲上先下,欲左先右,欲前先后,动作是圆的,不能有棱有角。要表现出一种含蓄的美。

(2)分组表演。

艺谚说:"一身戏在脸上,一脸戏在眼上。"小学阶段有一篇课文叫《梅兰芳学艺》,其中提到梅兰芳为了练习眼神,"常常紧盯空中飞翔的鸽子,或者注视水底游动的鱼儿"。同学们在表演时,要注意眼神的运用。

★设计意图:

本环节通过让学生对比鉴赏两种不同风格的经典唱段,引导学生领略梅兰芳的唱腔特点。并结合身段表演,引导学生逐步体验梅兰芳京剧艺术的美。

(三)创造美

梅兰芳的京剧艺术之所以有这么多的美,归根到底,都源于他对"美"的追求。从唱腔、念白、舞蹈到服装、化妆等,他的京剧艺术不仅有对传统的继承,更有创造,这是最有生命力的"美"。

正是因为对美的不断追求,梅兰芳做到了无情不动人,无技不惊人,无戏不服人。也正是基于此,梅兰芳表演体系被誉为世界三大表演体系之一。

世界三大表演体系是指斯坦尼拉夫斯基表演体系、布莱希特表演体系和梅兰芳表演体系。

三、小结

同学们,今天我们通过学习,一起领略了京剧大师梅兰芳的美,这种美是从其一唱一念,一举一动里透出的美,我们为中华民族有这样一位优秀的艺术家而自豪。

梅花虽落芳犹在!希望同学们能把我们引以为傲的"国粹之美"传承下去。

第八章

声乐艺术心理学与声乐演唱实践

第一节 概述

知、情、意、行是声乐演唱中不可或缺的四个方面,它们相互联系、相互作用,共同服务于演唱的整个过程,演唱者必须正确理解知、情、意、行与声乐演唱的关系并在实践中准确把握,才能达到动人心弦的效果。声乐演唱受心理活动支配,演唱者的心理活动直接影响着他(她)的艺术表现,因此,一名优秀的声乐演唱者不仅要具备良好的生理素质,同时还应具有良好的心理素质。与声乐演唱密切相关的声乐艺术心理学早已在国外发展起来,国内这方面的研究也在逐步深入。声乐工作者应当积极参与对声乐艺术心理学的研究,拓宽思路,大胆探究。

一、国外声乐艺术心理学的发展

声乐艺术心理学在西方国家发展较早。17世纪的意大利人培特罗·托西指出:"有独创性的歌唱者,哪怕他是很普通的,也比聪明然而没有自己的想象力的歌唱者值得尊敬。"[1] 18世纪的吉阿姆巴齐斯塔·曼契尼主张声乐演唱基于精巧的思维和以听觉、视觉为基础。和托西一样,他也注意到了歌唱时心理状态的重要性。此后,很多声乐家都进行了声乐艺术心理学的研究,17、18世纪时意大利美声唱法学派获得很大发展,在盛行阉伶的时期,这个学派的技术达到了顶峰,对整个欧洲的声乐艺术起到了巨大的推动作用。其中门戈齐、加拉等的《音乐学院歌唱法》、加罗德的《歌唱法》等诸多论著都分别阐述了心理学

---

[1] 那查连科.歌唱艺术[M].汪启璋,译.北京:人民音乐出版社,1981:43.

的观点，并在教学中大量运用了心理教学法。

19世纪，声乐理论和声乐教学法方面的卓越研究者、巴黎音乐学院声乐教授加尔西亚出版了《歌唱艺术论文大全》。这本书中多处提到"思考""内心活动""体会""感受""控制""意图""想象"，并指出人身上的一切都是密切关联着的，任何内心活动都会影响到他的举止。1870年，抒情花腔女高音歌唱家莉莉·列曼绘制了歌唱者心理感觉示意图，令当时的声乐界颇为震动。意大利新声乐学派奠基人恩里科·卡鲁索的《我的声乐经验》中也有不少关于歌唱心理的论述。后来，意大利最杰出的声乐教授兰培尔蒂开始进一步研究声乐心理学问题，他在教学中将联想、想象、才能、气质、感受能力及审美能力运用得比较广泛。此后英国传统学派栋梁之一班尼亚米诺·基利的《学唱入门》也强调了歌唱者的心理因素，主张声音的共鸣与发展主要靠歌手的心理和意志进行调节和控制，揭示了歌唱心理与生理的相应反应规律。荷伯特-凯萨利在基利的基础上又向前发展了一步，他在《歌唱的科学和感觉》和《心的歌声》中都谈到了感觉心理、意志心理、想象思维等对歌唱与发声的重要作用。此后这些论著也得到后人的推崇，被运用于教学实践和演唱实践中。

二、中国声乐艺术心理学的广阔发展前景

《礼记·乐记》中记载："凡音之起，由人心生也。""乐者，音之所由生也，其本在人心之感于物也。是故其哀心感者，其声噍以杀；其乐心感者，其声啴以缓；其喜心感者，其声发以散；其怒心感者，其声粗以厉；其敬心感者，其声直以廉；其爱心感者，其声和以柔。"歌唱者的喜怒哀乐是其内心对外界事物的感应而发出的相应的声音，也就是说，歌唱的声音是内心情感的反映或表现形式。《礼记·乐记》的这些思想，反映了我国古代的声乐艺术心理。

在我国传统的声乐教学法中，绝大多数歌唱家、教育家都以生理教学为主要手段，在百花齐放的声乐论著中，从心理学角度论述的却不太多。现在学术界越来越重视从心理学的角度去研究声乐演唱，因而有关声乐艺术心理学的专著也逐渐多了起来，其中不乏有关心理因素对歌唱技能技巧和情感支配作用的论述。

下文将从心理学中的知、情、意、行四个方面在声乐演唱中的重要作用出发，探讨声乐演唱的关注点。

第二节　声乐演唱中的知觉感受

"知"即认知,知觉,是个体了解与认识世界的心理活动。声乐演唱中的知觉包括以下两个方面。

一、歌唱发声中的感觉与知觉

演唱者在认识歌唱与发声具体过程的同时,就把呼吸感觉、吐字感觉、发声感觉、情绪感觉等联系起来,这种联系使我们对演唱活动的认知更加清晰和精确。演唱的知觉并不是各种感觉的简单拼凑,而是对演唱的完整印象。演唱的知觉是在发声感觉的基础上形成的,是对呼吸、读(吐)字、声音共鸣、情绪和情感表现、表演动作等的综合。[1]演唱者对歌唱与发声的感觉越丰富、越具体、越深刻,其演唱的知觉就越完整、越正确。"感觉反映演唱的片面,知觉则反映演唱与现实的关系。"[2]通过感觉,我们只知事物的个别属性,再通过知觉,我们才能对事物有一个完整的印象。例如,歌唱者需要去感觉共鸣腔是否是"空"的,要体会声音在"空腔"里出现振动感,这样才能有明亮的音色。确切地说,对"空腔"的感知,不是感觉,而是知觉。知觉才可以使歌唱者对呼吸腔体、共鸣腔体产生整体的认识。

感觉和知觉是密切相联系的,在认识歌唱发声的过程中,联系客观和主观的桥梁就是感觉。没有歌唱发声的感觉,就不可能有歌唱发声的知觉,感觉的进一步发展就成为知觉。实际上,纯感觉是不能孤立存在的。一般说来,感觉和知觉是不能分割开来的,在感觉的同时出现知觉。声乐需要多种感觉协调工作、统一运动。我们有必要强调感觉这个"个性",但一定是在知觉这个"共性"的基础上进行,因为"培养音乐知觉是培养人对音乐美的感受能力的基础"。

歌唱发声中的知觉是对歌唱发声认识的更高阶段,它是演唱者的一种高水平的感性认识,是人脑分析和综合活动的结果。演唱者对歌唱发声的知觉,需要在演唱实践中不断吸取经验、改进方法、提高技能,才能达到得心应手、运用自如的地步。对于声乐理论及技能技巧的知觉,光靠声乐老师的课堂传授是远远不够的,还需要演唱者去反复练习,并且

---

[1] 邹长海.声乐艺术心理学[M].北京:人民音乐出版社,2000:103.
[2] 邹长海.声乐艺术心理学[M].北京:人民音乐出版社,2000:104.

要当众演唱,进行登台演出实践。因此,歌唱发声知觉是否正确是通过演唱实践活动的检验而获得的。

"理解才能获得知觉。在歌唱发声中,虽然对各环节(如吐字、呼吸、声音共鸣、感情表现等)已经有了感觉,但感觉到了的东西,并不能立刻就获得理解,只有理解了的东西,才能真正获得知觉。"[1]声乐被称为听觉的时空艺术,这同人们对歌声产生出来的时间、空间和运动知觉反应有关。声乐学习要求演唱者去感知深呼吸位置到发声位置(共鸣位置)的距离,有了这种距离的知觉,才能为呼吸、发声、共鸣创造出一条良好的通道。歌唱者在表现歌曲旋律时,应当准确地唱出延音节拍的时值以及各种复杂的节奏,这要靠歌唱者的时间知觉在心理上做周密的计算,歌唱者通过调节气息与声音的流动对腔体内壁产生"触摸运动"的刺激来判断声音的优劣。[2]运动知觉(对声音流动的感觉)和空间知觉(形状、大小、方位、距离、深度)使歌唱技能具有表现自制力。因此,生理活动是靠心理活动支配的——感觉是知觉的基础,知觉是感觉的深入。

对发声技能和歌唱方法的理解,能使歌唱发声知觉更为精确。例如,不懂声乐的人或者声乐初学者在欣赏歌曲演唱时,只能从演唱者声音的大小、跑不跑调,能不能听清歌词等几方面去欣赏。但演唱家则不同,他既能清楚地分辨演唱者发声方法是否科学,声音是否蕴含着音乐的表现力,又能听出歌曲音乐的变化及情感、气质、个性等表现。[3]

对歌唱发声方法和技能的理解,能提高对歌唱发声知觉的速度。例如对一个较为成熟的歌唱者,在练习歌唱发声时出现失误,老师无需说得很详细、透彻,只需一个手势,歌唱者立刻就知道了,并能立即纠正。由于经验的补充作用,理解提高了知觉的速度。[4]

声乐作为一门技巧性较强的综合艺术,涵括了生理、心理、物理等多种因素。感觉和知觉的发展运用是形成声乐技能的重要心理因素,我们在感知事物的时候,会根据自己的知识或经验来理解事物。演唱者的生活经验越丰富、知识面越广,对歌唱发声的感觉和知觉就越深刻,对感知的对象理解得就越深刻,其感觉和知觉就越准确。因此,在日常生活中,我们要善于积累各种经验和信息,只有获得了丰富的经验,才能提高感知的能力,促进歌唱能力的发展。训练声音、开阔音域、增强音量、塑造声音的形象等,都需要歌唱者通过感觉和知觉去调控发音体,感觉和知觉贯穿于歌唱艺术的始终。总之,在声乐演唱中,演唱者要明白感觉和知觉的重要意义,要重视对感觉与知觉的把握和运用。

---

[1] 邹长海.声乐艺术心理学[M].北京:人民音乐出版社,2000:104.
[2] 邹本初.歌唱学:沈湘歌唱学体系研究[M].2版.北京:人民音乐出版社,2015:25.
[3] 邹长海.歌唱心理学[M].广州:广东高等教育出版社,1993:39.
[4] 邹长海.歌唱心理学[M].广州:广东高等教育出版社,1993:39.

二、作品认识中的知觉

演唱者想要演唱好一部声乐作品,必须全面研究其词曲作者、时代背景、社会背景、文化背景、地域背景和文化内涵等,并基于对该作品的认识,确定演唱技巧、表演形式等。

歌唱是一种艺术,也是一种文化。仅仅学习发声的方法和技巧是不够的,演唱者还需要不断地学习,提高自己的文化修养。优秀的歌手在演唱时,对演唱的作品都有一个研究—理解—处理的过程。我们应该懂得,生动的艺术表现力产生于较高的文化艺术修养基础之上。任何动人的歌唱,无论是语言、音乐、感情的宣泄,还是意境的创造,都是演唱者生活体验和艺术积累在内化于心之后的产物。有了丰富的生活体验和深厚的艺术积累,才能深入领会歌曲的内容及其美的内涵,从而产生对作品的热情,将歌曲演绎得生动感人。

在具备了一定的演唱功底之后,演唱者对声乐作品的认知及自身的生活感受力将直接影响其对作品的演唱水平。演唱者对作品的认知主要包括以下三方面。

(一)对作者、创作背景、时代背景的认知

对于词曲作者的认知,包括了解其所处的时代、所处的社会环境、其作品的风格、有哪些代表作品、这些代表作品的社会影响等方面。我们以《玫瑰三愿》为例进行分析。《玫瑰三愿》的词作者龙沐勋先生,字榆生,号龙七。1932年他在国立音专讲授文学课,因有感于淞沪抗战后校园中草木凋零的荒凉景象,于是作词以寄感慨,后经黄自先生谱曲后,成为一首脍炙人口的名作。曲作者黄自先生,江苏川沙人(今属上海浦东新区),是我国著名作曲家、音乐教育家,在介绍西洋近代音乐理论和造就专业作曲人才等方面成就非凡。黄自的作品风格典雅精致,旋律简洁流畅,乐曲结构工整严谨,其代表作有清唱剧《长恨歌》、歌曲《玫瑰三愿》《春思曲》《思乡》《抗敌歌》《旗正飘飘》等。《玫瑰三愿》是一首小提琴协奏、钢琴伴奏的抒情歌曲,曲风含蓄,旋律优美,深受人们的喜爱。

对歌词进行分析便于演唱者了解词作者的思想,体会歌词所含的深意,为恰当把握作品的风格、演唱情绪的起伏打下良好的基础。《玫瑰三愿》的歌词作于1932年春,在这首歌曲中,龙沐勋先生借自然界之物,直抒胸臆;黄自先生则用近似朗诵之曲调,将此歌词的意蕴表达得淋漓尽致。首先,《玫瑰三愿》歌词首句"玫瑰花,玫瑰花,烂开在碧栏杆下",勾勒出一幅玫瑰怒放、春意盎然的美丽景色,表现出春之美好,花之绚烂,喻指生命之活力,情深意切。随后,转入对玫瑰的祈愿,加入了自己的内心感受。一愿"妒我的无情风雨莫吹打",二愿"爱我的多情游客莫攀摘",三愿"红颜常好不凋谢,好教我留住芳华"。在当时内忧外患,战乱频仍的环境下,作者在玫瑰身上寄托了自己对命运、对人生的感慨。千百年

来,中国的文人墨客往往在政治黑暗、时局动荡的环境中,出现厌世、避世的现象,继而就会写出与此相关的文章。其次,作者对"爱我的游客"这些强势群体提出了"莫攀摘"的要求,隐晦地表达了自己对人生短暂、命运无常的无奈。最后,作者转入对自身的关注——"好教我留住芳华",对生命的最高渴望莫过于"美好永恒,青春常在"。在结语处的希望,更像作者深深的叹息,引人深思。歌词表达的情感环环相扣,有起有伏,错落有致,表达了作者对光明的向往和对现实生活的不满与无奈。

《玫瑰三愿》的曲作于1932年6月,是一首有引子、无再现的单二部曲式作品。虽为中国作品,但它属于大小调体系。黄自先生对整首作品的布局作了精心设计。其旋律深情优美,和声配置细致新颖,与歌词相得益彰。他运用最精练的音乐语言和自己特有的创作手法,表达出了歌词的内涵和龙沐勋先生的心声。作品引子部分为主题的预示,和声配置为变格进行,从下属和弦进行到主和弦,有四小节内容,风格略显忧伤。在乐曲力度上作者也作了精心安排。可以清楚地看出,作者是以渐强的手法逐渐将乐曲推向高潮,并运用音区向两端伸展的手法使高潮部分的音乐发展得极为饱满(曲作者的力度要求应引起演唱者的足够重视)。

通过对词曲的分析及其创作背景的了解,应把《玫瑰三愿》的整体情绪把握为含蓄、深情。乐曲演唱设计应以曲作者的表情符号、强弱记号等相关符号为基准,并在此基础上加入个性处理,演唱时速度较慢、情感内敛。

(二)对作品剧情及人物形象的认知

清代王德晖、徐沅澂在《顾误录》中谈道:"曲有曲情,即曲中之情节也。解明情节,知其中为何如人,其词为何等语,设身处地,体会神情而发于声,自然悲者黯然魂销,欢者怡然自得,口吻齿颊之间,自有分别矣。"[1]对于歌剧作品,除了要了解其作者和写作背景之外,还要准确把握剧情。剧情包括时间、地点、情境、故事情节等多个方面。情境是剧中人物的思想、行动和唱词产生的根据,它决定着演唱的方式、力度及分寸。下面以莫扎特的歌剧《唐璜》中采琳娜的咏叹调《鞭打我吧》为例进行说明。

唱这首曲子之前先要了解故事的背景:采琳娜是谁?她具有什么样的性格?她和马赛托有什么关系?弄清楚这些,就知道该怎么唱了。采琳娜不仅长得漂亮,而且性格活泼。她在与马赛托结婚前遇到了唐璜,唐璜风度翩翩、风流成性,见到美貌的采琳娜就想方设法引诱她,结果他成功了。认清唐璜的为人后,在与马赛托相会时,采琳娜极力想平息马赛托的怒气,在这段采琳娜哄劝马赛托的咏叹调中,开始的歌词"鞭打我吧",表现出采琳娜装可怜的样子,求马赛托鞭打她,有乞求原谅的成分,但更多的是撒娇。后面三拍

---

[1] 李晓贰.民族声乐演唱艺术[M].长沙:湖南文艺出版社,2001:416.

子的唱段速度加快,表现了采琳娜活泼的性格。如果不了解剧情,用很强的力度唱这段咏叹调的话,表现出的人物形象就不符合作品的要求了。只有充分了解作品的故事背景、人物性格,才能正确诠释作品中的人物形象。

总之,无论是对歌唱技巧的正确把握,还是对作品的深入理解,都需要演唱者具备一定的专业与文化知识素养。演唱者需要对作品产生的历史背景、文化背景、地域背景以及演唱技巧、表现形式等进行深入的分析,加深对作品的了解,才能将声乐作品演绎得准确、动人。

第三节　声乐演唱中的情感表达

"情"指情绪、情感,在声乐演唱中,"情"指演唱者对作品情绪、情感的准确把握和艺术表现。

清代徐大椿《乐府传声》中有这样的论述:"唱曲之法,不但声之宜讲,而得曲之情为尤重。盖声者众曲之所尽同,而情者一曲之所独异,不但生旦丑净,口气各殊,凡忠义奸邪,风流鄙俗,悲欢思慕,事各不同,使词虽工妙,而唱者不得其情,则邪正不分,悲喜无别,即声音绝妙,而与曲词相背,不但不能动人,反令听者索然无味矣。"由此可见,"情"在声乐演唱中有着特别重要的作用。声乐演唱是以人的声音为乐器,使听众获得美的感受的一种艺术形式,它能充分、强烈地表达人类的思想感情。如果没有情感,歌唱就如同呻吟,就会失去美感和艺术魅力。可以说,情是声乐艺术得以确立的前提,是声乐艺术的灵魂,也是声乐艺术追求的首要目标,而声乐艺术则是情的流露和艺术表达。因此,声乐演唱者需要通过准确清晰的咬字、吐字进行正确的艺术表达,充分发挥想象,巧妙地运用音色、速度、力度等来表现作品的内涵、基调、艺术风格等,把歌曲的感情呈现给听众。

一、歌唱语言要精确、清晰

歌唱自诞生之日起,就与语言相伴,语言是感情的具体表达,是歌唱艺术的造型基础和创造核心。在歌唱艺术的创造中,无论是歌词和音乐的创作,还是歌曲的演唱,都贯穿着语言的因素与作用,都始终离不开对语言的体验、感受和表现。《礼记·乐记》中云:"歌之为言也,长言之也。说之,故言之;言之不足,故长言之。"这段话深刻地揭示了语言与歌唱的关系。一个歌唱者即使能够把发声技巧和声音完美地结合起来,但不重视语言和声音的结合,吐字不清楚、不正确,就不能很好地表达歌词的内容和思想感情,用歌声来打动观众的心灵也就无从谈起。咬字吐字是歌唱的一个重要方面,光有好声音而没有好的咬字吐字的功夫,是不可能完美地表达作品的思想感情内涵的。因此,演唱者在演唱声乐作品时,只有唱清楚、唱准字,才能将声乐作品所要表达的思想感情准确无误地表达出来。如果演唱时只片面地追求声音的位置、气息、共鸣等发声技巧,而忽视咬字、吐字,就不可能表达好作品,当然,演唱者也就不可能成为一名优秀歌手。

咬字的技术,最基本的美学原则是精确和清晰。所谓精确,以汉语歌曲为例,也就是在演唱中将汉语的固有特性——声、韵、调全部唱(念)出来,这样,观众才能听清字和词的意义,才能欣赏到声乐艺术特有的语言、音乐和韵味之美。[①]不同类型的歌曲在演唱时,其咬字、吐字的方法也是各不相同的。演唱节奏欢快的歌曲时吐字要轻巧、明快、敏捷,口咽腔的动作要小而轻快;演唱感情内敛、含蓄婉转的艺术歌曲时咬字要柔和、连贯,保持字腹部分,收音较慢。

二、演唱者要充分发挥想象力

不同的作品具有不同的创作背景和艺术内涵。在理解感受作品艺术内涵的同时,演唱者应张开想象的翅膀,使作品内容在自己心中、眼前活起来,心入其境才能使己动情,演唱才能声情并茂,产生强烈的艺术感染力。

声乐演唱要抒发强烈的感情,表现出绚丽多彩的诗情画意,就需要有丰富的想象。想象诱发感情,感情推动想象,二者是互为作用的。这种创造性的心理活动,关系到艺术的生命。一个好的演唱者在对一首歌曲进行了全面分析并真正理解了歌曲所要表达的内容之后,在艺术构思过程中,会在自己的脑海里呈现出一幅与歌曲内容相吻合的虚拟画面,使自己也仿佛置身于这一画面之中。换句话说,就是要像戏剧演员进入角色一样身临其境。如果你把一首歌曲的基本情绪和意境设想得很具体,那么在表达时就会很真实生动,就有可能真正唱出具有较强艺术感染力的歌声。比如演唱《草原上升起不落的太阳》这首歌:"蓝蓝的天上白云飘,白云下面马儿跑……"在我们的脑海里也应有一幅图画——茫茫的绿色草原,蓝蓝的天上有几朵白云,草原上奔跑着的骏马……歌曲中的情境描绘得越清

[①] 郭建民,赵世兰,赵燕.20世纪中国民族声乐文化引论[M].沈阳:万卷出版公司,2004:133.

晰,欣赏者的形象接受与内心视像反映就越鲜明,声乐形象的感染力也就越强。歌唱者只有根据歌词和旋律展开丰富的音乐想象,把握歌曲的风格基调,激起内心的歌唱热情,才能使自己的表演更加细腻、传神,使自己的歌声充分抒发内心的情感,从而艺术地表现出完整的音乐形象。

想象的丰富与否与生活的积累有着密切的联系,丰富的情感阅历无疑会令演唱者不断扇动想象的翅膀。当然,演唱者阐释音乐的能力不是一日之功,而是要依靠生活的积累、记忆的积累、情感的积累,这种积累越丰富,演唱者的"灵感"也就越多。一名好的歌唱者,应当具有高尚的情操、丰富的情感和深厚的文化修养,在艺术实践中不断发展自己的艺术想象力。还应随时用眼睛去捕捉各种生活画面,用耳朵去倾听各种声音,增强自己对生活和人物的理解力和想象力,以便更深刻地理解作品的内涵。

三、正确运用音色

音色是指声音的个性和特色,在歌唱艺术中,音色对歌声的表现力有重要作用,音色的变化是演唱者表达情感的重要手段。"在艺术性歌唱中,歌唱的音色就好像绘画中的色彩,音色的好坏可直接影响歌唱的效果,是音乐中极为动人,最直接触动感官引起观众感情共鸣的一个重要组成因素,也是表达真情实感不可缺少的条件。"[①]《乐记》中记载:"乐者,音之所由生也,其本在人心之感于物也。是故其哀心感者,其声噍以杀;其乐心感者,其声啴以缓;其喜心感者,其声发以散;其怒心感者,其声粗以厉;其敬心感者,其声直以廉;其爱心感者,其声和以柔。"这说明,歌唱的声音是内心情感的反映或表现形式,不同的音色表现出不同的音乐形象,也表现出不同的音乐效果。在演唱时运用什么样的音色才能符合作品的思想内容和情感,这是需要研究和设计的。悲伤而缠绵的音色会催人泪下,悠扬而甜美的音色会使人心旷神怡,雄伟而辉煌的音色令人心情振奋,温柔而细腻的音色令人爱意荡漾。总之,要善于调动人声"库"中最恰当的音色,学会巧妙地运用自己的音色,根据情绪和情感的需要选用恰到好处的音色,唱出歌曲内容所需要的听觉效果,才能贴切地表现作品。在歌唱时,歌唱者驾驭声音和音色变化的能力尤为重要。无论在一首歌曲中还是在一组歌曲中,音色都要随着旋律的起伏和情绪的变化进行适当的调整,歌唱者要用音色的变化来对不同情绪、不同风格的歌曲进行艺术处理。一般说来,活泼、明快、富有朝气的歌曲需要用明亮、圆润、清新的音色演唱(如《龙船调》等),思念、忧伤、速度缓慢的歌曲要用坚定、柔韧的音色演唱(如《父亲》等),亲切、温柔的情感需要用

[①] 郭进.浅谈音色是情感表现的重要手段[J].歌海,2005(6):50-51.

纤细、委婉的音色来表现(如《望月》等),英勇豪迈的情感需要用高亢嘹亮的音色演唱(如《咱当兵的人》等),圆舞曲需要用明亮、华丽、轻巧的音色演唱(如《祖国,我为你干杯》等),摇篮曲则需要用柔和甜蜜的音色演唱。不同的音色各抒其情,各达其意,即便是在同一首歌曲中,随着歌曲情绪的变化,也需要采用不同的歌唱音色贴切地表现作品,来增强演唱的感染力。

四、准确表现声乐作品的风格

准确表现声乐作品的风格是歌唱中非常重要的一个方面,歌唱者对于作品的风格或者说音乐的风格掌握得好或不好,演唱出来的效果是大不一样的。如果歌唱者尽管声音相当美,发声技巧也很高超,但无论是唱中国民歌还是欧洲古典艺术歌曲,在声音、力度、韵味以及表演上都一样,都是一个味,就会让人感觉枯燥、单一,难以激发听众心灵的共鸣,让听众产生艺术的回味。造成这种状况的原因主要是歌唱者没很好地对作品的时代特征、民族风格、地域风格、作者的个人风格等进行细致的分析和了解,没能恰如其分地用歌唱技巧来表达作品的风格。中国民族声乐艺术在数千年的发展过程中,形成了自己一整套特有的演唱技巧与方法:在唱法上注重咬字、吐字的准确、清晰,即"依字行腔""字正腔圆";在发音上选择明亮靠前、圆润、甜美的音色;在表演上追求丰富多彩的风格韵味。我国是一个统一的多民族国家,不同的民族因风俗习惯、地域环境的差异,形成的音乐风格也千姿百态,各民族歌曲各具异彩,因此,在情感表现上也必须有所区别。要演唱好各民族的歌曲,就必须对其风格、语言、音调、节奏等各方面特征有所了解和研究。如:在演唱维吾尔族民歌时,要注意其鲜明的节奏以及炽热的情感;在演唱蒙古族歌曲时,则要讲究气息的控制,演唱的节奏也较自由;等等。由此可见,演唱不同民族风格的声乐作品,必须注意其不同的风格特点,在语言、行腔韵味上符合该民族的风格特点,在情感表现上也应符合该民族的审美要求。

五、艺术的处理和完美的布局

为使演唱具有强烈的艺术感染力,做到"声情并茂",演唱者在练唱时,应对声乐作品演唱进行全面的设计和艺术处理,做到心中有数,有的放矢,使演唱更准确、更生动、更具有感染力。一般来说,歌曲的开始部分、高潮部分和结尾部分的处理是相当重要的。歌曲的开始部分要引人入胜,高潮部分要唱得震撼人心、富有激情,结尾部分要令人回味。

下面以晓光作词、谷建芬作曲的《那就是我》这首歌曲为例,试作说明。

这首歌曲通过对故乡具体景物的描写,表达了身在异乡的游子对故乡的眷恋之情。歌曲的整个音调建立在G羽调式上,旋律缠绵委婉、情感真挚、风格平易通俗,音乐形象生动感人。根据感情表现的需要,歌曲采用了多种节拍形式,结构为三部曲式(ABA的形式)。歌曲第三部分是第一部分的再现,旋律委婉缠绵、深切感人,带有吟唱性质。演唱时要保持声音的位置,圆润、集中,音量不要太大。第二部分"我思恋故乡的渔火,还有沙滩上美丽的海螺,噢!妈妈……"富有变化,音区变高,旋律由原来第一段以属音为中心3—3的运行,变为以高八度主音为中心的6—6的运行,通过八度的跳跃与第一部分的演唱形成强烈的对比,这是一种内在感情的进一步深化,要充满激情,从原来内心独白式的涓涓细流,转化为对妈妈的倾诉与呼唤,声音的力度要有所加强。"那就是我,那就是我,那就是我,就是我!"的多次反复,在声音的运用上要做渐强处理,高音要有力度,要用全身心来歌唱。演唱这首歌曲时,演唱者除了要对作品的整体、局部进行准确把握外,还要注意歌曲速度的快慢变化、力度变化。"音乐表演艺术有一条很重要的法则就是艺术的对比规律"[①],没有对比、没有变化的重复,是使听觉迟钝、兴趣减退的重要原因。所以,在演唱歌曲时,要根据作品本身的内容、风格、情绪来做具体的处理,合理地、灵活地、巧妙地、自然地运用对比、变化的旋律,使看似平淡的歌曲,经过艺术处理、加工之后,产生不平淡的艺术效果。处理歌曲时,画龙点睛的部分往往是一些重点的字词。对于重点的字词,演唱者要在咬字吐字上、感情上予以强调,要一字一句地,甚至在一个经过音上深下功夫,反复练唱,认真寻味,找到最适宜的表现手法。也就是说,演唱者必须按照自己的总体设计反复演唱,攻克难关,直到自己的处理化为真情的体现。

情感表现的真实性和美感是歌唱表现的生命力。要想感动别人,先要感动自己。"感动别人"是艺术表演追求的目标与效果,"感动自己"是演唱者进行艺术创造所需要的内心感染力,它来源于演唱者心灵的投入。没有心灵的投入,就不可能有真情的流露。因此,演唱者必须要用真实的艺术情感去塑造自己演唱的歌曲形象。只有真实的情感表现才能点燃观众情感的火焰,才能产生"一声唱到融神处,毛骨萧然六月寒"的效应,产生震撼人心的艺术魅力,达到感人肺腑的艺术效果。

[①] 邹本初.歌唱学:沈湘歌唱学体系研究[M].北京:人民音乐出版社,2000:173.

第四节　声乐演唱中的意志调控

意志是人自觉地调节自己的行动去克服困难,以实现预定目的的心理过程。[①]

一、意志对歌唱与发声的调节和支配

意志表现在歌唱与发声之中,只要有歌唱和发声,就有意志伴随。意志对歌唱与发声具有调节和支配作用,使歌唱者的演唱行动能够正常地沿着自觉的目的顺利进行。在歌唱中,歌唱者对气息的控制、力度的控制、音的高低的控制、音色明暗的控制、情感的控制、速度快慢的调节等都离不开意志。意志对歌唱与发声的调节作用表现在对人的行为的发动和抑制两个方面。对人的行为的发动表现在推动歌唱者去从事达到预定目的的行动。为了完美地演唱一首歌曲,在意志的推动下,歌唱者会去寻找和查阅有关这首歌曲的各种资料,请教师指点等。对人的行为的抑制表现为制止与预定目的相矛盾的愿望和行动。如在舞台上表演时,演唱者要约束自己不去想与表演无关的事情(如观看表演的观众数量、观众对自己的评价以及会不会忘词等)。歌唱的意志行为不是经过一次发动或制止就能轻而易举地完成的,需要经过多次的发动或制止,克服内在、外在的困难干扰,演唱活动才能顺利进行。

(一)意志对气息的控制

陈彦衡在《说谭》中说:"夫气,音之帅也。气粗则音浮,气弱则音薄,气浊则音滞,气散则音竭。"从古至今,人们对歌唱中气息的作用皆很重视,"善歌者必先调其气""气动则声发""呼吸是歌唱艺术的基础"等声乐理论充分说明了呼吸是歌唱的动力和基础。呼吸训练是掌握歌唱技能的主要环节。因此,声乐训练中的呼吸训练必须严格,要使气息和呼吸肌肉群得到充分锻炼,形成条件反射,做到一张口,气息就立即准备好,并能控制自如。在声乐训练中,有时演唱者感到气息不够用,导致把一首歌曲唱得支离破碎,主要原因就是不能控制气息。只有掌握了对气息的控制能力,才能使气、字、音结合为一体,形成高、中、低音区声音的统一,从而使演唱能够担负起情感表达的重任。

正确的呼吸控制应该是有意志力的。歌唱者在吸气时要用意志控制两肩、胸部成敞

[①] 邹长海.声乐艺术心理学[M].北京:人民音乐出版社,2000:157.

开、放松状态,想到气由下腹部向腹内、向上腹部推,在向外呼气的同时,上腹、腰和横膈膜始终保持吸气状态,形成内外对抗。歌唱者的呼吸动作要轻松自如,不能过分用力。特别是吸气要舒畅,把吸气的过程当成休息的过程,在这个过程中只有腹肌、横膈膜肌的收缩动作与扩张动作。而且,收缩动作与扩张动作都是在意志的控制之下的,吸气时只用一点力就足够了。好的歌唱家不仅吸气不用力,反而利用吸气进行休息和调整发声器官的肌肉状态。气多声少或气少声多都不行,唱高音时有意识地将气向下拉,唱低音时有意识地使气略提。歌唱者要根据乐句的长短,用意志来控制气的吸入量,每次不可吸得过多,使呼吸器官僵化而失去弹性。在歌唱时,要养成气息的控制感觉,歌唱者根据歌曲的特点有计划地、均匀地使用气息。在唱长音时,当气息消耗近半时候,要用意志去控制小腹和身体的姿势,使歌唱状态始终保持在吸气的状态中。

(二)意志对喉咙的调节

歌唱作为一种艺术,是人类高级神经系统支配下,发声器官和其他器官相互配合协调动作的结果。任何洪亮圆润、丰满动人又具有穿透力的歌声,都是建立在最大限度地发挥人体共鸣器官作用的基础上的。在歌唱中,喉头的稳定和打开喉咙对歌唱者获得好的共鸣至关重要。在声乐训练中,歌唱者要用意志去控制喉头的稳定,使喉头自始至终保持吸气状态。在声乐训练中,教师要求学生喉头相对稳定,打开喉咙,特别是在唱高音时,咽壁有一个站立坚挺的感觉,就是为了使咽腔扩展,造成口咽腔反射通道畅通无阻。歌唱者要想喉头相对稳定,打开喉咙,就要有意识地去感受、调控它,但不要把注意力过分集中在喉头,造成心理紧张,起到相反的作用。可以通过半打哈欠的方式,有意识地去感受这时喉咙的状态,并有意识地去记忆处于这种状态时喉咙的感觉,因为这种状态就是打开喉咙的状态,也是歌唱时的状态。当然歌唱者要有意识地去把握和控制打哈欠的尺度,不能打得过头,否则会使口腔内壁紧张,声音不能流动。每个动作、每个技巧都不是一次就能掌握和做好的,需要歌唱者用顽强的意志排除干扰,克服困难,反复练习才能准确掌握。

(三)意志对速度和节奏的调节

速度和节奏是演唱生命的韵律。[①]歌唱者如果没有好的速度感觉,不能对速度进行好的控制和把握,他的演唱将是失败的。有的演唱者在演唱时速度变化呆板、僵化,特别是在渐快和渐慢的处理上变化很突然,使听众感到不适应。好的演唱,速度的变化应该是自然得体,注意趋势,不留痕迹的。不同的节奏和速度可以表现不同的情感。比较快的速度和节奏,通常表现的是热情、活泼的情感;比较舒缓的速度和节奏,通常表现的是亲切、温

---

① 邹长海.声乐艺术心理学[M].北京:人民音乐出版社,2000:397.

柔的情感。歌唱者要用意志去控制和调节速度的快慢,使歌曲的演唱速度、节奏与歌曲的意境及所表达的情绪情感相一致。歌唱者准确地把握并恰当地选择了节奏和速度,就掌握了歌曲情绪起伏和情感的脉搏。每首歌曲的演唱都不会只用一种速度,随着情绪和情感的发展变化,歌曲的速度也要变化,或渐快,或渐慢,或突快,或突慢。歌唱者要有意识地随着歌曲情绪情感的变化去把握速度的变化,使演唱速度和歌曲所要表达的情感相一致。只有这样我们的演唱才能成功,才能引起听众的共鸣。

(四)意志对情感表现的控制

情感是艺术的灵魂。没有情感的歌唱称不上是艺术,声音和情感完美结合的歌唱才能被称为艺术。想要打动听众,引起听众的共鸣,歌唱者就需要让自己歌声的内在情绪具有感染力。如果歌唱只局限于技术而没有情感,那么,无论歌唱者的技术多么完美,其歌唱也是冷漠、苍白、没有灵魂的。在表演中,歌唱者的表情不能是表面的、肤浅的和空洞的,更不能从头到尾一个表情(如:一个劲儿地笑,或一个劲儿地伤心)。从头到尾一个表情既表达不了歌曲的思想情感,更无法感染观众。歌唱者要用意志去控制歌曲情绪和情感的变化和发展,使歌唱时的情感由表及里、由深入浅、由低潮到高潮地变化发展。

歌唱者在表演的过程中,要用意志控制情感表达,防止情感失控,演唱时要注意"喜而不狂、怒而不暴、哀而不哭、乐而不淫"①。在演唱悲伤的歌曲时,歌唱者不能为了表达内心痛苦、悲伤的情感就毫无节制地在舞台上流泪真哭,这样的表演打动不了观众,有时甚至会影响演唱,使演唱无法进行下去。演唱者在演唱悲伤的歌曲时,应该悲在内心,悲在面部,眼泪含在眼眶中。通过面部悲哀的表情去感染观众,让观众流泪。演唱者在演唱喜悦、欢乐的歌曲时,要有节制地喜,不能为了表达喜悦的心情就手舞足蹈,或者从头到尾都是笑的表情,而是要喜在心里、喜在眼里、喜在声音里。在演唱表现愤怒情感的歌曲时,不能火冒三丈、暴跳如雷、声音粗糙。总之,在舞台表演中要用意志控制和把握情感的表达,把情感流露控制得恰到好处。

二、意志对歌唱心理状态的调节和支配

(一)意志对注意的调节

注意是心理活动或意识活动对一定对象的指向和集中,可分为无意注意和有意注意。无意注意是没有预定目的,不需要意志努力就能维持的注意,又叫不随意注意。在演唱过程中,无意注意指场内出现的突发事件引起的注意,如歌手在舞台上演唱时,迟到入场的

---

① 邹长海.声乐艺术心理学[M].北京:人民音乐出版社,2000:399.

人来回走动,服务员带人找座位,以及灯光突然熄灭,后台发生巨响,麦克风失灵等意外事件引起的注意。有意注意是有预定目的,需要付出一定意志努力才能维持的注意,又叫随意注意,如歌者对伴奏、歌词、自己的舞台动作等的注意。歌唱中对无意注意的抑制和对有意注意的维持都需要人的意志来支持。

在声乐演唱中,"注意"具有十分重要的意义,它是演唱者必备的心理素质,在演唱活动中占有特殊的地位,它是实现成功演唱的基本保证。演唱者如果不能专心致志、聚精会神地演唱,就不可能唱好。如果在演唱过程中,演唱者去观察别人对自己的反应,或去猜测考官、评委给自己打多少分,或受外人走动、舞台灯光变幻等因素的干扰,演唱就很难获得理想效果,容易出现忘词、跑调等状况,从而严重影响演唱水平。因此,演唱者必须在演唱中实施有效、高度的"注意",才能成功地演绎好演唱内容。

意志对歌唱过程中注意的调节表现为两个方面,即集中、分配与转移。集中即注意的指向性,是指把我们的心理活动有选择地指向一定的对象。有了这种指向和集中,人才能准确清晰地反映其周围现实中的一定事物,而离开其余事物。如:演唱者在歌唱时,其注意力只能指向与演唱有关的事情,而不能指向剧场里别的一切对象,如果演唱者的注意力指向评委、观众或其他别的对象,就难以更好地指向其演唱内容了。注意心理的集中性能使人的心理活动保持于特定的方向并深入下去,"注意"具有的"指向性"和"集中性",使注意的对象变得鲜明、清晰,从而保证歌唱者能对演唱的某一方面具有更完善、更细致的表现。

作为人的一种心理活动,"注意"还有一个重要的特征,即"注意"的分配和转移。在声乐演唱中,对"注意"的分配和转移的合理、科学的运用,能使演唱中的各种要素有效地搭配起来。

声乐艺术表演过程中,"注意"的分配是指在同时进行两种或两种以上的活动时,把注意同时指向不同的对象。实践证明,注意分配是可能的。比如演唱者在视唱新作品时,眼睛视谱、嘴巴唱词、手指弹琴可以同时进行;在舞台上表演时,演唱者可以眼看观众、耳听伴奏、嘴唱歌词,甚至还要加上身段表演等。当然,这些注意分配的技能是后天培养和训练出来的,经过专门的训练,演唱者已把获得的技巧与心得变为一种条件反射的潜能。事实上,人在同时进行两种或两种以上的活动时,至少有一两种活动已经达到熟练自如的程度。所以,在声乐演唱中的多种活动必须分别练习,各个突破,经过一段时间的磨炼,逐渐形成一定的条件反射,演唱者才能同时完成多种活动。

"注意"的转移就是注意从一个对象迁移到另一个对象上,它是意志有目的地主动调动,当调动好以后,又能在另一种对象和活动上稳定下来,根据新的任务有意识、有计划地调动注意。注意的转移不是注意力分散,两者的区别在于有无目的,能否在各种情况下稳定下来。例如:演唱开始时,演唱者首先要注意伴奏,然后依次注意起唱、歌词、表现、表演动作、声音共鸣、演唱效果等。有条理地转移注意,是演唱者"注意"这一心理品质良好的体现,反映出一个演唱者的整体反应能力及应变能力。在许多情况下,注意的转移会通过"预备口令"而顺利转移。比如:独唱时,前奏就是总预备,前奏的最后一拍是预备,演唱者做到了正确地吸气、起唱即说明其运用了正确的注意转移。歌曲的每一句演唱都须做好换气的预备,如果演唱者每唱一句都能做到这一点,则说明其具备了良好的注意转移品质。

实践证明,在学习声乐的各环节中,只有做到合理地注意、科学地分配和转移,演唱的各种要素才能有效地协作,从而使演唱者唱出美妙的歌声。演唱者才能做到表演不受任何意外的干扰,进入一种自然投入的演唱状态。要达到这样的目标,需要在意志的支持下进行长期的锻炼。所谓"用志不纷,乃凝于神",就是使注意成为自己所掌握的一个武器。为此,首先要养成因时因地而注意的习惯,也就是说,做什么就要想什么,不去想与此无关的事情。在实践中有目的地支配、调整自我的行为动作和心理状态,包括自己的认识活动和情绪状态,将歌唱器官原来不随意的运动发展成为随意运动,才能将更大的注意集中指向艺术表现方面,使演唱水平达到更高层次,最终实现自己的预定目的。在意志的锻炼过程中,为了追求和实现既定目标,声乐学习者还必须藐视困难和克服困难。当然,困难越大,需要的意志力也就越大。

(二)意志对音乐演出焦虑的调节

可以说,我们每个人的身上都不同程度地存在着怯场现象,尤其是在参加比赛、演出的时候,更容易发生。这时候我们往往心跳加速,呼吸急促,手脚发抖,嗓子发干,严重时甚至发生跑调、忘词等情况。这种现象被称作音乐演出焦虑。

导致音乐演出焦虑的原因很多,可大致归纳为以下三个方面:一是技术不熟练,歌唱基本功不过硬;二是临场经验不足;三是对自己的期望值过高,希望自己的演唱极尽完美,导致思想负担过重。缓解音乐演出焦虑,除了提高自己的演唱技术,丰富自己的临场经验之外,还可以采取自信训练的方法。自信训练的过程实际上是运用意志力向消极的自我意识挑战并最终战胜消极自我意识的过程。

首先,要学会觉察个人消极的自我意识。有些演唱者在临近演出前对自己消极的自我意识如"我不行""我害怕"等觉察不到,这是由于这种消极的自我意识已经成为习惯化的东西,连演唱者自己都不足为奇了。要扭转这种情况,演唱者应在演出前仔细留心个人的细微生理变化,以便通过身体的知觉来促进自己对个人消极自我意识的觉察。

一般来说,在获得将参加一场十分重要的演出的消息后,如果出现肌肉紧张等生理变化,通常意味着你的大脑已经出现了消极的潜意识,即你对即将到来的演出已朦胧地浮现出某些担忧的念头。针对这些朦胧的念头,把它用书面语言清晰地表达出来,可以把你的朦胧意识提高到清晰意识水平。这是自信训练的第一步,也是重要的一步。

其次,要养成向消极的自我意识挑战的习惯。当你逐条记下个人消极的自我意识之后,下一步就是要训练自己向消极的自我意识挑战,这是自信训练的决定性步骤。

所谓挑战,是指向消极的自我意识中不合理成分进行自我质辩,其中包括指出这种消极自我意识的不现实性和不必要性,阐明由此对个人所造成的危害,并明确今后应有的态度。

举一例加以说明。

如:"离演出开始越近,我就越担心自己是否可以胜任这次演出。"

自我质辩:这种担心有必要吗?我认为毫无必要。平时自己一直认真练习发声技巧,研究演唱的作品,分析作品所要表达的情感,在以往的演出中,也受到过观众的好评。因此,只要认真做好演出前的准备工作,一定可以取得演出的成功。自己丝毫不该为这次演出而焦虑。这种担忧有危害吗?当然有,这种担忧对自己将要面临的演出有百害而无一利。它松懈了自己的意志,转移了自己的注意目标,扰乱了自己当前的精神状态,若不及早排除,到了舞台上再后悔就晚了。个人应该采取怎样的态度?要牢记当前最要紧的事是做好演出前的一切准备工作,调整好自己的心态,应对即将开始的演唱。

演唱前所有的焦虑都可以用自我质辩的方式来处理,通过意志的作用向消极的自我意识挑战,树立起正确的、积极的自我意识,增强应对演出的信心,缓解或克服音乐演出焦虑的成分,以一种崭新的姿态和精神面貌,出现在演唱的舞台上。

第五节 声乐演唱中的行为表现

心理学上,行为泛指有机体对所处情境的所有反应的总和。在声乐演唱中,行为指的是与歌唱同时进行的形体表演。

形体表演在演唱中占有很重要的地位,能进一步辅助歌唱表情达意,活跃气氛,塑造完美的舞台形象。斯坦尼斯拉夫斯基指出,"如果他们仔细地去领会自己的感觉,那么他们就会感到一种来自心灵深处的力量。这种力量在全身运行着,它不是空虚的,而是饱含着情绪、欲望、任务的。这些东西沿着内在的线推动它,来激起某种动作"。在这里,我们大致把动作分为以下三种。

一、静态动作

这里所说的静态动作,指的是演唱过程中,歌剧演员或音乐剧演员除了需要有肢体动作之外,一般情况下都是站立着的,站立是一种相对静止的状态,这种状态直接影响着演唱者的气质,更重要的是影响着演唱者技术水平的发挥。静态动作反映在身体姿势和面部表情上。

(一)身体姿势

人的姿势常见的有站、坐、跪、卧及弯腰等几种,唯有站立的姿态身体比较舒展,让人心胸开阔,最有利于歌唱。人身体的每一部分对唱歌都是有用的:双腿和脚起着支撑作用;小腹的收紧有利于维持腹压,支持横膈膜和上腹部的肌肉对呼吸的保持和推动;头部、颈部的直立和肩膀的放松有利于歌唱通道的顺畅;臀部、后腰、背部肌肉的适当紧张,有利于脊柱的直立以及整个形体的挺拔和放松。整个身体姿势除了戏剧动作的特殊需要外,一般应保持的姿态是:身体自然直立,两腿分开不超过肩宽,双脚前后不超过一脚距离,双肩放松,双臂自然下垂,整体看上去要高雅、挺拔、舒展、大方。

(二)面部表情动作

人的种种感情都会在面部有所表现,这就是面部表情。情生于内而形于外。感情与表情直接相关,真实的感情和表情是统一的;虚假的感情则表里不一。人的感情不同,体现在面部的表情也应该各不相同。感情大致可以分为三类:一类是喜,包括快乐、幸福、喜悦、欣赏、赞美等;一类是悲,包括哭、愁、怒、恨、失落等;还有一类是平,包括平静、木然、冷漠等。喜与悲是截然不同的感情,在面部表情的表现上自然反差很大。内心喜悦的时候,眉开眼笑嘴角向上咧开,面部肌肉舒展、开朗,显得兴高采烈。心情悲伤的时候,愁眉苦脸,嘴角下撇,面部肌肉痉挛、抽搐,显得痛苦悲哀。平静、木然、冷漠的表情表现为两眼无光,面无表情。我们知道,歌唱时要求面部笑肌适度兴奋提起收缩,所以"笑"的表情应适当运用。而表达不同的感情最主要的是要依靠眼睛这一心灵的窗户。人的各种复杂的乃至细微的感情,均能通过眼睛表达出来。不同的眼光、眼神,反映出不同的心态与感情。"喜"的时候,两眼有神,眼角微微挑起,充满憧憬和希望,眼光不能局限于身体前方的空间,要有穿透、延伸的感觉。"悲"的时候,眼神痛苦,眼角微垂。总之,要用眼神与观众交流,用眼光示意景物的高、低、远、近,用眼睛表达情感。通过各种"眼法"的表演,体现出歌唱的"精、气、神"来,这样才能抓住观众,才能感人。歌唱演员在舞台上表达歌曲中的感情,一定要在面部表情上有所体现,要敢"做戏",大胆表演,是什么感情就要有什么表情,感情不同表情也不同,使面部表情有"春、夏、秋、冬"之分[①]。世界著名喜剧大师卓别林经常对着镜子练习各种面部表情,为的是舞台表演更生动、更富于艺术的表现力。因此,根据歌曲内容表达感情的需要来训练自己的表情是歌唱演员表演的基本功之一。

歌唱演员在舞台上表演,从一开始就要使自己的精神进入歌曲内容,和歌曲的意境及主人公的心理相吻合,还要随着歌曲感情的发展变化而变化,内心体验、眼光、表情、声音要达到内外一致,要掌握贴切、真实、自然的要领,切不可矫揉造作。唱《松花江上》不能是"眉开眼笑"的表情,唱《长鼓敲起来》不能是"愁眉苦脸"的表情。否则,这种表里不一、缺乏真情实感的表演,势必给歌唱艺术的感染力带来不良的影响,甚至会引起观众的反感。

二、动态动作

(一)表演性的手势动作

手势动作是通过双手的高低、屈伸、对称与不对称等各种形式而实现的。手势动作在歌唱表演中使用得比较多,是对歌唱语言的补充,其目的是使观众明白歌词内容,吸引观众的注意力,加深观众对歌曲情绪和情感的感受。手势动作可表示情绪和情感的强度、事物的方位等。此外,手势动作还能调节人体的平衡,增强形体的美感。

演唱中的手势动作应该是多种多样的,大体可归纳为"引""定""开""合""托""错"几种手势。

"引":一手向前高抬,一手低位拉伸。手心张开,食指前挑,或掌心朝上,或掌心朝下,随眼神向前做指引状。有指示方向或指示景物的作用。

"定":演员在演唱节奏缓慢、音域宽广的歌曲时,应该以"定格"的感觉做手势,给观众以宽广、深沉、宁静的感觉。

"开":双臂张开,双掌对开,随着气势磅礴的歌声,双掌拉开的距离越来越大,从形体上造成一种恢宏的气度。

"合":手势应有"开"有"合","开"时气势渐强,"合"时气势渐弱。手势的"开""合"应根据歌曲的内容而定。

"托":双掌朝上,胸前托举,如献"哈达"之状,多表示尊敬之情。

"错":舞台表演最忌正身双手平移,身体重心应落在身体的一侧,略微前倾,双手应高

[①] 邹本初.歌唱学:沈湘歌唱学体系研究[M].北京:人民音乐出版社,2000年:207.

低不等、错落有致。

在歌唱表演中,应该以歌唱为主,手势动作为辅。双手动作要求自然、协调,做到随情而动,把手势动作放在有意无意之间。如果为了做动作去故意摆弄手势,动作就会显得生硬、做作,失去手势辅助表演的意义。明代朱权指出,"凡唱最要稳当,不可做作,如:咂唇、摇头、弹指、顿足之态"①。演唱者应把手势作为表现感情的一部分,形成辅助歌唱的"无声语言",使歌声、手势与感情完全融会在一起。

(二)辅助发声的动作

在央视3频道的《音乐告诉你》栏目中,有一期采访马秋华老师的节目,其中马秋华老师讲到了她的学生薛皓银——第十二届CCTV青年歌手电视大奖赛美声组金奖获得者。薛皓银性格比较内向,在歌曲的表现上不够大胆,所以每次上课,在唱到歌曲的高潮部分时,马秋华老师就要求他就伸开双臂以带动情感的抒发,手势对薛皓银的表情达意起到了辅助推动作用。实践证明,动作对歌唱的技能学习也有重要的辅助调控作用。如:唱高音时,做一个开放的手势,或猛然下蹲,高音就很容易唱上去;声音憋在胸腔时,做一个抛物的动作就容易让声音流动;身体僵硬时,可以边走边唱,使声音松弛;等等。这些动作对歌唱与发声的作用的确很大。要注意的是,平时学习练声时的一些辅助动作,不宜带到正式的演出场合中去。一些演唱者习惯把一些练声时脱离歌曲内容的手势带到演出中,或做一些和演唱内容无关联的动作,如唱高音时眼睛向上、气往下沉时手指地下等,这会给人一种生硬呆板的感觉。

三、体态动作

"体态动作有三种:(1)接近体态。表示接近、注意、乞求、询问、得到等前倾体态。(2)退却体态。与接近相反,它表示犹豫、惊慌、恐惧、拒绝、逃避等避离体态。(3)伸展体态。表示骄傲、自豪、得意忘形等挺拔体态。"②

在有情节、有具体人物形象的歌剧表演中,多用到体态动作。

歌唱演员要将不同的人物形象用恰当的体态动作在舞台上准确地表现出来,就要注意人物的年龄、身份以及性格等方面的特征。如演唱王志信的《昭君出塞》时,首先要从了解"昭君出塞"的历史开始。王昭君,名嫱,字昭君,原为汉宫宫女。公元前33年,匈奴呼韩邪单于入朝求和亲,她自请嫁匈奴。到匈奴后,被称为"宁胡阏氏"(阏氏,音焉支,汉时匈

---

① 李晓贰.民族声乐演唱艺术[M].长沙:湖南文艺出版社,2001:406.
② 邹长海.声乐艺术心理学[M].北京:人民音乐出版社,2000:457.

奴单于、诸王之妻的统称或尊称）。这里要把握好人物的身份,和亲是昭君的使命,也是昭君自愿请行,所以,在表现昭君"别家园"的不舍之情时,绝不能表演得悲悲切切,而要用大气的体态动作把昭君博大的胸怀表现出来。这时,演唱者不是一位宫女,而是一位心胸宽广的"公主",这样才能震撼听众,引起共鸣。

歌唱者只有将体态动作恰如其分地和真实感情相结合,才能将作品里角色的性格特征表演出来,才能把角色演活。表演动作的恰到好处能使歌曲的艺术感染力更为强烈。体态动作越精练、越有实际意义,表演就越生动感人。

四、小结:"知""情""意""行"的联系

在以上的论述中,分别介绍了"知""情""意""行"四个方面在声乐演唱中的作用及其在声乐演唱中的表现,演唱者若想使自己的演唱趋于完美,这四个方面缺一不可。"知""情""意""行"四者之间有着紧密的联系。

"知"是"情""意""行"的基础。不管是声乐作品的情感表现,还是声乐艺术的意志调控,或是声乐演唱中的形体表演,都是以对作品的正确感知为前提的,没有对声乐作品的正确感知,就不能理解作品的内涵及其所要表达的情感,也就无法实现对声乐演唱的意志调控和行为表现。

"情"是"知""意""行"的出发点和落脚点。情感是歌唱的生命、艺术的灵魂。歌曲从创作、演唱到欣赏都是因情而发,是词曲作者动心、演唱者唱心、听众感心的艺术加工过程。可以说,没有"情"就没有声乐作品,更不要说"知""意""行"了。演唱者的所有表情、动作以及对歌唱的力度、速度、音色的处理,都是为了把声乐作品所要表现的情感表达出来,引起观众的共鸣。因此,声乐演唱中的"知""意""行"都是为表达情感服务的,在声乐演唱中,一切不能表达情感的东西都是多余的。因此说"情"是"知""意""行"的出发点和落脚点。

"意"贯穿整个演唱过程,是"知""情""行"的必要条件。在对作品的感知过程中,要对歌词进行详细的分析,了解词作者所想所愿及体会歌词所包含的深意,要准确把握作品的风格、情绪的起伏,还要分析乐曲结构,而这一切都必须在意志的支配下进行;在歌唱过程中,对作品情绪情感的正确把握、准确表现,以及对舞台动作的合理控制,都需要在意志的支配下进行。可以说,没有意志的支配,歌唱中的"知""情""行"都无法进行。

"行"是"知""情""意"的外在表现。《毛诗序》中说:"情动于中而形于言,言之不足,故嗟叹之;嗟叹之不足,故永歌之;永歌之不足,不知手之舞之,足之蹈也。"由此可见,"行"是在正确感知声乐作品、准确把握感情基调、有效控制声乐演唱基础上的一种对情感的外

在表现形式。

感觉和知觉、情绪和情感、意志品质和性格特点等,都是人的心理活动的表现。心理活动影响着每个人的学习、工作及生活,声乐演唱也不能例外,同样也受到各种心理活动的支配和影响。

现在,越来越多的声乐教育家、歌唱家关心和支持声乐艺术心理学的研究,越来越多的论文从不同角度对声乐艺术心理因素进行分析和研讨。声乐艺术心理学将是声乐艺术实践的新阶段、新发展,它将成为未来声乐理论研究的重要方向。要想成为优秀的声乐表演人才,不仅要具备良好的生理素质,还应具有良好的心理素质。声乐表演是受心理活动支配的,从某种程度上讲,一个声乐表演者的心理素质完善与否,直接影响着他的艺术成就。同声乐表演活动相关的心理要素有很多种,它所涉及的心理学问题是相当复杂的,本文所谈到的只是一些概略的知识,目的在于强调其重要性,很多具体的课题还有待进一步深入细致地探讨与研究。

第九章

微课 微型课 说课

第一节 微课及案例实作

2011年,胡铁生在国内首次提出了"微课"这一概念。微课因内容短小精悍、使用方便、表现形式丰富多样、能满足碎片化学习需要和发挥多媒体视听觉的吸引力而广受欢迎。微课具有以下优势:第一,微课能够深入浅出地呈现单一知识点或教学环节,内容极为精简,通俗易懂;第二,微课的出现丰富了受众的学习方式;第三,微课以网络为平台,不受时间、地点限制,可根据个人所需随时获取,微课以视听媒体形式呈现,仍然属于课程资源范畴。

有人认为,微课即微型课程。我认为,微课与微型课是有区别的,微课的核心在于知识点,而微型课更注重的是课程范畴。通俗地说,微型课仍然是针对某一学科而非某一知识点进行的课程,包含若干教学内容,它关注的是学科系统性,注重教学阶段所涉及的内容。如果非要强调微型课与常规课程的不同,那就是微型课的课时短于常规课程,仅此而已。

音乐微课的特点使其越来越受到音乐教师的重视。微课对于学生掌握音乐知识点、激发学习音乐的兴趣、利用碎片时间学习,都有助益。

一、结构精练

微课的内容可以是核心知识点、疑难问题、实验或者是一个教学情境,能够突出主题,满足学生对学科知识点的理解。以音乐教学微课来说,其内容可以是音乐基础知识、音乐常识,也可以是音乐家、音乐作品等。根据音乐微课的特点,教师要精心设计,聚焦主题,注重针对性,通过结构精练的课程形式吸引学生,激发学生对音乐的兴趣,达到使其高效学习的目的。

二、表现生动

微课是将文字、图片、视频、动画、音乐等完美融合,以多媒体的形式呈现学习内容,其可视性、趣味性强,能形象、生动地表现抽象的理论知识,画龙点睛地讲解与呈现音乐知识点,使枯燥的音乐理论知识、抽象的音乐作品变得生动有趣,易于理解。

三、获取便捷

微课是基于网络平台的在线教学视频,不受时间、地点的限制,学习者可以根据自己的时间安排随时进行学习,微课教学时间短(一般不超过10分钟),便于学习者碎片时间的利用。如:关于音乐基础知识的微课,虽然每次学习的时间短,知识点独立,但是如果微课的内容具有连续性的话,学习者在碎片化的学习中亦可构建起具有内在联系的知识结构。

案例实作:微课　传统民歌双语学——《谁不说俺家乡好》

同学们,大家好!相信每个人都热爱电影艺术,下面就让我们一起来回味经典,欣赏影片《红日》插曲选段。观看时要注意电影故事的时代背景,并思考电影中的插曲是哪个地方的民歌。

Hello, everyone! I believe everyone loves the art of film. Now let's review the classic and enjoy the clips of the film *Red Sun*. When watching, we should pay attention to the background of the film and think about where the folk songs in the film are from.

教师播放电影《红日》的插曲片段,学生完整地聆听歌曲。

★设计意图:

通过再现电影《红日》,带领学生重温那个战争年代,激发学生的爱国激情与学习热情,从而导入山东民歌《谁不说俺家乡好》。

一、回顾作品，引入新课

很好。这是一首山东民歌，歌名中用了一个非常有地域特点的"俺"字，具有典型的山东地区的方言特色。《谁不说俺家乡好》是电影《红日》中的插曲。影片取材于1947年的孟良崮之战，这场战役对挫败国民党军对山东解放区的重点进攻具有决定性意义。从1947年5月13日到16日三天的时间里，解放军在孟良崮与国民党军队鏖战，一举围歼国民党军队"五大主力"之一的整编第七十四师。多年后在孟良崮树起了一座永久性纪念碑——孟良崮战役纪念碑，以铭记在战役中为了解放战争胜利牺牲的人。

Very good. This is a Shandong folk song. The name of the song uses the character "俺", which is typical of Shandong dialect. "Everyone Says My Hometown Is Good" is a piece of music in the film *Red Sun*. The film is based on 1947 Mengianggu Campaign. This campaign was decisive in defeating the Kuomintang Army's major attack on the liberated areas of Shandong. During the three days from May 13 to 16, 1947, the 74th Reorganited Division, one of the top five crack units of the Kuomintang army, was annihilated in one fell swoop. Many years later, a permanent memorial–the monument to 1947 Menglianggu Campaign, was erected in Menglianggu to remember the people who sacrificed their lives to win the War of Liberation.

这首歌的诞生得益于导演汤晓丹的"举荐与保护"。汤晓丹拍电影很讲究插曲的运用。《红日》摄制组刚成立，汤晓丹就找到了创作过许多优秀歌曲的吕其明，要他为电影《红日》创作一首歌。就这样，这首歌在吕其明的笔下诞生了。探索完背景，接下来，我们一起通过谱例具体分析一下歌曲的结构特色。

The birth of this song owes to the director Tang Xiaodan. Tang Xiaodan pays great attention to the use of music in movies. As soon as the production team of *Red Sun* was established, Tang Xiaodan turned to Lyu Qiming, the composer of many excellent songs, asking him to write a song for the film *Red Sun*. In this way, the song was born. After exploring the background, let's analyze the structural characteristics of the song through the sheet music.

★设计意图：

讲解电影的产生背景及歌曲的创作过程，使学生如同身临其境，感受战争年代的氛围。

二、作品分析

再次聆听歌曲，并思考以下问题：

(1)歌曲采用了什么调式？前四句旋律有什么特点？

（2）旋律在行进上有怎样的特点？

（3）歌曲的音乐情绪如何？试说出山东民歌风格特点。

Listen to the song again and think about the following questions.

（1）What mode does the song use? What are the characteristics of the first four phrases?

（2）What are the characteristics of the melody?

（3）How's the emotion of the song? And try talking about the style and characteristics of Shandong folk songs.

答：（1）歌曲运用了民族调式，前四个乐句由起、承、转、合加以扩充构成，完整地叙述了音乐主题。补充的乐句旋律上扬，使情绪达到高潮，把音乐推向高峰。

The song uses Chinese mode, and the first four phrases are expanded from the structure of introduction, elucidation, transition and summing up, which completely narrates the musical theme. The melody of the supplementary phrase rises, which makes the emotion reach the climax and pushes the music to the peak.

（2）旋律以二度三度音程的级进为主，跳进为辅，突显地方色彩。

The melody mainly uses the intervals of second and third, supplemented by ceaps, highlighting the local color.

（3）歌词质朴、亲切，旋律流畅、悠扬。歌曲乐观奔放、委婉深情，表达了解放区人民对人民军队的热爱，以及对解放战争必胜的坚定信念。音乐上采用了山东民歌素材，富有浓厚的乡土气息。

The lyrics are simple and kind, and the melody is smooth and melodious. The song is optimistic and unrestrained, euphemistic and affectionate, expressing the people's love for the People's Army and their firm belief in the victory of the War of Liberation. Materials of Shandong folk songs are used in the music, which is full of strong local flavor.

★设计意图：

帮助学生运用谱例从专业曲式结构角度分析该首歌曲的艺术表现特征。

三、学唱歌曲

好的，分析完歌曲结构，下面可以跟着钢琴伴奏有感情地演唱这首歌曲。

OK, after analyzing the structure of the song, we can sing the song with emotion to the piano.

教师用钢琴伴奏带领学生学唱歌曲旋律。

★设计意图：

引导学生结合乐谱及曲式分析，有感情地歌唱旋律。

四、山东民歌的风格特点

还记得这首歌是哪个地区的民歌吗？是的，这是一首山东民歌。山东位于中国东部沿海、黄河下游，有3000多公里黄金海岸，四季分明，气候温和，风光秀丽，历史悠久，民风淳朴，是中华文化的重要发祥地之一。俗话说，"一方水土养育一方人"，在这块美丽富饶的土地上孕育了灿烂的艺术文化。

Do you remember where the folk song is from? Yes, it's a Shandong folk song. Shandong is located on the east coast of China and in the lower reaches of the Yellow River, with a golden coast measuring more than 3000 kilometers long. It has distinct seasons, mild climate, beautiful scenery, a long history and simple folk customs. It is one of the important birthplaces of Chinese culture. As the saying goes, "People are a reflection of their environment." This beautiful and rich land bred brilliant art and culture.

教师用PPT展示山东的自然风光图片，让学生体会歌曲浓厚的民族民间风格。

下面我们继续欣赏一首同样也是山东民歌的《沂蒙山小调》，同时大家需要总结出山东民歌有着怎样的风格特点，进一步感受山东的宜人景色。

Now let's continue to enjoy "A Ditty of Yimeng Mountains", which is also a folk song of Shandong Province. At the same time, we need to summarize the style and characteristics of Shandong folk songs, so as to further experience the pleasant scenery of Shandong.

教师播放山东民歌《沂蒙山小调》。

好的，本节课我们一共听了两首山东民歌，那么，你听到的山东民歌给了你怎样的感觉呢？是的，山东民歌质朴、淳厚，曲调清新自然，明朗、抒情。两首歌曲都表现了山东人民军民同心、朴实、憨厚、乐观奔放的性格特点，体裁以小调居多。

OK, we have listened to two Shandong folk songs in this class. How do you feel about the Shandong folk songs you have heard? Yes, Shandong folk songs are simple and pure, with fresh and natural tunes, bright and lyrical. The songs show the unity of Shandong people and the army, and Shandong people's simple, honest, optimistic and unrestrained personalities. Most of the genres are ditty.

★设计意图：

通过两首相同类型歌曲的旋律，指引学生深刻体会山东民歌的特点。

五、音乐的审美功能

无论是中国传统音乐还是世界民族音乐,都体现了音乐学科非常重要的功能——音乐的审美功能:音乐以生动活泼的感性形式,表现高尚的审美理想、审美观念和审美情趣。音乐在给人以美的享受的同时,能提高人的审美能力和审美情趣,净化人的灵魂,陶冶人的情操,促使其树立崇高的理想。

Traditional music, regardless of Chinese and foreign, embodies the very important function of music education — the aesthetic function of music:music expresses noble aesthetic ideal, aesthetic concept and aesthetic taste in a lively and perceptual form. Music, while giving people the enjoyment of beauty, can improve people's aesthetic ability and taste, purify people's soul, cultivate people's sentiment, and promote them to set up lofty ideals.

★设计意图:

通过五个环节的教学过程,从各个不同的欣赏角度激发学生的音乐审美功能,使学生感悟音乐与生活的联系。

六、课堂小结

本节课我们一起学习了山东民歌《谁不说俺家乡好》,从歌曲的创作背景到歌曲旋律的分析与学唱等多个角度,深刻感受到战争时代人民艰苦奋斗的精神、家国情怀,用艺术的眼光领略了山东地区的自然美、人文美。希望同学们也一直做时代的追梦人,弘扬传承我国的文化瑰宝!

In this lesson, we learned Shandong folk song "Everyone Says My Hometown Is Good". From the background of creating the song to the analysis of the melody and learning to sing, we deeply felt the people's spirit of hard-working, the deep bond between people and their country in the war era, and the natural beauty and humanistic beauty of Shandong from the perspective of art. I hope that students can keep dreaming in our time, carrying forward the heritage of China's cultural treasures!

第二节 微型课及案例实作

一、微型课是什么

麻雀虽小,五脏俱全。微型课是40～45分钟常态课的浓缩版。教师讲微型课,考察的重点都是教学基本功,一般包括语言表达、板书艺术、教学内容、教学方法及教学组织等。教学内容一般为某一个知识点或一节课内容的某一个方面。一般微型课的时间是15分钟左右,授课者既是教师又是学生,自问自答,在给定时间内完成教学任务,可谓之"独角戏"。

二、微型课讲什么

(一)具体流程(三精二简)

(1)精彩导入。
(2)精简设计。
(3)精心组织。
(4)简要归纳。
(5)简明板书。

(二)特点

(1)课堂结构还得"精",每个环节必须清晰明了,衔接自然流畅。
(2)入课时,简洁、新颖、独到,开门见山,直奔主题。
(3)重点内容要重点讲,或精要讲解,或巧妙点拨,或活动引导,或指导探究。
(4)方法要得当,层次要清晰,效果才明显。
(5)最后收尾要快捷利落,言简意赅,提纲挈领,画龙点睛。

三、微型课怎么讲

1."有亮点"地讲

课堂展现有亮点、有高潮是微型课不可或缺的点睛之笔。

2."有学生"地讲

心中有学生,师生互动要"无中生有","假戏真做"。重点教学阶段,教师要做到"场上无学生,心中有学生"。活动也好,引领也罢,假定学生已经完成,预估学生完成的程度和结果,该提问的提问,该要求的要求,该指导的指导,该点拨的点拨,该评价的评价,但是预估要"恰当",点拨要"到位",评价要"中肯"。

3."投入"地讲

独角戏要演得出彩。微课时间短,没学生参与,要想上得有激情,上得出彩,还得有点演员的功底。

首先,"台词"的功底。微型课的语言,犹如话剧演员的台词,你得先说清楚"字儿",让人听明白"事儿",最好让听者觉得有点"味儿"。也就是说,微型课的语言要更规范、准确、精练,讲解语要精心设计,过渡语也不可忽视,要自然流畅,不留痕迹。语言还得富有感染力,要运用课堂语言,模仿真实的对话环境,提出问题时,一定要假想有学生在仔细倾听,在思考,在回答。教师最好事先把自己要讲述的内容结合要说的话语细细地琢磨一番,并提前反复预演,做到烂熟于心,游刃有余。

其次,表演的功底。微型课的展示,教师也得有适度的表演成分,像演员创造角色时一样,借助手势、眼神等肢体语言,配合面部喜怒哀乐的表情,给自己的展现添上浓墨重彩的一笔。

精心设计教案和课件,语言规范、设计新颖,在没有学生参与的情况下,能情绪饱满地投入微型课讲授中,从课堂导入到重难点突破,从创设情境到板书设计,充分展现自己的课堂驾驭能力。

案例实作:微型课"舒伯特及其艺术歌曲"

上课,同学们好,请坐!欢迎大家来到音乐课堂。

一、导入

今天,老师给同学们带来一首德国诗人缪勒的诗《菩提树》,请欣赏:

"门前有棵菩提树,生长在古井旁……"

老师还能把这首诗变成歌曲,要不要听一下?

(唱):门前有棵菩提树,生长在古井旁……

谢谢大家的掌声!是不是很好听呀?谁的功劳呢?大音乐家舒伯特。今天老师就和同学们一起来了解舒伯特及其艺术歌曲。

二、舒伯特

大家了解舒伯特吗?请打开课本119页[①],快速浏览一下有关舒伯特的知识。好,我们对舒伯特有了基本的了解,他是浪漫主义时期的代表人物之一。虽然他的创作生涯很短暂,他去世时年仅31岁,但留下了大量的音乐作品,其中有600多首艺术歌曲。接下来我们先来鉴赏他的代表性歌曲之一《鳟鱼》。

三、《鳟鱼》

(1)先请同学们听一遍,同时要留意一下歌曲表达的内容和情绪的变化。(播放录音。)

这是舒巴尔特的诗,表达的内容是什么呢?你来说说!善良的小鳟鱼受到渔夫欺骗的故事。

歌曲的情绪变化呢?好,你来谈谈!由轻松、欢快变得暗淡、忧郁。

(2)同学们,这首《鳟鱼》和我们平时唱的通俗歌曲在唱法上有什么不同?美声唱法。

(3)接下来我们也一起来唱一下小鳟鱼的主题吧!

(张贴谱例。)

老师来唱谱子,同学们来填词,请留意开头的"弱起"!再来一次,大家学得非常快!

怎样唱才能表现小鳟鱼的快活呢?对,声音要稍微跳跃一些。

我们是不是也来模仿一下美声唱法呢?请大家把口腔打开,打着哈欠,声音竖起来,试试!很好,我们大家都有歌唱家的潜质!

(4)接下来,我们加上钢琴伴奏来唱唱,体验一下,加上钢琴伴奏后的情绪有什么不同?

有什么变化呢?你来说说,好像是看到了小鳟鱼在潺潺溪水中自在遨游,小鳟鱼的形象更加生动了。这就是钢琴伴奏在艺术歌曲中的魅力:烘托气氛,和歌曲融为一体!

---

① 指人民音乐出版社2004年版普通高中课程标准实验教科书《音乐·音乐鉴赏(必修)》。

四、《魔王》

接下来,我们再来鉴赏舒伯特的另一首艺术歌曲《魔王》。

(1)我们先来看一下歌词——诗人歌德的叙事诗。

想不想听一下,舒伯特是怎样把这首诗融入音乐的?

(2)一起来听一下吧,同时要留意一下钢琴伴奏为我们营造了一种什么样的氛围。

好,你来说,像是马蹄声,还有风声,营造了一种紧张逼人的氛围和父亲悲痛欲绝的情绪。

(3)接下来我们就一起来体验一下这首歌曲的情绪吧!

请三位同学分别扮演父亲、儿子、魔王的角色,其余同学和老师来当叙述者,在听到音乐的同时,尽量将每个角色的不同语气和心情表现出来!

五、思考讨论

同学们,欣赏完《菩提树》《鳟鱼》《魔王》这三首歌曲,接下来我们来思考两个问题:

(1)结合舒伯特所处的社会环境,大家认为他的音乐作品反映了他什么样的心境?

(2)通过鉴赏,大家觉得什么是艺术歌曲?(歌词、唱法、演唱形式、伴奏)

大家可以分组讨论一下!

好,这组选个代表来谈谈你们讨论的结果。对,浪漫派的舒伯特将自己对现实生活中美与丑的感觉对比呈现在自己的作品中,注重情感的发挥和激情的宣泄,强调个人主观感受。

那什么是艺术歌曲呢?好,这组同学选个代表来谈一下。

艺术歌曲的歌词是著名文学家的诗作;一般是美声唱法,多为独唱。伴奏为精心编配的钢琴伴奏。

六、拓展与延伸

我们中国也有不少艺术歌曲,老师来给大家唱一首赵元任的《教我如何不想他》,同学们听一下!(教师唱歌。)

七、小结

同学们,李斯特曾经评价说,舒伯特是有史以来最具有诗意的音乐家。让我们乘着歌声的翅膀,翱翔在艺术的天空。课后请大家再搜集一些国内外的艺术歌曲交流分享。

这节课就到这里吧,下课!同学们再见!

第三节 说课及案例实作

说课是教师针对自己设计的一堂课进行教学解释,说明选用了什么样的教法,教学过程中的每个步骤,为什么这样做,说学生、说教材、说教法、说学法和说教学过程。

一、说课干什么

说课是说明书,把上课的设计意图、想法做法,清晰地进行解读;说课是新闻发布会,没人喜欢听陈词滥调,人云亦云的大话空话套话,大家都喜欢听到新意,希望听到有关教学的新闻;说课是真诚的告白,以真诚、真情打动人,让人感觉到你真切的努力,真挚的情感,真实的成长;说课是理智的反省,一个老师表达经验的方式有两种:一是以经验的方式表达经验,讲方法、策略、故事,但是萝卜炒萝卜还是萝卜;二是以理论的方式表达经验,理论太抽象,但我们不要将其神秘化,在讲方法之前,把自己的方法清楚地、有逻辑地表达出来,把我们的经验类型化、层次化、系统化,讲依据,讲理据,这是理智的反省。

二、说课说什么(没有标准答案,在此提供三种框架,仅供参考)

(一)框架一:说三法

1.想法

教学设计要"把课堂还给学生"。以学生为主体是教学设计的前提,只有树立正确的学生观,才能把握好方向,有的放矢。

2.做法

把权利还给学生,包括提问权、评价权、总结权、质疑权。把课堂还给学生,先从把提问权还给学生开始。

3.依法

为什么这么想,为什么这么做。教师要能说出设计的缘由和目的,及时关注教学目标,围绕目标达成进行设计,多问为什么,就会永远聚焦育人目标。

(二)框架二:说"三教"

一是教什么,二是怎么教,三是为什么这么教。

说"三教"需要讨论两个问题:第一,我们想"教什么"和实际"教了什么"的差异,本来想教三个目标,最后教了两个或多教了一个,为什么会出现差异;第二,老师"教了什么"和学生实际"学了什么"之间的差异,你教了,学生学了,把教法变成学法,对教学来说是非常关键的。

(三)框架三:说六要素

1. 说教材

教师要有对教材质疑、批判的精神和重组教材资源的能力。

2. 说学生

教师必须认真深入分析学生已有的认知水平和能力,充分估计学生学习本节课可能遇到的困难和问题。当然我们不能就学生说学生,而要把学生和教学内容结合到一起。

3. 说目标

教学目标要从教材中来,从学生中来,而不能把目标与教材分析、学生研究割裂开来。目标的表述也很重要,比如说"提高学生的审美修养",这是很流行的一句话,但过于笼统。还有,"让学生学会什么知识"这句话也很流行,什么是学会呢?学到什么程度是学会呢?看似很具体,实则很抽象。

4. 说过程

教学环节要清晰,并符合人的认知规律和逻辑思维。

5. 说板书和作业

说板书包括板书教学框架和脉络,板书教学的重点和难点。作业必不可少,是课堂的延伸和巩固。

6. 说变化

这是辩证认识课堂的必要环节。说变化即是反思,反思是批判,是总结,是追求。教学反思的过程,既是从发现问题、分析问题到解决问题的循环往复的过程,也是教师素质持续提高的过程,更是经验型教师走向学者型教师必须经历的过程。在教学中反思,在学习中反思,在研究中反思;在反思中创新,在反思中发展,多思多益,常思常新。在这个过程中,使教师逐步具备对教学现象、教学问题的独立思考能力,并形成创造性的见解,使教师真正成为教学和研究的主人。

三、怎么说课

1. 有情感地说

怎么才算有情感？很简单，脱开稿子讲和看着稿子说，给人的感觉截然不同，所以要脱稿说，要声情并茂地说。

2. 有条理地说

一种是基于核心问题的梳理。先整体介绍，把握本节课的核心观点，再分开阐述。教师必须把握本学科的核心，还要用恰当的方式让别人抓住你讲课的核心。

另一种是基于关键词来说课，比如围绕"学生、开放、资源"三个词来说。

3. 有思想地说

有思想的方法和有方法的思想，两者应该融通。比如这节课，我想体现一个理念——重心下移，关注生长点，培养学生思维品质，探求学习规律。

4. 有主题地说

比如单元类结构教学，要突出结构的主题，这在语文教学中用得比较多，比如第一单元"小说"、第二单元"文言文"。在音乐教学中同样可取，目前的大单元教学就非常适合，比如，民歌、少数民族舞蹈等主题。

5. 有格调地说

有格调就要低调，在低调中展示强调。

四、什么是好的说课

标准一：说得熟练，说得有理，说得新颖。说课绝不是照搬教案，而是进行再创造。

标准二（五个方面）：

（1）教材分析透。

"透"主要表现在对教材的"准度、高度、深度"的把握。

（2）学情定位准。

要弹奏对准学生心弦的音调。

（3）目标阐述清。

教学目标清晰具体。

（4）教学流程简。

教学过程详略得当、思路清晰、理念点题。

(5)教学设计新。

教学设计要新颖,充分体现出自己的创新和个性。

当然,预先设计好的教学,容易走入教条主义。实际的教学是一种动态发展、生长的过程。沃克和索尔提斯提出,许多课程团体从来都不提出目标,而提出目标的那些团体一般也是在他们工作结束时才提出的。杜威也提出教学的无目的论。教育目标并不是学习的事先规划,而是教学与学习的互动结果。目标只有在教学与学习的过程中才会出现和得到实现。但是这个过程必须有,就是从有法到无法。

案例实作:说课稿《非洲歌舞音乐》

大家好!我说课的题目是"非洲歌舞音乐"。我将从教材分析、学情分析、教学目标、教学过程、教学反思五个方面进行说课。

一、教材分析

本课内容是人民音乐出版社2004年版普通高中课程标准实验教科书《音乐·音乐鉴赏(必修)》第五单元"亚非音乐神韵——大自然 和谐 和平"第十一节。

非洲歌舞音乐属于世界音乐文化的一部分。我的设计以非洲音乐之旅为线索,贯穿介绍非洲民间音乐、非洲鼓、非洲歌舞音乐三部分内容,开阔学生的视野,提高其审美修养,引导学生轻松愉悦地感受体验音乐,接纳理解世界多元文化。

通过对教材的认真研究,我确定了本节课的教学重点和难点。教学重点:了解非洲音乐的特点,感受体验非洲音乐的魅力。教学难点:了解非洲音乐的社会功能。

二、学情分析

为了真正做到有的放矢,我对学生和学情进行了两个方面的分析。

1.学生已有的认知水平和能力基础

(1)学生之前上过"亚洲传统音乐"一课,已初步具备了结合地理、文化、经济、民族、宗教等因素了解音乐特点的能力。

(2)学生之前通过鉴赏亚洲传统音乐,了解了世界音乐文化的一部分,并且能够理解和接纳世界多元文化。

2.学生在上本鉴赏课时可能遇到的困难和问题

(1)学生观察能力不足,知识面狭窄,对非洲音乐的社会功能认知深度不够。

(2)学生自信心不足,对创作和律动环节参与度不够,表现力欠缺。

三、教学目标

依据课程标准和教材要求,我确定了本节课的教学目标。

(1)学唱非洲民间歌曲,了解鼓在非洲音乐中的重要地位,体验非洲音乐复杂多变的节奏特点,感受非洲歌曲的特点。

(2)通过聆听鉴赏、歌唱体验、思考讨论、创编表演等方法了解非洲音乐文化独特的魅力及神秘的宗教色彩。

(3)通过鉴赏,开阔学生的视野,提高其审美修养,理解并尊重世界其他国家和民族的音乐文化,树立多元平等的价值观。

四、教学过程

根据以上各种分析,结合教材,我设计的教学内容包括:(1)创设情境、导入课题;(2)在加纳学唱非洲民歌;(3)在布隆迪体验非洲鼓;(4)在南非和纳米比亚学跳非洲舞蹈;(5)综合体验,升华主题共五个部分。

(一)教学导入

在导入部分,我戴着自制的非洲面具手拍非洲鼓走进课堂,引起学生的兴趣,激发其鉴赏热情,顺势导入非洲音乐之旅。

(二)第一站,在加纳鉴赏非洲民歌《非洲赞歌》

共分三个环节:聆听—体验—探究。

1.活动一

初次聆听《非洲赞歌》之后,结合谱例,引导学生了解歌曲内容,感受歌曲中除了有歌声还有说话声、喊叫声、笑声的特点。

2.活动二

再次聆听,引导学生歌唱并了解伴奏乐器马林巴琴叮叮咚咚的音色特点。

3.活动三

歌唱体验,引导学生通过画旋律线歌唱,探究歌曲音节旋律的特点:

(1)音域狭窄,旋律无起伏。

(2)乐句短小,反复音节多,无装饰音。

(3)常伴有喊叫声,以抒发情感。

★设计意图:

引导学生通过聆听、歌唱、思考、讨论等方法探究非洲民歌的特点。

(三)第二站,来到布隆迪体验《鼓舞》

同样也分三个环节:聆听—探究—体验。

1.活动一

聆听布隆迪《鼓舞》,模拟鼓的节奏并探究其特点。

2.活动二

了解非洲鼓的形状、演奏姿势及其在非洲音乐中的重要地位和社会功能。

3.活动三

引导学生分组创编,体验非洲鼓舞的热烈。带领学生学习几种节奏;鼓励学生寻找自己身边的非洲鼓,并作出不同的持鼓方式;教师领鼓,学生参与表演,同时鼓励学生通过夸张的动作展示激情。

★设计意图:

通过聆听、思考、模仿、体验等方法感受非洲鼓的魅力。

(四)第三站,在南非和纳米比亚体验非洲歌舞

同样也分三个环节:聆听—体验—探究。

1.活动一

鉴赏南非舞和纳米比亚舞,感受歌舞的情感并引导鼓励学生模仿动作。

2.活动二

鉴赏电影《我是谁》的舞蹈片段,同样也要模仿动作,探究非洲歌舞种类及宗教色彩。

3.活动三

引导学生从不同角度探究非洲歌舞的特点。

★设计意图:

设计创作和律动环节,调动学生参与教学活动的积极性,引导学生把认知行为内化为基础技能。

(五)在即将"离开"非洲之际,设计综合体验

将本节课的内容融为一体,集体演绎《非洲赞歌》。

第一组:歌唱。

第二组:用鼓伴奏。

第三组:创编舞蹈。

教师:领鼓。师生合作,教师引导学生在轻松愉悦的氛围中再次体验非洲歌舞的魅力,同时引导学生理解接纳世界多元文化,升华主题。

五、板书设计

这是本节课的板书设计(图略):清晰有条理,便于引导学生思考探究。

六、教学反思

纵观本节课的教学过程,我认为较好地落实了新课程理念,注重培养学生的情感体验、实践能力以及创造能力。鉴于高中生的年龄和心理特点,课堂设计的创造和律动环节如何有计划地完成,应该再认真反思,使教学手段、教学方法更加多样化、巧妙化。

无论如何,我坚信,在不断的推敲反思中,我们一定能引领学生走入更精彩的课堂!

第十章

中小学音乐教材研究

第一节 管窥新时代我国中小学教科书的发展趋势

我国教育已经进入高质量发展阶段,高质量的教育需要高质量的教材,教材的建设和发展对于学生的终身发展和国家民族的长远发展有着无可替代的作用。百年大计,教育为本,教育大计,教材为基。一流的教材支撑一流的教育,一流的教育培养一流的人才。教材是人类智慧的结晶,包含着人类的文化知识和最新科技成果,我们要培养能够担当民族复兴大任的时代新人,培养一流人才,教科书可以说是实现教育目标的具体依托。

"教材建设是一项宏大复杂的系统工程,既涉及教育外部,又涉及教育内部;既涉及各个学科问题,又涉及教学心理领域;既有科学求真问题,又有技术革新与美学意义;既有理论探索问题,又有实践问题;既有教与学的问题,又有教育管理的问题;既包括教材的自身建设问题,又包括应用教材的教学工作;既有教材的编写研制问题,又有教材的编辑出版发行问题。"[1]我国对教材建设的研究经历了从无到有,从有到逐渐专业化的过程。在课程改革向纵深发展的今天,教材建设更是担当起培根铸魂的重大作用。广义的教材包括可视的教科书、可听的音像资料等丰富的教学资源,涵盖的范围比较广,本研究主要聚焦于有形的可视化教科书。

一、课程改革牵动教科书的变化

我国社会主义现代化建设已进入新的发展阶段,面对全球新局势,我国教育要贯彻新

---

[1] 曾天山.教材论[M].北京:人民教育出版社,2019:1.

发展理念、构建新发展格局。20世纪以来,我国课程改革目标从偏重"双基"到注重"三维目标"再到强调"学科核心素养",发生了很大的变化,其本质就是要构建高质量的课程。2021年1月,在北京召开的全国教育工作会议强调"坚持人民至上的价值取向"。2012年11月,党的十八大报告明确提出"把立德树人作为教育的根本任务"。2014年公布的《教育部关于全面深化课程改革 落实立德树人根本任务的意见》也明确提出,"坚持系统设计,整体规划育人各个环节的改革,整合利用各种资源,统筹协调各方力量,实现全科育人、全程育人、全员育人"。人的全面发展理论要求培养全面发展的优秀人才,我们的党历来重视对人的全方位培养。社会发展需要大家一起努力,需要社会各方面紧跟时代的步伐,贯彻党的方针,共同培育拥护党、爱祖国的全面发展的人。培养新时代的人才,实现人的全面发展不仅是社会主义建设的要求,更是实现共产主义的条件。《普通高中课程方案(2017年版2020年修订)》进一步阐明了高中课程要"使学生成为有理想、有本领、有担当的时代新人"的培养目标;明确了教学内容的新变化,重视以学科大概念为核心,使课程内容结构化,以主题为引领,使课程内容情境化,促进学科核心素养的落地;研制了学业质量标准,以评、考促进教学,关注育人的目的,注重培养学生核心素养,提高学生综合运用知识解决实际问题的能力,从而达成教、学、评的有机衔接,形成育人合力。以素养为落脚点的课程改革标志着关注人的全面发展和终身发展成为学科教学研究的逻辑起点和旨归。2022年10月16日,中国共产党第二十次全国代表大会在北京召开,习近平总书记在党的二十大报告中提出关于"实施科教兴国战略,强化现代化建设人才支撑"的教育目标,强调必须坚持科技是第一生产力、人才是第一资源、创新是第一动力。教育工作者要全面贯彻党的教育方针,落实立德树人的根本任务,培养德智体美劳全面发展的社会主义建设者和接班人,加快建设高质量教育体系,发展素质教育,促进教育公平。在教育高质量发展的今天,不同学科的教师在教育实践中发挥着学科育人的特有作用,探索着各自的教学模式,努力完成培育和发展学生学科核心素养的任务。

　　课程改革是一个庞大的系统工程,往往是牵一发而动全身,随之而来的育人目标、课程内容、教科书编写、教学方式等都会发生连锁反应。其中教科书是将改革理念应用于教学实践的体现,有着至关重要的作用,在新时代课程改革的视域下,教科书有其特有的时代特色和发展趋势。

二、教科书的发展变化

　　本文主要从教科书的编写观念、教科书的时代使命、教科书的研究、教科书的体例内容等四个方面来阐述我国新时代教科书建设的发展变化。

(一)教科书编写观念的转变

1.从以借鉴为基础转向多元化取向

每一种文化体系都蕴含着其自己的世界观,尤其是教科书。世界观是作为一种理念贯穿在教科书编写的全过程的,教科书编写的体例、内容、方法等都是世界观的体现。在新中国成立之初,我国教科书的编写以学习和借鉴苏联为主。21世纪,随着《中共中央国务院关于深化教育改革全面推进素质教育的决定》的颁布,基础教育的课程体系、结构、内容等都发生了变革,教科书编写以立足本国、面向全球为原则。以音乐学科为例,新中国成立之初,在向苏联学习的大背景下,教育部参考《苏联小学唱歌教学大纲》,于1956年颁布《小学唱歌教学大纲(草案)》[1]、《初级中学音乐教学大纲(草案)》等相关法规,对当时中小学音乐课程的目标、学时、教材编写等方面作出了较为细致的规定。[2]到了今天,我国中小学音乐教育的目标则完全是基于我国学生的核心素养的培养而确立的。多种可供选择的必修课程、选择性必修课程、选修课程更加凸显立足中国特色,同时又面向世界的编写理念。

可见,我国教科书编写的理念从以借鉴模仿为基础转向了立足本国、面向全球的多元化取向。多元化是一种平等的价值观,"从方法论来讲,它更多地设法去理解一种文化中建立各种关系的行为准则,而决不以另一文化为参照标准去对之进行解释"[3]。这种建立在尊重和理解基础上的价值观,更彰显了对中国文化的自信。正如一些多元文化教育的研究者所言,多元文化教育改革目标应"深入到转变所有学生对多元文化的态度上。重点不仅是学什么,而是用什么观点看问题"[4]。随着新一轮教育改革的到来,我国学校课程结构发生了根本性变化,教科书编写也面临着新的考验。我国教科书编写的理念也在与时俱进,如今,各科教科书都重在教给学生知识、视野、方法和能力。同时教科书的编写也体现了国家民族的价值观体系,包含了人类文化知识积累和创新成果。融入新的科学技术研究发明和社科研究成果,能够反映各国先进文化,体现主流意识形态。

2.从工具理性转向对人的关注

从内容上看,我国中小学教科书编写正在从功能主义、实用主义转向人文主义和科学主义相结合的范式。从现象学教育学的视角来看,充满温情的教材建设大致有三个层面的含义。

---

[1] 1956年《小学唱歌教学大纲(草案)》《初级中学音乐教学大纲(草案)》是新中国成立后颁布的第一部完整的基础音乐教育教学大纲,是在吸收新中国成立初期中小学教育实践经验并借鉴苏联教育模式的基础上制定的,比较符合当时我国的教育实际情况。
[2] 杜永寿.新中国中小学教材建设史(1949—2000)研究丛书.音乐卷[M].北京:人民教育出版社,2010:7-10.
[3] 管建华.21世纪音乐教育观念的三个转向[J].南京艺术学院学报(音乐与表演版),2008(2):101.
[4] 王晓,姜芃.加拿大文明[M].福州:福建教育出版社,2008:289.

第一,"还原"——回到教科书内容编写。我们不仅要关注教科书内容是什么,还要还原教科书内容本身"之所在"及其"产生的过程"。这就要回到教科书内容的编写过程,探寻教科书内容是否是在争论、干预、对话、纠正中留存下来的,从而进一步增加对教科书内容的理解。让数以亿计的教科书使用者了解,教科书的编写过程,是一个充满温情的过程。一直以来,教科书在使用者心目中充满了神圣感。如果可以将编写教科书背后的故事记录下来,那将会使更多的教科书使用者带着理解、带着认同走入教科书的内容,这也是一种教育关怀、教育情调的体现。

第二,"生活世界"——回到教科书使用者的生活世界。目前,国家非常重视对教科书使用情况的调查研究,组织了大量专业学者对教科书的使用情况进行学术探究、理论分析,而不是经验总结,以问题为导向,实事求是地研究教科书的使用情况。通过对教科书的使用情况进行调查,对教科书使用的监测机制进行研究,建立师生意见的反馈机制、社会舆情的监测机制。这对教科书的建设至关重要。在编、研、用、评四位一体的教材体系中,教科书的使用和评价是目前研究相对比较弱的环节。回到"生活世界",真正俯下身子,走入教科书的试验田里,才能看到其发芽生长的情况。

第三,"交互"——教科书内容是教科书编写者和使用者进行主体间对话的产物。以人民教育出版社小学语文教科书为例,儿童文学作家高洪波的作品,都是儿童生活的鲜活场景,充满了童真、童趣。语文教材中多次选用了高老师的作品,这些作品能深入孩子们的内心,犹如"一把把"梦想在孩子们的心田里蹦跳。从某种程度上说,这就是教科书内容和孩子内心的交融。教科书内容和孩子们内心的交互一定要有时代背景,只有建立在彼此尊重、相互平等基础上的用心交互,才能产生共情、共鸣、共振。这种交互中的对话、理解、协同成为"一体",进而能进入统一的"意向性世界"中去,这种交互的"一体"能够使人充分发挥主体性和主体间性,从而使教学达到高度统一的意识境界,而非外在的形式上的统一。

(二)教科书的时代使命的变化

不同时代的教科书,其内容一定是其所处时代绝大多数人公认的最有价值的知识。斯宾塞关于"什么知识最有价值"这一论题,是教育界永恒不变的"议题",更是教科书系统不断自省的"命题"。科学性、逻辑性、渐进性、普适性、整体性、系统性等一直是教科书非常稳定的特性,但教科书的内容也会受到政治、经济、科技、文化等不同领域变革的直接影响。从斯宾塞提出"什么知识最有价值"到阿普尔提出"谁的知识最有价值",教育研究者一直在探索教科书的内容编排。"根据马克思主义的观点,价值是从人们对满足其需要的外界事物的关系中产生的,是主体以自身的需要为尺度对客体意义的认识,其价值的大小在于客体对主体需要的满足程度。那么,课程知识的价值就是作为客体的课程知识对作为主体的人的满足程度。换言之,人是衡量课程知识价值大小的尺度。"[1]新时代我国教科书的编写也正是站在人的发展的角度,对"什么知识最有价值"和"谁的知识最有价值"这两个问题进行了回答。

1.立德树人:以素养立意的教科书

我国的基础教育课程改革已进入全面深化的新阶段。课程目标从"双基"到"三维目标",再走向"学科核心素养"。2014年3月公布的《教育部关于全面深化课程改革落实立德树人根本任务的意见》对新时期"培养什么人、怎样培养人"作了明确的要求,首次提出了"核心素养"的概念,并要求"研制学生发展核心素养体系",以此推进深化课程改革、落实立德树人的根本任务。[2]无疑,编写教科书应选择有利于培养学生核心素养的内容。新一轮的课程改革就是为了发展学生的核心素养,培养全面发展的人,因此,教材编写必须以"人的全面发展""人的终身发展"为出发点和归宿,精选基本学习内容,既关注学生的全面发展,又关注学生的个性发展,着力培养学生的核心素养,提升其综合素质,促进其终身发展。编写优质的教科书是建设高质量教育体系的时代要求,教科书编写需要集科学性、技术性、艺术性于一体。未来,以素养立意的优质教科书一定会层出不穷,为教育理想的实现保驾护航。

2.面向未来:数字化教科书

信息时代,公众拥有大量的优质资源,依托慕课开展混合式教育成为一种新常态。教科书建设不再是"单声道""单行道",信息的传递也不仅仅依赖于教学过程中的纸质资源。教科书建设面临着新的考验和难以想象的挑战。在移动互联网、大数据、超级计算、脑科学等新理论、新技术广泛应用的时代,在人工智能呈现人机协同、跨界融合、共创分享的时代,纸质教科书要有利于电子化呈现,电子教科书也必须以纸质教材为主导。张增田、陈国秀在《论数字教科书开发的未来走向》一文中指出了教科书数字化建设所面临的风险,并提出了规避风险的对策和建议,阐明了数字化教科书开发的目的意识、标准意识、边界意识,强调从教科书的"数字化"到"数字化"的教科书,必须做到目中有人、立足教学、有机融合。[3]显然,"教什么""如何教"同样也是数字化教科书开发面临的挑战。当前,我国教育需要立体化、数字化的资源建设,要以纸质教科书为核心研发数字教科书,开发多种数字教科书资源,满足师生的需求,教科书的内涵和外延与时俱进,顺应信息化的时代潮流,推动信息技术与课程、教科书、教学、学习的深度融合,为加快推进教育现代化强国建设,办好人民满意的教育提供坚实的教科书支撑。在疫情期间,停课不停教,停课不停学,

---

[1] 黄敬忠.谁的知识最有价值?:论衡量课程知识价值的"人的尺度"[J].课程·教材·教法,2019(1):4.
[2] 黄敬忠.谁的知识最有价值?:论衡量课程知识价值的"人的尺度"[J].课程·教材·教法,2019(1):4.
[3] 张增田,陈国秀.论数字教科书开发的未来走向[J].课程·教材·教法,2021(2):37-42.

更加凸显了数字时代数字化教科书的重要性和必要性。不可否认,教科书的数字化时代来了,教科书编研正面临着新机遇和新挑战。

3.培根铸魂:统编教科书

教材建设是国家事权,体现国家意志。统编中小学教材,是邓小平同志的一贯主张,早在1958年,他在中共中央书记处会议上讨论教育工作时就指出:"教育部要管教材,不能设想我们国家可以没有统一的中学教材。"①新时代,党中央、国务院高度重视教材建设。2017年国家教材委员会成立,统筹指导管理教材工作,强调要按照中央决策部署抓紧编好中小学三科教材,实行国家统编、统审、统用。根据中央要求,教育部组织编写了普通高中思想政治、语文、历史教材,统编三科教材以习近平总书记提出的教材建设"一个坚持、五个体现"为遵循,以普通高中课程标准为依据,充分体现习近平新时代中国特色社会主义思想,全面融入社会主义核心价值观,弘扬中华优秀传统文化、革命文化和社会主义先进文化,让学生都有一颗中国心,都有满满的中国情,做德智体美劳全面发展的社会主义建设者和接班人。统编教科书承担着培根铸魂,启智增慧的作用。

(三)教科书研究的变化

人民教育出版社课程教材研究所于1983年由教育部批准成立,邓小平同志亲自题写了所名。这是我国首家专门从事基础教育课程教材研究的学术机构,并逐渐成为我国基础教育课程教材的研究基地。教材建设受到党和国家领导人的高度重视。2017年7月成立的国家教材委员会办公室设在教育部,由教育部教材局承担办公室工作,把教材提到了更具战略性的地位。2020年9月22日,教育部在北京召开首届全国教材工作会议,时任教育部部长陈宝生强调,教材战线要自觉把思想认识统一到习近平总书记关于教材建设的重要论述上来。他指出,教材战线要准确把握新的时代方位,深刻认识新形势新任务,充分发挥教材铸魂育人、关键支撑、固本培元、文化交流等功能和作用,坚持正确方向,加强统筹指导,全面提升教材建设的科学化水平。在我国,对教材研究的重视已被提升到了新的高度。从不同领域、不同层面、不同角度对教科书的研究方兴未艾。

1.基于教科书研究者层面

从教科书研究者层面来看,有一大批专家学者长期致力于我国的教科书研究,不断推动着我国的教科书建设,并且取得了可喜的成绩,首都师范大学的石鸥教授和他的研究团队就是其中之一。石鸥教授是首都师范大学中国基础教育教科书研究与评价中心主任,几十年来,他编写了数十本学术著作和教材,培养了一批从事教科书研究的硕士和博士,为我国的教材研究不遗余力。曾天山教授也以实际行动践行着"以高水平科研支撑高水

---

① 中共中央文献研究室.邓小平论教育[M].3版.北京:人民教育出版社,2004:18.

平教材"的理念,他关于教材研究的专著《教材论》在教育领域产生了较大的反响。他主张以新制度、新技术、新方法探索教材建设规律。在教材研究层面,他提出加强教材博物馆、数据库、资源库建设,建立教材研究基地,适时进行教材市场调查并进行教材测评研究,同时加强教材国际比较研究。

许多教科书研究者认为,要适应信息时代的需求,构建教材研究的话语体系,教材建设应从以下四个方面着手:第一,要加强学科建设;第二,要加大教材研究投入,有计划地从战略角度设立重大课题;第三,要整合教材资源,搭建研究平台,组建国家教材研究学术专业委员会,加大国际交流,传播教材原创成果,推动精品教材走向世界;第四,要拓宽教材研究的视野,借鉴国外教材研发的先进经验。强调教材研究要扎实,教材建设需要科研先行,要具有前瞻性。

2.基于教科书使用者层面

教科书最直接的使用者是教师和学生,所以教师理所当然成了教科书实践的研究者。教师通过教材培训、案例比赛、教学观摩、研讨交流等形式对教材有不同程度的研究。近年来,中国教育学会组织了很多活动,汇集了众多的学科专家,对促进教科书的研究起到了很大的作用。2020年12月5日至6日,中国教育学会召开第三十三次学术年会,并且将此次学术年会设为"首届中国基础教育论坛",将论坛主题确定为"发展中国特色优质基础教育:聚焦育人方式变革",来自全国基础教育界的专家学者、校长、教师等与会者就基础教育育人方式变革与课程改革相关问题进行了深入研讨交流。其中,杨银付针对教材研究明确提出要研究学科、研究教材,并且指出,不研究学科,对学科内容缺乏全盘理解,就不能融会贯通,对学科前沿情况知之不多,知其然而不知其所以然,编出来的教材就会学科逻辑不通,还可能犯常识性、知识性错误。他认为不研究学生和教学,对学生身心、教学实际没有钻研,学问再大,立意再高,编出来的教材思想性、科学性、知识性、逻辑性再强,不切合儿童年龄特点和身心发展规律,学生不爱读,也达不到目标。基于此,他提出了教材建设研究要"协同创新"。

(四)教科书体例和内容的变化

教科书是教师备课、上课、评课的依据,更是学生预习、学习、复习的重要资料,其编写体例和选择的内容直接决定着教学实践,影响着教学方法和教学效果。教科书编写的首要任务是建构体例。各学科的教科书编写体例没有固定格式和要求。

新一轮教育改革前后的一段时期,教育目标多指向"物",这种产生于工业时代背景下的模式,表现在教育领域就是偏重于知识能力教学,具体到教科书,体现为对知识技能内容的突出,一定程度上淡化了将学科知识和学科教育置于宏阔的文化环境之中去看待。

教育改革的不断深化有利于催生多样化的教科书体例,其变化趋势向着更具思想性、科学性、适宜性、时代性、创造性等方向发展。学校课程开始更多关注学生成长的关键能力和必备品格,将学生核心素养的培育贯穿在教科书编写的整体脉络之中,教科书体例也随之更显丰富性和综合性,主要表现在以下几个方面。

1. 大概念统领单元主题

教科书是课程标准价值和内容的承载体,教科书中选用的教学材料具有经典性和广泛性,兼顾传统与现代、中华文化与世界多元文化。主要内容除了国外的经典内容,绝大部分是中华民族五千多年文明所孕育的优秀文化,包括近现代无数仁人志士为民族复兴不屈不挠、前赴后继进行可歌可泣斗争题材的作品,以及当代植根中国特色社会主义伟大实践和多彩现实生活所创造的优秀文化。具体到教科书的编写单元中,绝大多数是立足学科大概念确定单元主题,教学内容更加多元,为教学提供了更为丰富的资源,为教科书使用者提供了批判性和个性化的使用空间。教科书使用者可以在单元、大单元、主题式的背景下或增或减或重组教科书内容,进行整体性、联系性的教学,培养学生的学科核心素养。这种教科书编写体例贯穿于按单元主题组织的课程内容中,每个单元设置或长或短的课时。如高中音乐鉴赏模块的教材,人民音乐出版社2019年版普通高中教科书《音乐·音乐鉴赏(必修)》全书共有相对独立的十八个单元,分序篇、上篇和下篇,其中上篇各单元主要以音乐体裁分类,下篇各单元则有中外音乐简史的贯穿。每个单元占用2至4课时,内容具有关联性。

2. 知识技能的渗透

从特定视角观察,教科书把学科总目标分解到各单元或每节课而形成阶段性目标,便于学生循序渐进地学习和掌握。各学科教科书各单元章节的阶段性目标即是对该学科课程总目标的具体分解,以学科知识、学科技能的学习贯穿其中,通过创意性的体例设置和丰富多彩的内容体现出来,最后融通为一个具有逻辑性的教科书体系。通过小学、初中、高中的学习,学生建立起学科知识与能力的系统结构。以音乐学科为例,不同版本的中小学音乐教科书,均穿插有音乐知识相关内容。从音的性质到音符、休止符,再到节奏节拍、速度力度、调式调性、和声织体、情绪情感等表现要素,以及乐句、乐段、音乐结构等内容,都会渗透在学习音乐和分析作品的过程中,成为教科书内容的重要组成部分。如,人民教育出版社2014年版义务教育教科书《音乐(简谱)》一年级上册第一课"有趣的声音世界",通过学唱歌曲《大雨小雨》《布谷》《大鼓和小鼓》和欣赏管弦乐合奏《青蛙音乐会》等,引导学生感受音的"强弱"。第四单元"音乐中的动物",安排了引导学生了解音的长短的内容。关于节奏学习和二声部合奏,即由易到难,从第一课开始渗透到了每节课的学习中,在小学、初中和高中音乐教材编写中都采用了这种贯穿性的体例设计。

3.任务驱动,突出实践

依据学生身心发展组织的教科书编写体例体现了教育改革立德树人的根本任务,更多关注学生的全面发展和终身发展。《义务教育课程方案(2022年版)》提出要"加强课程与生产劳动、社会实践的结合,充分发挥实践的独特育人功能。突出学科思想方法和探究方式的学习,加强知行合一、学思结合,倡导'做中学''用中学''创中学'。优化综合实践活动实施方式和路径,推进工程与技术实践。积极探索新技术背景下学习环境与方式的变革"。与之相应,教科书编写也将发生变化:在真实性情境中以任务化、项目化等形式组织课程内容,以结构化的形式凸显课程的实践性,旨在培养学生在真实情境中发现问题、解决问题的能力,在做中、用中、创中培养学生的核心素养。不同学科的教科书有其特有的呈现体例,如音乐学科,有的设置"学习任务单""学习驿站",有的设置"练一练""唱一唱",有的设置"学练提示""音乐卡片"等,体例多样化。高中音乐鉴赏教科书中会有"作品鉴赏""作品知识""拓展探究"等栏目,这些栏目的设置分别对应了不同学段学生的身心发展特点,旨在使"关于世界的知识"变成学生"通向世界的知识"。

4.跨学科融入,注重关联

《义务教育课程方案(2022年版)》中明确提出,"各门课程用不少于10%的课时设计跨学科主题学习",这就意味着教科书的内容要注重与学生经验、社会生活相联系。就音乐课而言,不仅要关注强化学科内知识的整合,更要注重音乐与其他学科之间的内在联系,从而实现课程协同育人的功能。跨学科主题的融入也是教科书编写需要考虑的问题。跨学科是打破学科壁垒、培养学生综合能力的重要方式,意味着不同学科知识的交叉和衔接,意味着多门学科在教和学的进程中融会贯通,旨在培养学生以多学科的思维方式解决问题的能力。以基础教育中的艺术学科为例,其中包括了音乐、美术、舞蹈、戏剧和影视等五门学科,虽然彼此独立,但是又相互融入,其中3~7年级以音乐、美术为主,有机融入姊妹艺术。同样,高中音乐课程的六个必修(选学)模块和六个选择性必修模块,也是彼此独立又相互融入。但这些仅仅是学科内的"小跨"或者"内跨"。"跨学科"也可以是音乐与地理、历史、政治、哲学、美学等人文学科之间,与物理、数学、生物等理科之间的"大跨"或者"外跨"。总之,教科书的编写要逐步探索跨学科内容的融入,注重各学科内容之间的彼此关联。

时代在变,学生在变,课程改革在向纵深发展,构建适应未来社会的新课程体系教科书研究体系需要我们持之以恒。田慧生在为石鸥《教科书概论》作的序中说:"恩格斯曾言:'一个民族要想站在科学的最高峰,就一刻也不能没有理论思维。'经过近几十年的辛勤耕耘,我国教科书研究领域已开辟出一片新天地……期待以中国话语叙说教科书内容的具有中国特色、中国气派的'教科书学'早日形成。"[1]我国的教科书建设正在向专业化发展,中国气派的"教科书学"正在构建。无论是教科书使用者还是教科书研究者,都要继续深入学习贯彻习近平总书记关于教材建设的重要指示,切实落实教材建设国家事权,推进新时代教材建设,全面提升教材质量,发挥教材育人作用,形成新时代教材建设合力。教科书建设是一项战略工程、基础工程、系统工程,我们要持之以恒,久久为功。

第二节　中小学音乐教材论研究的理论基础

中小学音乐教材论的研究是整个社会变革和学科发展的必然结果,是一项综合的研究,涉及多个领域的研究理论。首先,中小学音乐教材论与音乐学科本身的研究密不可分;其次,音乐教材研究作为教育研究体系内的一个部分,与教育学又紧紧相依;再次,教材与千千万万人的学习生活紧密相关,与其传播的途径、手段、技术有直接的联系,故而教材论研究也受传播学的影响。因此中小学音乐教材论研究与教育学、音乐学、传播学、社会学等学科联系密切。

一、以教育学为基础

美国课程专家施瓦布认为,课程是教师、学生、教材、环境四类因素动态交互构成的一个"生态系统"。教材作为其中一类因素,在学校教育中发挥着重要作用。教材的建设与发展直接决定着教育的质量和未来。随着新思潮和新理念在不同时期的出现,音乐教材的革故鼎新也从未停止前进的步伐。中外现代教育研究的发展历程中,教育家、哲学家、心理学家等通过各种研究方式,不断为"未来教育理想国"添砖加瓦。他们的思想和理念需要在教育实践中逐步检验和实施。中小学音乐教材作为教育系统的一个部分,也承载着丰富的教育思想与理念。中小学音乐教材的研究和建设一定要以教育学理论为基础,同时彰显音乐学科特色。"中小学音乐教材论"的研究,也必然以课程与教材论、教育心理学、教育原理等教育学理论为基础。

---

[1] 石鸥.教科书概论[M].广州:广东教育出版社,2019:序—2-3.

首先,从教学论视角看教材的重要性。一方面,教材内容有其特定的理论支撑。就学科结构而言,教材一定是对学科知识有系统的建构。美国教育心理学家布鲁纳认为,学科结构是深入探究和构建各门学科必需的原则。掌握学科结构,便于理解、记忆科学知识,有助于缩小高级知识与初级知识之间的差距,使学生学会如何学习。[1]以此观照小学到高中的音乐教材,单元章节有序编制,体现出音乐知识的系统性和内在逻辑结构。在教学论发展的历程中,德国教育心理学家瓦根舍因提出的范例教学主张向学生教授精选的基础知识,发挥其示范作用,有助于学生达成知识的举一反三、有效迁移和实际应用等目标。[2]中小学音乐教材中选用的音乐作品,多为具有代表性的经典作品,对其进行深入分析和整体把握,使其成为教学的最优范例,能有效促进音乐教学。

其次,教材研究和心理学知识是紧密联系的,需要借助心理学知识认识学习主体。班杜拉的社会学习理论认为,除认知因素外,社会和情感因素带给学习者的影响也很大。皮亚杰的认知心理学同样强调了这几个因素。学科内容的基本取向有学科知识、社会生活经验、学习者自身经验三个方面,学科内容的选择由此必然受到社会、知识、学生三个方面的影响,从这个意义来看,需要以心理学为理论依据选择教学内容,以适合学生的年龄、兴趣和认知。学校音乐教材编写主张学生在知识、能力、情感三个领域平衡发展。在关注学生心理发展的同时,更加关注与其相关的情感体验,便于教师在音乐教学中提高学生对音乐的认知水平,丰富学生的情感体验。教材内容的选编同样也是基于社会认同、学科知识、学生认知的,且随着学生年龄和学段的递增而逐渐调整内容结构。心理学相关理论为中小学音乐教材的内容编制提供了理论基础。

再次,教育现代化催生了教材的现代化。音频、视频、软件等现代信息技术的产物,相继成为教材的组成部分。中小学音乐教材都有配套的多媒体课件,视频、音频资料等。有些教材配有二维码,用手机扫描即可观看视频,更具有实用性和可操作性。

此外,教学的学程化也是目前课程与教学改革的一个亮点,夸美纽斯在《大教学论》中说道,教材"应该写得简单、明晰,应该充分帮助学生,使他们在必要时可以不必假助教师,自己就能进行学习"[3]。这正是教材学程化的一个映射。我国传统的教材一般配套有教师用书,其更多注重教的功能和价值。当前的一些教材则多立足于国家和学生的发展条件,借鉴国外以学生需要为着眼点的思路,注重与学习者建立内在关系,具体表现为侧重"学法",也重视学生的自学辅助。这种情况下,教材由原本的"教程"式向"学程"式发展[4],遵循学科发展的逻辑和学生的认知发展规律,提供可参考的学习方法和策略,满足学生自主

---

[1] 施良方.课程理论-课程的基础、原理与问题[M].北京:教育科学出版社,1996:15.
[2] 陈基伟.西德"范例教学"教学评介[J]华南师大学报(社会科学版),1985(1):126.
[3] 夸美纽斯.大教学论[M].傅任敢,译.新2版.北京:人民教育出版社,1984:145.
[4] 袁振国.当代教育学[M].4版.北京:教育科学出版社,2010:137.

学习需要,既是教师教学的参考和指导,也是学生学习的辅助和依据,使学生能够在自主状态下完成初步学习。

二、以音乐学为基础

音乐教材具有特定的学科特色和学科属性,是基于"音乐"的教材。中小学音乐教材的研究与建设贯穿音乐学理论体系中的美学、史学、哲学、声学、律学、欣赏等相关内容,具有特定的学科意义。

第一,从音乐本体看,中小学音乐教材涉及音乐学科的各分支专业,如演唱、演奏、视唱、分析、创作等。首先,总体来说,无论是国内还是国外的中小学音乐教材,其内容都涉及音乐学科的唱歌、欣赏、创作等方面。日本"音乐课本是一年一册……其歌曲、欣赏和乐理教材份(分)量大抵相同"[①]。我国近代学校音乐教材从1904年"癸卯学制"时期的《教育唱歌集》《学校唱歌集》开始,发展到当前义务教育阶段的《音乐》,高中阶段分别为六个必修(选学)模块和六个选择性必修模块编写的教材。基于学校教育的视角,学生有理由选择能满足个人需求的学习内容,由此,音乐学科的教学内容和教材类型更加多元丰富。

第二,从内部结构看,教材比较注重不同单元的内容分类,如将演唱、欣赏、艺术表演等各类内容在教材中穿插交替。义务教育阶段的音乐教材更加注重每节课教学内容和类型的丰富性,除歌唱、欣赏、创作外,教师可根据学习对象的具体情况进行单一或综合教学设计,满足学生多样化的兴趣和需求。值得指出的是,多声部音乐的学习贯穿了从小学到中学的全部教材。小学起始年级就有二声部节奏或演唱的简单练习,之后,随着年级的递进,多声部学习的深度难度逐渐增加。教学方式上,从师生配合到学生之间的配合,从器乐与人声或声势与人声到严格意义上的二至多声部合唱、合奏,学生得以循序渐进地学习。

第三,从教材内容看,音乐学科既有感受与欣赏作品的学习,也有基础知识和基本能力的学习。小学一年级至高中,与乐理、视唱练耳相关的内容,由易到难、循序渐进,按不同学段学生的认知特点,贯穿于教材编写当中。如人民教育出版社出版的小学一年级上学期的音乐教材,从了解音的性质(强弱、长短等)开始,小学一年级下学期的音乐教材中有节奏节拍及简单音组模仿;二年级有音的高低和简单节奏、曲谱的模唱。随着年级递增,乐理知识逐渐变深变难,有节奏节拍、速度力度、音乐结构、多声织体、调式调性、音程、和弦等内容。视唱练耳教学中的节奏、音程由简单到复杂,难度系数日益加大,学段间注重衔接和过渡。此外,围绕声乐、器乐作品的欣赏,均穿插了侧重不同的知识和能力学习内容。引导学生进行音乐技能和技巧学习,也是音乐教材中的一个有机组成部分。围绕

---

① 费承铿.日本中小学音乐教材的启示[J].中国音乐,1989(1):31.

声乐作品的鉴赏,教学内容一般从作品产生的时代背景、作者的创作背景,以及音乐的速度、力度、情绪、情感、结构、调性等角度,引导学生理解丰富的音乐内容,感受音乐作品的艺术感染力。同时,还要针对声乐演唱的发声技巧、呼吸练习、咬字吐字等,引导学生有感情地、自信地进行创意表达。围绕器乐作品的鉴赏,除介绍作品的创作背景、作者情况,也注重对音乐风格及其流派特征的分析,对作品曲式结构及表现形态的分析,从而引导学生学会发现音乐美、品鉴音乐美的能力。这些能力都建立在对音乐作品综合分析的基础之上,反映出音乐教材所呈现的鲜明的音乐学科特征。

第四,从音乐史学的角度看,中外音乐发展简史相关知识也成为中小学音乐教材的贯穿性内容,其中包括不同区域、不同历史时期的中外民间或传统音乐介绍。中小学音乐教材勾勒出了一条清晰的中国音乐发展历史脉络,围绕中国音乐的发展,一方面介绍了众多音乐家,另一方面介绍了各类体裁的代表性音乐作品。具体到中国声乐作品,从古曲、琴歌,到学堂乐歌、创作歌曲,再到群众歌曲、流行歌曲、影视歌曲、颂歌等;具体到西方音乐,对不同时期、不同流派的音乐家及不同风格作品的介绍,同样是以从古至今的时间为线贯穿于教材中。高中音乐鉴赏教材,几乎都有从巴洛克宗教音乐到古典浪漫乐派,再到民族乐派、印象派以及现代音乐的西方音乐发展简史。从某种意义上讲,一套完整的中小学音乐教材也隐含着一部贯穿古今中外的音乐发展历史。

第五,从音乐审美心理学的视角看,音乐的审美价值在于通过内容与形式的和谐统一,调动欣赏者的审美感受,在内心唤起一定的情感意向。由此,无论是音乐的艺术表现,还是其情绪、情感、情景等的艺术传达,都要以音乐为载体。中小学音乐教材中的音乐作品都要依托教材去实现其审美功能。音乐教材选择的优秀作品,最终指向使学生通过一个有效的学习过程,逐步培育和发展自身的音乐审美素养。音乐世界中,有声无声均有情,声情并茂,有艺无艺均有意,艺意结合。由此,音乐教材的编写又无处不蕴含着基于音乐审美心理的教学内容。

此外,音乐作品可以通过激发通觉、联想的拟声效果构建,将学生带入特定的音乐意境中,使其体会以声传情、以情带声。教师要善于将对音乐的体验、感知、联想、想象、情绪、情感、联觉等心理活动,应用在音乐教学的全过程,让这些心理活动在音乐听赏和表演过程中均发挥重要作用。以联觉为例,联觉是"从一种感觉引起另一种感觉的心理活动",即对一种感觉器官的刺激引起其他感觉器官感觉的心理活动。[①]最常见的联觉是"色—听"联觉,即对色彩的感觉能引起相应的听觉,现代的"彩色音乐"就是对这一原理的运用。中小学各门学科中,音乐学科最能激发人的体验。从音乐本体论

---

① 周海宏.音乐与其表现的世界:对音乐音响与其表现对象之间关系的心理学与美学研究[M].北京:中央音乐学院出版社,2004:39.

的角度出发,音乐性内容的教与学蕴含在音乐教材中,音乐教材同时也具有激发学生音乐学习欲望、提示学习方法和促进学习个别化与个性化的功能。音乐知识的学习、音乐情绪的感知,不是通过讲解音乐教材的内容,而是在把握音乐特征的基础上,引导学生对音乐的感知和体验。因此,关注学生对音乐本身的感知体验,是选择和运用任何一种教学方法的重要前提。

第六,从学校美育的角度看,音乐教育教学在学校美育中承担着重要任务。学生可以通过音乐学习和实践活动,掌握知识技能,拓展想象力,激发参与音乐表演和创作实践的兴趣,增强自信心和成就感,同时增进集体意识及人与人之间的交流沟通。不同时期的音乐教材蕴含着特定的美育内容,如学堂乐歌即是清末民初重要的美育载体。儿童通过唱歌,愉悦身心,提高审美能力和品德修养,获得科学、自由、民主、平等、博爱等理念,获得富国强兵、抵御外侮、破除迷信、妇女解放等方面的思想认识。近年来,国家空前重视学校美育。2015年,国务院办公厅颁布《关于全面加强和改进学校美育工作的意见》;2018年,习近平总书记在全国教育大会上指出,要全面加强和改进学校美育,配齐配好美育教师,坚持以美育人、以文化人,提高学生审美和人文素养;2020年,教育部部长在全国教育工作会议上表示,要对准体育、美育、劳动教育发力,推动教体相融合、划出美育硬杠杠、构建劳动教育责任链条,持续推进学生艺术素质测评,把学校美育工作纳入督导评估和考核体系,让"软任务"变成"硬指标";同年10月,中共中央办公厅、国务院办公厅印发《关于全面加强和改进新时代学校美育工作的意见》,对新时代学校美育工作进行了系统设计和全面部署,提出加强美育与德育、智育、体育、劳动教育相融合,有机整合相关学科的美育内容,形成充满活力、多方协作、开放高效的学校美育新格局。新时代背景下,推动音乐教材的进一步发展意义重大。

三、以社会学为基础

社会学是对社会进行综合性研究的科学,教育是社会的职能,也是社会学研究关注的内容之一。波普诺在其《社会学》一书中指出,"教育是一个群体传授知识、价值观和技能的一种正式制度。一个国家的教育反映了它的文化。教育最明显的功能就是传授知识和技能,另一个显性功能就是价值观的文化传递,学校将社会的核心价值观一代又一代地传递下去"[1]。教材在教育中有着举足轻重的作用,也无可避免地要反映国家社会的文化与核心价值观。可以说,教材是对所处时代和社会的回应,中小学音乐教材亦是如此。

---

[1] 转引自:李金初.人生中心教育论[M].北京:商务印书馆,2019:162.

在世界教育发展史上,多元化的社会思潮带来多样化的教育变革,同时也推动着教材的变革。德国教育学家赫尔巴特提出发展人的"多方面兴趣"理念,提倡以学科为中心的课程论,与之相适应的教材内容编写必然要注重学科的基础知识、学科规律和技能技巧等。对课程改革产生较大影响的是美国教育家杜威,他提倡人文主义课程论,反对"把教材当作某些固定的和现成的东西"[①]。提出以儿童生活经验为中心,使历史、文艺、科学教材对儿童生活有真正的价值。博比特则主张教育要使学生为成人生活做准备,其文章《消除教育中的浪费》认同要根据学生的能力进行教育,相应地,课程内容多样化,才能满足每一类个体所需。这些教育思想都影响着教材编写。我国的学校课程建设力求既体现学科特点又以学生为本,既关照共性也有利于发展个性。在编写新的中小学音乐教材时,注重分析不同历史时段基于不同理念编写的音乐教材之特点,总结经验,深入思考我国基础教育领域课程教材的改革发展进程和新时代对中小学音乐教材的新要求,秉持以人为本、突出学生主体地位的基本理念,以全面发展为目标、培育学生学科核心素养,最终落实立德树人根本任务。具体而言,就是围绕提升学生的审美水平、培养其兴趣爱好、注重实践、开发其创造力等方面,倡导突出音乐特点、弘扬民族文化、接纳多元文化的教育思想。

中小学教材的编写、审订、使用、评价等,有一整套严密的规则和程序。也是随着社会发展逐渐趋向制度化、规范化的。2019年2月,中共中央、国务院印发《中国教育现代化2035》,提出健全国家教材制度,统筹为主、统分结合、分类指导,增强教材的思想性、科学性、民族性、时代性、系统性。

首先,研制中小学教材首先要体现思想性,"一定的教材体系必然是一定的国家、一定的社会发展阶段在社会政治、经济、文化等方面最基本、最集中、最系统的综合反映,具体体现着该时期社会对人才德、智、体、美、劳等方面的要求,是教育目标的具体体现和课程计划的物化形态,也是社会化的人应具备的基本素质"[②]。教材具有鲜明的意识形态性,其内容必须考虑一个国家和社会特殊时期的要求[③]。因此,研究中小学音乐教材必须坚持正确的政治方向。我国的中小学音乐教材编写就有着鲜明的教育思想和育人导向,例如,《义务教育课程方案(2022年版)》对义务教育课程教材的指导思想进行了明确的说明:"以习近平新时代中国特色社会主义思想为指导,全面贯彻党的教育方针,遵循教育教学规律,落实立德树人根本任务,发展素质教育。以人民为中心,扎根中国大地办教育。坚持德育为先,提升智育水平,加强体育美育,落实劳动教育。反映时代特征,努力构建具有中国特色、世界水准的义务教育课程体系。聚焦中

---

① 施良方.课程理论[M].北京:教育科学出版社,1996:65.
② 曾天山.教材论[M].北京:人民教育出版社,2019:70.
③ 石鸥.教科书概论[M].广州:广东教育出版社,2019:114.

国学生发展核心素养，培养学生适应未来发展的正确价值观、必备品格和关键能力，引导学生明确人生发展方向，成长为德智体美劳全面发展的社会主义建设者和接班人。"与之相应，新研制的教材必然会融入社会主义核心价值观、中华优秀传统文化、革命文化、社会主义先进文化等相关内容。

其次，中小学教材研究要体现基础性。中小学教育是基础教育而非专业教育，教材是所有学生学习必不可少的"物化"载体，使用者首先是全国各地中小学校的学生，教材内容要具有基本性、基础性和普适性。所谓基本性是指学生掌握的内容应该是一门学科的基本要素，即基本概念、知识结构和科学规律。所谓基础性是指课程内容要适合学生认知发展水平，贴近学生实际生活，使课程内容成为学生将来发展的基础。[1]《礼记·学记》中"不陵节而施""先其易者，后其节目"，就是强调学习的循序渐进、先易后难原则。中小学音乐教材的内容是经过精挑细选的，是适应学生身心发展的经典之作和基础性知识，学生通过从小学到高中的学习，可以循序渐进、由浅入深地体验感悟音乐的音高、音准、节奏、节拍、调式、调性、和声、织体等各类要素，对不同体裁和题材的声乐器乐作品的表现形式、表现手段，阶梯式地理解把握，逐步积累音乐基础知识和基本技能，提高音乐素养。

四、以传播学为基础

教材是知识的载体，学校的职能是传授知识，培养人才。传播学的任务是解释人类传播过程的本质，强调人作为传播活动的主体能对各种符号进行解读，并在解读过程中建构社会环境的思考模式。教育是有目的的传播活动，教育传播媒介是一种特殊的媒介形式，具有一般媒介的社会功能，即环境监测功能、社会协调功能、文化传递功能。根据拉斯韦尔的"三功能说"，可将教育传播媒介的功能具体划分为信息传递、价值引导和文化传承。中小学音乐教材的研究对教育传播起着重要的作用。

第一，从传播媒介看，教材是知识信息的载体，教师通过合理的教学实施这一传播媒介，把知识和能力素养"传播"给学生。此时被传播的学科知识一定观照的是学科知识的逻辑系统。教材所传递的就是阶进的文化知识，注重文化知识的积累，注重逻辑系统的编排，以促进能力进阶。所谓逻辑顺序，是指根据学科本身的系统和内在联系组织课程内容。教材编写注重学科知识体系的系统性，学生获得的学科知识不是碎片化的，而是具有一定内在联系的、系统连贯的知识，符合学科知识的内在逻辑，符合传播的逻辑规律。拉尔夫·泰勒在《课程与教学的基本原理》中指出，顺序性是指提高学习者发展的广度和深度，而整合性是指提高学习者的行为和涉及的相关要素的统一性。这就意味着，需要依据

---

[1] 施良方.课程理论：课程的基础、原理与问题[M].北京：教育科学出版社，1996：144.

其对学习者的心理意义来考虑组织的原则。[1]这说明教材内容要符合学生的智力、能力等认知发展规律。

中小学音乐教材的编写同样要遵循音乐学科特有的系统性和逻辑性。首先,从小学到高中的整套音乐教材中,从纵向看贯穿着音乐的发展历史,从横向看,编排了不同风格、题材、体裁的作品,纵横交织,形成螺旋上升的内在逻辑系统。其次,从传播学的角度看,教材知识传播的过程一定有阶进顺序,所以教材内容的组织也具有一定的"顺序",必须符合学生的心理认知发展水平。依照从小学到高中不同学段学生的心理认知发展情况,教材内容组织呈现由浅入深,由易到难,知识与技能教学相互衔接的特点。当前的中小学音乐教材在欣赏、歌唱、表演、创作等方面,根据各学段的学习目标组织编写内容时,都考虑到与相邻学段的衔接。由此,中小学音乐教材的内容安排表现为教材知识体系和学生心理发展具有逻辑性的有机统一。

第二,从信息传播者看,教材内容要变成学生掌握的知识和能力素养,需要教师这一传播者。此时教师就是知识信息的编码者,编码者所承担的责任就是合理地、有选择地把教材内容及其蕴含的文化内涵与思想整合成传播信息,经过多样化的教学手段与方法传递给学生。因此,从传播学的角度看,信源尤为重要。教师要根据学生的学习需要合理运用教材,给学生传递经过优选的教材资源,使得基于教材的教学内容更加优质,以实现更加精准的知识信息二次编码与迁移。中小学音乐教材中包含着中外优秀音乐文化知识,音乐教师需要把教学信息编好,然后通过音乐课堂教学传送给学生,教师传送信息的方式决定着学生接收信息的质量。音乐教师在使用教材时如果能够基于教材内容,拓宽、深挖教材内涵,把优秀的音乐文化知识传递给学生,并且能够激发学生的创造潜力,让他们学会建构新的知识,增强迁移能力,那么,这个传播过程就是畅通的、成功的。而且,恰恰只有这样,教材也才能真正发挥其作用。

第三,从信息接收者来看,教材内容经过教师的教学这一传播活动被学生所接受。学生在接收信息的时候一定不是全盘接收,根据信息传播的规律,信息通过传播以后,会有流失或变化。对于学生而言,接收信息的过程一定融入了自己的主观理解和能动反应,会有信息的二次加工和编码。中小学音乐教材的内容最终传递给学生,学生最好的收获就是自身音乐知识与能力的提高,音乐审美品位的提升,以及创造性思维的培养和人文素养的提升。詹姆斯·凯瑞的传播仪式观认为,建构一个有意义、有秩序、能够用来支配和容纳人类行为的文化世界是传播的起源及最高境界。就此意义而言,中小学音乐教材内容传播给学生之后,学生同样也在建构另一种意义的教材内容,如此往复,中小学音乐教学就是一个有意义、有秩序的音乐知识传播过程。

---

[1] 泰勒.课程与教学的基本原理:英汉对照版[M].罗康,张阅,译.北京:中国轻工业出版社,2014:102.

第三节　中小学音乐教材与音乐教学

教材是教师教学生涯中密不可分的"伴侣",是学生学习生活中不可或缺的"朋友"。教师教学目标、重点、难点及内容的斟酌,教学方式的选择,教学情境的营造,教学评价和考试形式的确定等,都离不开教材。

传统观念认为教材是教师备课的依据,教师须完全忠实于教材,严格执行教材要求,在教学过程中把教材内容加以细化和充分阐述,传递给学生。这在某种程度上有"唯教材论"的倾向。随着教育教学领域不断深化改革,教材和教学不再是单一的上位与下位关系,更是一种相互促进、相互影响的关系。就音乐学科而言,一方面,中小学音乐教材是音乐教学的依据,指导着教学的各个环节,另一方面,教学活动也会促进教材不断完善,使其更加适合教育教学和学生发展的需求。

一、音乐教材与音乐教学方法的选择

教材具有普适性特征,教材内容基本符合学习者的年龄发展和认知特点。教师在教学过程中,主要依托教材备课,包括确定教材内容,进行教学设计,选择教学方法。此所谓"利用教材教"。

教材与教学方法关系密切,对教学方法的选择有重要影响。"M.H.斯卡特金认为,在教材中应有这样或那样的教学程序或教学方法,教材中应当包括当前教学活动的多种教学方法模式和教学设计思想。"[1]每门学科都有独特个性,每门学科的教学内容也有与之相对应的教学方法。

音乐教学主要包括提升学生音乐审美水平的各类实践。美国布鲁纳结构主义教学论提出"发现学习"理念,主张教师引导学生参与学习过程,主动探究,发现知识。在"发现学习"的过程中,学生不仅能够得到知识,也能获得探究的态度和方法。美国音乐家雷默提出"一种基于体验的音乐教育哲学,顾及、尊重并培养一长列音乐独有的特性以及人们接触音乐的途径,同时也认识到,这样的接触如何能够在音乐上包括并且改造很多生活与文化的尺度"[2]。实践的音乐教育哲学关注音乐教育的行动和过程,认为音乐学习关键在于

---

[1] 曾天山.教材论[M].北京:人民教育出版社,2019:131.
[2] 雷默.音乐教育的哲学:推进愿景[M].熊蕾,译.3版.北京:人民音乐出版社,2011:64.

实践,强调"学生"这一实践主体,主张学生通过亲身参与各类活动进行音乐学习。埃里奥特认为音乐教育的主要价值是自我成长、自我认识以及最佳体验,音乐实践的目标是培养学生平衡发展自身的音乐能力,从中获得自我认识、自我愉悦和自我成长。基于此主张,参与音乐的体验即成为音乐教学的方法。

教材作为引导学生学习和探索的工具,不仅向学生展示具体的知识内容,还逐步地向学生展现如何获得知识的学习方法和过程,使学生体验从实践中发现和提出问题,认识并解决问题。从单纯模仿到独立思考,从被动接受到不断形成创新思维。教材中基于学习方式的提示,无疑能给学生的主动学习和能动学习提供必要帮助,使学生在自主状态下完成学习任务。因此,出现了探究学习、合作学习等多样化的音乐学习形式。

学堂乐歌时期,音乐教材经常是一本"唱歌集",学生的课堂音乐学习就是唱歌,教师的教学多表现为口传心授的"我教你学"的模式。这种音乐学习方式在学校教育领域持续了很长时期。雷默说他在1986和1998年两次访问中国,都感受到了中国的学校音乐教学在一定程度上偏离了"音乐决定教学组织的本质条件"这一原则,而倾向于一套颇具局限性的固化内容。这种状况下,学生体验音乐的范围较窄,教师的教学方法多依靠练习、模仿、重复以及按部就班的习惯养成。[1]造成这种现象最直接的原因就是教材及其中的内容所能提示的教学方法具有单一性。

布鲁纳的"发现学习"认为,一切真知都是学习者自己发现的。他指出,只有亲自发现的知识才是真正属于个人的,才是自己的内在财富。教育要培养智力的卓越性,实际上就是培养发现知识的能力。[2]这种能力从何而来？一定来自学生的亲身体验。夸美纽斯在《大教学论》中围绕艺术教学法讲到,凡是应当做的都必须从实践去学习。师傅并不用理论去耽搁他们的徒弟,而是从早就叫他们去做实际工作。[3]由此可以说,教学中引导学生积极参与实践并力求在体验中把握真知、探究直接经验,是一个非常重要的教学方法。随着教学改革不断深化,我国中小学音乐教材的内容更注重学科特点和学生发展需要,趋向于更科学的学科价值取向,更注重让学生深刻领悟学科的哲学思想内涵。埃里奥特指出,学习者在各类音乐实践活动中所体验到的自我成长、自制自觉等本质特性是独特的。雷默提出,"音乐教育的中心任务就是,让所有表现形式的音乐体验尽可能广泛地达到所有的人,并且对每一个人都尽可能丰富地培养这种体验"[4]。基于这种体验和实践的音乐教育哲学,中小学音乐教材的内容选择也蕴含着与之相适应的教学方法,如体验教学、探究

---

[1] 蔡梦.从教育看向音乐:蔡梦音乐教育研究文集[M].北京:人民出版社,2020:28.
[2] 张华.课程与教学[M].上海:上海教育出版社,2000:123-124.
[3] 夸美纽斯.大教学论[M].傅任敢,译.北京:教育科学出版社,1999:149.
[4] 雷默.音乐教育的哲学:推进愿景[M].熊蕾,译.3版.北京:人民音乐出版社,2011:105.

教学等。其中，体验教学最简单直接的方法就是"聆听"。"聆听是体验音乐的前提，普通音乐课的重要目标便是发展学生的聆听，告诉学生在聆听时如何使音响变得更富有表现力。"[①]除此之外，还有歌唱、演奏、综合性表演和创作等多种体验方式。教师在教学过程中，应注重引导学生对参与体验、感悟、理解等的方法的应用，使学生在体验中提升艺术审美素养，进一步追求崇高的人文精神，加强对真善美的深度认知。

浏览当前的中小学音乐教材，其中围绕各类实践活动设置或提示了相应的教学方法。如，人民教育出版社小学和初中教材中，配合学习内容设计了奥尔夫、科达伊等教学法。教师可通过教材中设置的"目标要求""学练提示""知识与实践""思考与练习"栏目，以及"想一想""说一说""做一做""编一编"等实践活动，串联节奏、声势、小乐器知识及二声部体验等，完成教学任务。人民音乐出版社小学音乐二年级上学期第一单元教材中，围绕音高教学设计了柯尔文手势。人民教育出版社七年级上册第一单元"中学时代"欣赏课"蓓蕾之歌"，课后有"观察与思考"环节，帮助学生了解歌曲中节奏、节拍、力度、速度、情绪、调号、歌词、小节线等音乐要素；唱歌课"中学时代"课前有学习目标"能够自信地、有表情地演唱这首歌曲。注意体会齐唱与合唱不同的演唱效果"。通过这些引导，学生在唱歌过程中可以更清晰地学习重点内容。课后有"学练提示"："合唱时，注意两个声部的均衡，做到'边唱边听'。即在演唱自己声部的同时，注意聆听另一个声部。"课后"活动与探究"一栏明确指出："目的：初步了解歌曲中旋律与歌词的关系。步骤：1.朗读歌词。2.轻声哼唱乐谱。3.分析词曲在句读上的关系。4.在乐谱恰当的位置画上换气记号'v'。"人民音乐出版社2014年版普通高中教科书《音乐·音乐鉴赏（必修）》第一单元"学会聆听"第一课，教材编写者设置了"拓展与探究"环节，结合教材内容提出具体的教学方法和鉴赏角度作为教学提示，其中第一点就是围绕《草原放牧》和《第六（悲怆）交响曲》第四乐章两首曲目的鉴赏提示："感受、体验两首乐曲的音乐情感。相比这下，两首乐曲在音乐情绪上有什么不同？它们使你产生了怎样的联想与想象？将你想象中最深刻的内容用散文或绘画的形式表现出来。"

这些教学方法和学习方法的提示，贴近学生的学习，易于操作，能够激发学生的学习动力，同时赋予音乐教材实用特色。教师在引导学生鉴赏或表现音乐时，也有了更加灵活的操作方式。如人民音乐出版社2014年版普通高中教科书《音乐·音乐鉴赏（必修）》第十一单元第二十一节"一个人的流派——德彪西"，意在引导学生领略印象主义作品中缥缈的旋律、多彩的音色、独特的和声等特征。教材中给出了一些印象主义画派的美术作品，教师引导学生聆听交响素描《大海》第一乐章《海上——从黎明到中午》时，就可以

---

① 蔡梦.从教育看向音乐：蔡梦音乐教育研究文集[M].北京：人民出版社，2020：28.

结合美术中的艺术元素,引导学生将聆听感受与视觉感受相结合,从而可以更直观地理解印象主义音乐。

二、音乐教材中教学内容的选择

中国近代著名学者严复曾说:"最浅之教科书,法必得最深其学者为之。"[①]教材的内容必定是经过了编写者严格考究和论证后,从浩如烟海的知识中精挑细选而来,一定程度上也必然带有选择者文化背景和综合素养的影响。从这个意义上看,教材不可能是绝对客观、科学的。教师对待教材的科学态度,就是利用它达到教学目的,就是用教材来教,而不是教教材。[②]教师利用教材教,即依据自身实践与研究,自主探讨学科课程与教材,以课程内容的自主创造为前提,把教材作为教学资源之一加以利用。

钟启泉编译的《现代学科教育学论析》一书中提到,教师可从五个方面着眼于教材的指导活动原则:第一,结合生活充分挖掘教材的教育性;第二,针对教材本性处理教材;第三,保障教材处理的系统性;第四,从教学论角度选析教材;第五,使学生能动地吃透教材。[③]基于这些原则,合理利用音乐教材实施学校音乐教学,有着非常重要的现实意义。

(一)音乐教学内容以教材为主要依托

曾天山认为,教材的内容组成既出自课程计划,更直接源于课程标准,所构成的学科内容既同各门学科与文化领域的发展倾向相一致,其结构也尽可能地照应人才全面发展的诸目标加以选择和组织。如此选择的教材内容构成教学内容的主体[④]。布鲁纳提出的著名假设,"任何学科都能够用在智育上是诚实的方式,有效地教给任何发展阶段的任何儿童"[⑤],也是以使学习内容或学习内容的某一方面适合儿童的能力和智力发展特征为前提的。教材内容的选择,是根据学生的身心发展规律和特点进行的,具有一定的科学性、权威性。因此,音乐教学的内容要严格以音乐教材为依托。

在音乐教材以"唱歌集"为主体的时代,音乐教学主要围绕教材提供的歌曲而实施。学堂乐歌时期,《教育唱歌集》《学校唱歌集》等"唱歌集"为学堂歌唱提供了丰富的素材。通过在学堂中集体歌唱的形式,传播具有时代风尚的各种思想。民国初期和五四运动后

---

① 严复.论小学教科书亟宜审定[J].东方杂志,1906(6):107.
② 石鸥.教科书概论[M].广州:广东教育出版社,2019:281.
③ 钟启泉.现代学科教育学论析[G].西安:陕西人民教育出版社,1993:271.
④ 曾天山.教材论[M].北京:人民教育出版社,2019:115.
⑤ 转引自:张华.课程与教学论[M].上海:上海教育出版社,2000:125.

的学校音乐教材,也大都以歌曲为主。1925年出版的丰子恺的《音乐的常识》是第一部高中音乐教材,其中加入了与音乐常识相关的内容。此后很长一段时间,中小学音乐教学的内容都是教材内容的简单直观的再现。

1988年,国家教委颁布《九年制义务教育全日制小学音乐教学大纲(初审稿)》《九年制义务教育全日制初级中学音乐教学大纲(初审稿)》,分别规定了小学和初中音乐课的教学内容:"小学音乐教学包括唱歌、唱游、器乐、欣赏、读谱知识和视唱、听音。""初中音乐教学内容包括:唱歌、器乐、欣赏、基本乐理与视唱练耳。"

21世纪初,教育部颁发了《基础教育课程改革纲要(试行)》,伴随中小学音乐教育教学的改革创新,出现了"一纲多本"教材。目前,高中阶段的音乐教材增加了必修、选择性必修等多个教学模块,教学内容除歌唱外,还广泛地延展到鉴赏、合唱、演奏、合奏、舞蹈、编创、戏剧、音乐基础理论、视唱练耳等多个领域,大大丰富了音乐教学的内容,拓展了教师教学与学生学习的空间。教材中收入的作品有我国的古代音乐、近现代民间音乐、近现代专业创作作品、当代优秀新作品,其他国家各时代的音乐作品,等等,题材体裁多样,形式风格多元。

(二)音乐教学注重发掘教材中的隐性内容

教学过程不仅是一个教养过程,而且还是一个教育过程。[1]教师在课堂上不仅要传授学科知识、技能,更应重视特定学科知识所隐含的潜在教育性。教材内容表面上是静态的,但在教学过程中可以让人感受到许多内在的涌动,这是师生相互作用的结果。学生不仅要学习教材中的静态化内容,更要对这些内容有价值取向、文化内涵、思想意识等方面的动态把握。这些都是教材所蕴含的"隐性"内容。当前,基础教育领域的课程改革仍处在不断深化的过程中,学科育人价值愈发凸显,教材建设成为关注重点。经过精心选择的音乐教材内容,除具有艺术价值外,还具有多方面的育人价值。如,继承和弘扬中华优秀传统文化、革命文化,发展社会主义先进文化,加强法治意识、国家安全、民族团结、生态文明和海洋权益等方面的教育,都可以融入音乐教学内容。教师可以从音乐教育的角度,培养学生良好的政治素质、道德品质和健全人格,引导学生形成正确的世界观、人生观、价值观,使学生坚定中国特色社会主义道路自信、理论自信、制度自信、文化自信。

"普通高中教育是在义务教育基础上进一步提高国民素质、面向大众的基础教育。普通高中教育的任务是促进学生全面而有个性的发展,为学生适应社会生活、高等教育和职业发展作准备,为学生的终身发展奠定基础。普通高中课程建设坚持全面贯彻党的教育方针,落实立德树人根本任务,发展素质教育,推进教育公平,努力构建具有中国特色、体

---

[1] 张华.课程与教学论[M].上海:上海教育出版社,2000:365.

现国际发展趋势、充满活力的课程体系,培养德智体美劳全面发展的社会主义建设者和接班人。"[1]音乐学科重在培养学生的审美感知、艺术表现、文化理解等三方面核心素养。音乐教学依据教材内容,在指导学生学习音乐知识和音乐作品的过程中,重在培育和发展他们的学科核心素养。

教育是让学生在知识能力学习的基础上获得思想"生长"的过程,教学过程中特别要发掘教材承载的隐性内容。如,人音2014年版普通高中课程标准实验教科书《音乐·音乐鉴赏(必修)》第十四单元"文人情致"第二十四节"高山流水志家国"一课,教师在教学过程中除了要引导学生了解古琴曲《广陵散》《流水》的音乐特点,还要让他们关注古琴这一独特的乐器,对古琴有更多了解,包括体验古琴的基本演奏法、理解古琴曲背后的文化内涵等,让学生由此建立对祖国优秀传统文化的理解和热爱之情。

(三)音乐教学的内容选择建立在合理使用教材的基础上

从现实的教学活动看,教材是教学内容的一个部分而非全部。传统意义的教育常受技术理性的影响,认为课程既然是专家为教师实施教学而编撰的,教师就应成为课程专家制订计划的忠实执行者,是课程的"消费者",他应当按照专家对课程的"使用说明"循规蹈矩地实施教学[2]。这种"唯教材论"的做法很长一段时间内影响着我国的课堂教学。如:音乐教材是一本"唱歌集",课堂教学就是教唱教材中编选的歌曲。最终,教学成果也只是以学生学会教材歌曲为标准。

实践性课程的提出者,美国课程专家施瓦布认为,以教材形式呈现的学科的教育内容,不是学科的学术内容。[3]教材只有在成为与课程教学相互作用的积极因素,满足特定学习情景的问题、需要和兴趣时,才具有课程意义。教材具有很大的灵活性和变通性,可以根据不同学习情景的需要进行选择和取舍。[4]教育者面对教材时,要考虑"教什么""用什么教"。当前,我国的课程实施伴随改革的不断深入,逐渐向着教材与教学的"相互适应"和"创生性"两种取向过渡。"相互适应"的取向认为,课程知识是广大、复杂社会系统的一个方面,实践者所创的课程知识与专家所创的课程知识同等重要,课程知识在教学实施过程中,要不断作出调整,以求相互适应。"创生性"取向认为,"教师和学生主要不是课程知识的接受者,而是课程知识的创造者","教师的角色是课程开发者。教师连同其学生成为建构积极的教育经验的主体"。[5]由此,教师使用教材时要建立正确的"教材观",在音乐

---

[1] 中华人民共和国教育部.普通高中课程方案(2017年版2020年修订)[S].北京:人民教育出版社,2020:1.
[2] 张华.课程与教学论[M].上海:上海教育出版社,2000:33.
[3] 施良方.课程理论:课程的基础、原理与问题[M].北京:教育科学出版社,1996:204.
[4] 张华.课程与教学论[M].上海:上海教育出版社,2000:20.
[5] 张华.课程与教学论[M].上海:上海教育出版社,2000:342-343.

教学过程中科学合理地使用教材,要有对教材重新结构组织和梳理脉络的过程,充分揭示教材中所蕴含的教学规律和丰富内涵。

第一,纵向上,探究教材的深度。音乐教师要对教材建立整体观,了解教材的结构布局、知识体系,领会教材的编写意图,把握教材的特点,基于音乐学科的特殊性,熟悉教材中选择的音乐作品,了解每首作品的音乐本体特点及音乐文化内涵,然后进行教学设计。只有全面、深入地研究教材,才能将教材内容的教育价值与课堂教学的教育价值融为一体,达到音乐教育的目标。以人民音乐出版社2014年版普通高中课程标准实验教科书《音乐·音乐鉴赏(必修)》第四单元"国之瑰宝——京剧"第八节"京剧大师梅兰芳"为例。备课时,教师应根据教材内容的提示,通过查阅资料、访谈等途径,全面深入了解梅兰芳及其在京剧艺术上取得的成就。梅兰芳是传统京剧领域中四大名旦的"首席",首创"梅派"艺术,为京剧艺术发展作出了巨大贡献。更可贵的是,他"德艺双馨",具有高尚的民族气节和人格情操。由梅兰芳"引领"学生走入京剧世界,会让他们更深刻地领悟真正伟大的艺术来自艺术美与心灵美的高度结合,从而激发出高尚的内心情感,以情感激发兴趣,以兴趣激发求知欲,最终达成有效教学。教师在教学过程中,首先,可通过教学引领学生聆听、欣赏两个梅兰芳的唱段——《看大王在帐中和衣睡稳》《海岛冰轮初转腾》,让学生初步感受和体验其中的情感内涵,了解由梅兰芳先生首创的"南梆子"和他从其他戏曲唱腔中吸收革新而成的"四平调"的唱腔特点,以及梅兰芳先生的梅派艺术表演特点。其次,引导学生认识和了解梅兰芳先生的高尚人格、艺术成就及生平,学生一定感动于他"德艺双馨"的品质,领悟"真正的艺术"的含义。最后,引导学生通过本课学习,巩固京剧的产生、发展历史及其他基本常识,了解京剧艺术在世界戏剧舞台上的重要地位。总之,只有全面和深入探究教材内容,音乐教学内容才可能更加丰富,更能达成整体教学目标。

第二,横向上,延伸教材的宽度。当前,伴随学科核心素养的提出,教材也做了相应的调整,留出更多空间由地方和学校自主开发课程资源,这对教师的能力是一种考验,也让教师能充分进行自主性发挥。教师要超越教材,基本要求是要有课程资源的视野。将教材视为一种课程资源,再从学生的兴趣、能力及发展出发,立足学习内容的系统性、实用性,能动并建设性地补充教材内容,开发利用校内外有益的课程资源,最终达成优化教学内容的目的。如,在教学内容中增加具有现代性并关联社会生活的优秀作品,以及挖掘本地区的民间资源,开发乡土音乐教材。再以"京剧大师梅兰芳"一课为例,基于前期的教学设计,教师须进一步思考如何使教学内容更适宜于教学对象。备课过程中,教师应在教材、教师用书、辅助资料等的基础上力求进一步拓展,设计特定的教学情境,创生和组合教学内容。如,增加梅兰芳先生在京剧艺术领域的成就的介绍、梅兰芳先生对身段美的研究等教学内容,最终升华到人格美,达到音乐课的审美教育目的。总之,从备课的层面看,教学内容在研究教材、了解学生的基础上,有了更加丰富和适合学生的选择。

教师可在宏观上针对教材的单元结构进行调整和重组,也可在教学过程中根据本地区或学校的实际情况,重组教材单元结构、调整课时安排。这主要表现在调整教学内容的次序和合并教材中的单元两个方面。教师从学生的兴趣点出发,根据教学需要和课时安排等情况,结合音乐学科特点,在充分使用教材内容的前提下,适当调整教材中设置的单元顺序,或者合并教材中有内在关联的内容。仍以人音2014年版高中课程标准实验教科书《音乐·音乐鉴赏(必修)》为例。教材中,将中国音乐作品和外国音乐作品穿插组合,但实际教学中,学生的课时分上下两学期。为使学生在鉴赏音乐的同时了解中外音乐发展的历史脉络,有的教师将中国作品安排在第一学期,第二学期主要鉴赏外国作品,由此,就需要适当调整教材内容的顺序。又如,第二单元"腔调情韵——多彩的民歌",包括"高亢的西北腔""独特的民族风""醇厚的中原韵""飘逸的南国风"四课。由于通过初中阶段的学习,学生对本国民歌已有了一定了解,因此,有的教师在教学过程中即合并了这四课中的中国民歌的内容。当然,这是根据教学对象的实际情况而进行的设计,从中也可看到教师在教学过程中需要具备灵活创生教学内容的意识和能力。

三、音乐教学与音乐教材的发展和完善

音乐教材得以发展和完善的动因很多,如社会和人类文明的发展,教育的现代化、信息化发展,以及教育理念的更新、课程结构的变化等因素。但是,编制教材是为了教学,教材内容编排的合理性和科学性,要置于教学中去检验。历次教材修订都基于其在使用过程中凸显的问题而实施,因此,音乐教学实践推动着音乐教材的完善。音乐教材从一个时期到另一个时期,从实验稿到正式投入使用,无不经过师生教学实践的检验。实践是最好的矫正器,历史上,音乐教材的编写质量以及实践价值,都是在教师和学生的使用过程中得以体现,为教材的进一步调整完善提供了依据。比如,我们可以看到,2001年颁布的《全日制义务教育音乐课程标准(实验稿)》让音乐课程理念、教学目标、教学方式、教学内容以及评价方式等方面较之前发生了全面颠覆性的变化。[1]1979版教学大纲编写的《全日制十年制中小学音乐教材》中,内容偏向专业化,教学就倾向于专业音乐院校模式,如唱歌教学趋向技能化和专业化,低年级的欣赏内容偏向成人化,音乐教师在进行音乐教学时,其教学内容、教学方式等就不大符合学生的需要,这就推动着教材的进一步改善。2002年版的音乐课程标准在师生课堂实践的检验中有了很大的改善。其中,注重音乐与姊妹艺术的结合就是一个重大的突破。比如,2003年经全国中小学教材审定委员会审查通过的教科

---

[1] 资利萍.改革开放40年我国中小学音乐教材建设与课堂教学变革研究[J].课程·教材·教法,2018(9):16.

书中,人民教育出版社的《全日制普通高级中学教科书(必修)·音乐》第三单元就包含"音乐与诗歌""音乐与戏剧""音乐与舞蹈""音乐与电影电视""音乐与造型艺术"等内容。将人文主题作为单元名称更是教材编写的一大亮点,并且一直持续到现在。其中,人民教育出版社初中六册音乐教材,每册的第四单元统一设置为"神州大地"主题(后改为"神州音韵")。经过十年教学实践的检验,在《义务教育音乐课程标准(2011年版)》颁布之后编写的11个版本的教材中,以人文主题为单元名称的做法依然保留,与此同时也更加凸显了音乐学科所特有的"音乐性"。总之,在音乐教育发展的历史长河中,音乐教材也在不断发展完善,经历着音乐教学实践—音乐教材发展完善—音乐教学实践这样一个表面循环而内在螺旋式上升的过程。

改革开放后,我国义务教育阶段音乐教材的发展,经历了几次从音乐教学实践到教材发展完善再到音乐教学的循环。

(1)1979—1998年是音乐教材发展的第一阶段。这一阶段的音乐教材对之前音乐教学过程中发现的教材内容偏难的问题做了总结:第一,选材上没有充分考虑儿童的认知特点,成人化色彩较浓;第二,知识选择上没有充分考虑基础教育的特点,有较多偏难的专业内容;第三,依据教材上课方面,很多地方很多时候上成了音乐院校专业教学的模式。

(2)2001年,随着《全日制义务教育音乐课程标准(实验稿)》的颁布,基于前一阶段教学过程中存在的问题,我国对义务教育阶段音乐教材存在的"繁、难、偏、旧"问题进行了调整,教材内容发生了新变化:第一,探索了人文主题单元的编写体例;第二,欣赏、表现、创造及音乐相关文化穿插于各单元内容;第三,增加了流行音乐和多元文化等相关内容。教材的变化带来教学的变化,使用新教材之后的音乐教学方式全面更新,音乐教学有了许多师生交互作用的环节,进入历史发展的新阶段。

(3)2001年后的十年,我国义务教育音乐课程持续发展,以《义务教育音乐课程标准(2011年版)》为标志,总结并修订了音乐课程和音乐教材在一段时期的实践检验中发现的问题和不足:第一,在原人文主题单元基础上,突出音乐的学科特性,强调音乐教学回归音乐本体,符合儿童的音乐认知规律;第二,突出音乐学科的表现性和实践性特点,重视学生在音乐学习过程中的创造性。[1]

(4)2022年3月,教育部公布的《义务教育艺术课程标准(2022年版)》,将音乐、美术、舞蹈、戏剧(含戏曲)、影视(含数字媒体艺术),统一于"艺术"之下,优化了课程设置。其课程理念为:坚持以美育人,重视艺术体验,突出课程综合。该课程标准对学段的设置也进行了调整,分成了1~2年级、3~5年级、6~7年级、8~9年级等四个学段,更加注重每个学

---

[1] 资利萍.改革开放40年我国中小学音乐教材建设与课堂教学变革研究[M].课程·教材·教法,2018(9):18.

段学生的心理特点和认知能力,更加关注学生的个性发展,也加强了与高中课程的衔接性。同时,该课程标准增加了对学业质量的具体要求,更加具有指导意义。其教学建议更加强调以人为本、强化素养立意,重视知识的内在关联,注重感知体验,注重教学中多种媒材的运用,着力激发学生的艺术潜能。可见,该课程标准更加适合新时代教育的特色,育人的目标更加突出。

高中音乐教材伴随高中音乐教学的持续发展,也经历了几个阶段。

(1)1997年,国家教委公布《全日制普通高级中学艺术欣赏课教学大纲(初审稿)》,高中阶段学生开始上艺术欣赏课,音乐课也由此纳入高中课程体系。这个时期,以人民音乐出版社和人民教育出版社出版的高中音乐教材使用最多,其教材编写上的共同特点有:注重音乐与姊妹艺术的结合,注重多学科交叉,选材既重视传统又关注当代,既有经典性又富有时代感,中西兼顾。[①]但大纲同时也对教材内容做了限定,因此,教材内容很少有让学生自主参与的活动设计,音乐教学活动少了让学生发挥能动性的空间。

(2)2003年,教育部颁布《普通高中音乐课程标准(实验)》,该课程标准根据普通高中教育的培养目标及音乐课程的性质,在兼顾时代性、基础性和选择性的基础上,以音乐鉴赏、歌唱、演奏、创作、音乐与舞蹈、音乐与戏剧表演六个模块建构高中音乐课程。对于这六个模块的实施,课程标准提出的总原则是:优先开设有利于面向全体学生的基础性模块——"音乐鉴赏",以保证学生获得参与现代社会生活应具备的音乐文化素养。在此基础上,大力开发课程资源,逐步开设其他模块,积极为普通高中学生学习音乐提供更大的选择空间。[②]这个时期的高中音乐教材,分别由人民音乐出版社、湖南文艺出版社、花城出版社编写出版,这三套音乐教材各具特色,就"音乐鉴赏"模块的编写来看:有将中国作品和外国作品分编安排,以中外音乐历史发展的线索展开的;有按音乐的不同体裁和形式类别分章编写的;还有以学生对音乐的感受和认知为引导,将不同的音乐材料进行综合编写的。[③]

(3)2017年,教育部颁布了《普通高中音乐课程标准(2017年版)》,2020年又颁布了《普通高中音乐课程标准(2017年版2020年修订)》。2020年修订的高中音乐课标由必修、选择性必修、选修三类课程建构为一个课程整体。必修课程包括音乐鉴赏、歌唱、演奏、音乐编创、音乐与舞蹈、音乐与戏剧六个模块,选择性必修课程包括合唱、合奏、舞蹈表演、戏剧表演、音乐基础理论、视唱练耳六个模块,选修课程则为学校自主安排开设、学生自主修习的课程。此时,课程标准对课程开设提出了更高的要求——丰富课程选择,满足发展需求,高中音乐课程的目标也由之前的情感态度价值观、过程与方法、知识与技能三个维度,转化为审美感知、艺术表现、文化理解三方面学科核心素养的凝练。

---

① 杜永寿.中小学音乐教材论[D].福州:福建师范大学,2006:58-59.
② 中华人民共和国教育部.普通高中音乐课程标准(实验)[S].北京:人民教育出版社,2003:5.
③ 王安国.从实践到决策:我国学校音乐教育的改革与发展[M].广州:花城出版社,2005:65.

跟随高中音乐课程标准的最新修订,高中音乐教材进行了再次修订。修订版高中音乐教材在保持和延续之前体例框架的基础上,对选材内容做了顺序上的调整。其中,人音版"音乐鉴赏"教材的编写思路突出了两个方面:第一,以审美感知、文化理解为主,以艺术表现为辅;第二,教材内容分为序篇、上篇和下篇,共36个学时。上篇以点带面、点面结合,下篇以点穿线、点线结合。上篇包含八个单元十六节内容,前两节,从音乐的要素与音乐语言、音乐情感与情绪等方面切入,引导学生进入音乐本体,学会音乐聆听。之后,集中展现各类常见的音乐体裁与形式。下篇包括十个单元十八节内容,分中、外两条音乐历史线索呈现不同时期的音乐作品。[①]2019年,人民音乐出版社、花城出版社、湖南文艺出版社等几家编写和出版高中音乐教材的单位,先后完成各自的12册必修和选择性必修教材,由此,高中音乐教学和音乐教材进入了新的发展阶段。

音乐教材的历史变迁,承载了音乐教学的不断革新;音乐教学的发展史,也见证了音乐教材的更迭。二者相互促进,相互影响。处理好二者的关系,在教学中合理使用教材,提升教学效果,达到课程目标,将是音乐教育实践永恒的"课题"。

第四节　中小学音乐教材的变化

改革,一般表现为一种具有针对性解决问题的措施,且一般存在宏观与微观的协调实践。宏观看,改革是时代产物,多受到社会或文化背景影响,而每一次改革,又都会推动社会或行业向前发展。教育改革应有计划、有步骤、有组织、有秩序地改变和革新思想理念、组织机制等。中外历史上每一场重要的教育改革,都会直接体现为课程标准(教学大纲)、教材等方面的重大变化。

历史上的教育变革一般并非"大破大立"创建一个新的体系,而多是推动既有体系的进一步深化、发展或完善,表现为一个"渐变"过程。教育改革过程中的课程总目标和学科目标最终汇聚,是教材和教学的重要指导。从这个意义看,编写和使用教材的过程,也是课程改革目标逐步实现的过程。20世纪至今,我国基础教育领域音乐学科改革的每段历

---

① 杜永寿.紧扣"立德树人"总要求,全面落实音乐学科核心素养(上):高中《音乐鉴赏》教材解读[J].中国音乐教育,2019(10):6.

程都在音乐教材的更迭上体现出来,音乐教材所呈现的内容、体例、使用和评价,蕴含了特定时期教育改革的价值理念。

斯宾塞的论题"什么知识最有价值",是教育改革的焦点。"价值"取向并非研究者的自我设定,而是对时代精神的理性把握。无论有意识还是无意识,每次教育改革都有特定的价值立场,即以某种价值取向为支撑。"取向"彰显着特定时代的"问题"意识,其中既有教育学意义的内在规定性,也是对特定时代社会发展的回应。[①]

教育改革不单指哪一方面,而是各环节在系统内的有机关联,包括教材编写、教育方法、评价方式等。从改革进行的程度看,有对教育功能性质的定位、课程目标内在理念的调整、价值观念或结构系统的深层改革,也有在原有基础上的不断修订、调整,使其趋于完善。从改革的方式看,有自上而下的改革,多由政府发起,决策层谋划,专家团队研制方案,行政推广;也有自下而上的改革,由基层发起并参与决策。在不同背景、不同类型、不同内容、不同程度、不同方式的教育改革中,教材是其中必不可少的要素,音乐学科是学科体系中的有机组成部分。从1904年出版的曾志忞的《教育唱歌集》算起,中国中小学音乐教材发展至今已有一个多世纪,中小学音乐教材建设伴随教育改革进程,取得了长足发展。本节将聚焦我国近现代教育改革过程中的中小学音乐教材,探讨其发展规律,以期为当前和未来更好地建设音乐教材服务。

一、音乐教材建构:从零散到成体系

在我国近现代音乐教育改革过程中,教材呈现给教学者的样态经过了一个千锤百炼的过程,其中涉及多方面人员,包括教育行政相关人员,专家学者,课程方案和课程标准制定者,教科书编写、审查、选择、评价者,教师,学生,家长,等等。他们在教材建设过程中发挥了各自的作用。不同的历史时期,教育的价值观和思想理念各有差异。我国近代教育初期,受魏源"师夷长技以制夷"影响,洋务派"中学为体,西学为用"的主张是学校教育的主导思想。新式学堂建立后,学堂唱歌渐成风尚,但缺乏相匹配的教材,此时,一批到日本和欧美留学的人员带回一些国外的教育观念和教材、教法,涌现出沈心工、李叔同、曾志忞等一批代表人物,他们怀着强烈的民族情怀、爱国思想,编写了一批歌曲,这批歌曲唱响在新式学堂,也成为当时的学校音乐教材。被李叔同誉为"吾国乐界开幕第一人"的沈心工,先后编写了《学校唱歌集》《重编学校唱歌集》《民国唱歌集》《心工唱歌集》等。[②]整体上看,这一时期音乐教材的编写和实施,尚未形成统一体系,内容也不够规范。曾志忞于1904

[①] 李鹰.教师应具备的教育实验素养[J].河南教育学院学报(哲学社会科学版),2004(2):49.
[②] 骆静禾.20世纪以来中国基础音乐教育观念研究[D].福州:福建师范大学,2017:63.

年发表的《音乐教育论》特别指出当时音乐教材编写方面存在的问题:"教科书者,教育之命脉也。全国教科书不能统一,即全国教育不能统一。""音乐教科书,今全国仅有二三种,且此一二种,又出于极脆弱极单薄之手。于此而欲语普及,云何可期。"①他认为,只有统一了教科书,学校教育才能统一发展,然而当时的情况是教科书数量不多,质量不高,且多数为非专业者编写,尚无编写规范和统一体系。

民国初期,教材编写开始有了"总纲领"——课程标准。1912年,南京临时政府教育部成立,《普通教育暂行课程标准》出台,成为当时教材编写的依据。1923年,刘质平提出"审核中小学音乐科课程纲要宜兼审查中小学音乐教材"②,音乐教材的重要性得到学界关注。同年,《新学制课程纲要》颁布,其中《小学音乐课程纲要》和《初级中学音乐课程纲要》是我国近代最早由政府颁发的音乐课程纲要,对中小学音乐教材的发展具有重要作用,中小学音乐教材逐渐步入规范化。1933年,国民政府教育部设立中小学音乐教材编订委员会,黄自、张玉珍、应尚能、韦瀚章编著的复兴初级中学教科书《音乐》(1套6册),是该时期较为系统和完善的中学音乐教科书。至20世纪40年代末,中小学音乐教材编写的观念更为开放,教材编写和出版有了进一步发展。20世纪40年代以后,音乐教材的重要性得以进一步确立,教材系统的建构逐步健全。

新中国成立后,我国中小学音乐教材建设步入了一个崭新的发展阶段。至20世纪80年代,我国中小学音乐教材实行"一纲一本"原则,由中宣部、教育部专管,人民教育出版社编写,全国使用国家主导下的统一大纲、统一教材。1986年,国家教委设立全国中小学教材审定委员会和学科教材审定委员会,中小学教材编写"由以往的'国定制'改为'审定制'"③。随着教育改革的推进,教材国家对"一纲多本"的提倡,从小学到高中,有了多个版本的音乐教材。

21世纪以来,随着教育改革的不断深入,中小学教材更加注重科学、完善的系统建构。2001年6月,教育部颁布《中小学教材编写审定管理暂行办法》,针对编写教材的资格与条件、初审与试验,以及审定等方面,作出明确规定。办法的出台,标志着国家加大了教材审查力度,意味着教材从编写到使用须经历一个科学化、系统化的流程(如图10-1④)。

---

① 志忞.音乐教育论(1904)[G]//张静蔚.搜索历史:中国近现代音乐论文选编.上海:上海音乐出版社,2004:39.
② 刘质平.致新学制课程标准起草委员会讨论中小学音乐科课程纲要的意见书[G]//俞玉滋,张援.中国近现代学校音乐教育文选:1840—1949.上海:上海教育出版社,2000:123.
③ 余伟民.历史教育展望[M].上海:华东师范大学出版社,2002:87.
④ 宁彦锋.教育变革中的教科书建构[D].上海:华东师范大学,2008:73.

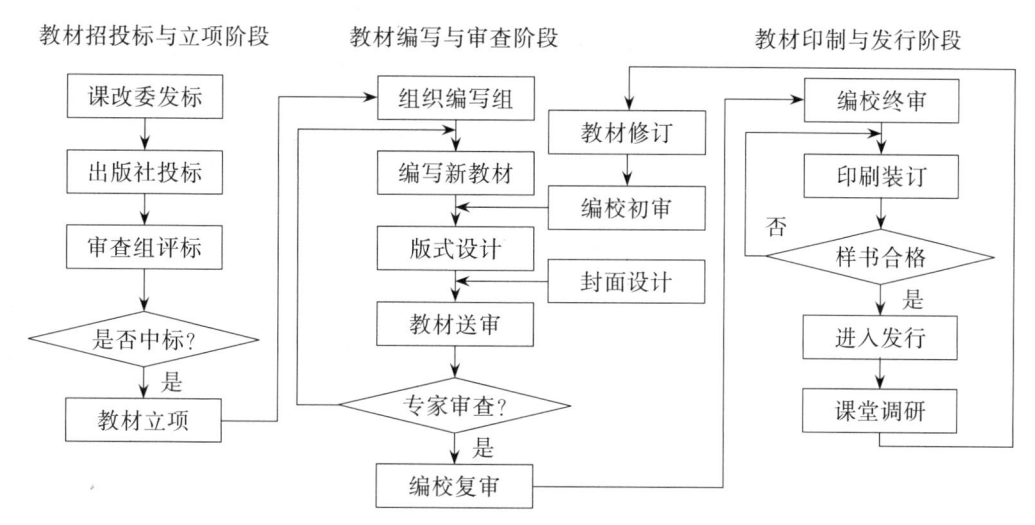

图 10-1 教科书的立项、编写与审查流程

二、音乐教材内容：从单一到多样

教育改革目标指向一个重要命题——"什么知识最有价值"。教材作为将"有价值的知识"传递给学生的重要载体，理应通过"教什么"体现教育改革的价值理念。这种情况下，教材的内容也表现出由单一走向多样的趋势。

我国近代新式学堂在教育思想、理念、制度、实施等方面，多以借鉴为主，音乐课程主要学习日本、德国等。以学堂乐歌作为开端，与之配合的教材以单一乐歌为主体内容。民国时期，根据1923年颁布的《小学音乐课程纲要》《初级中学音乐课程纲要》，小学音乐教材内容在唱歌的基础上，增加了简单的乐理知识，初中音乐教材除唱歌外，还增加了乐理、乐器知识。[1]此后，中小学音乐教材又增加了欣赏、演习等内容。

新中国成立后，党和国家十分重视中小学音乐教育，中小学音乐课程与教材内容不断发展改进，20世纪80年代，音乐教学的理念、模式，表现出对音乐基础知识和基本技能（简称"双基"）的侧重，这一观念带给教材内容的变化表现在除唱歌、欣赏外，知识学习和技能训练占据了较明显的地位。

21世纪初期，教育改革进一步深化，中小学音乐课程在原唱歌、欣赏、识谱、基本乐理与视唱练耳等教学基础上，增加了器乐教学，教材在体例设置和内容编排等方面随之有了突破，为其后新一轮改革奠定了基础。

2001年，教育部颁布了《基础教育课程改革纲要（试行）》，紧接着又颁了《全日制义务

---

[1] 课程教材研究所.20世纪中国中小学课程标准·教学大纲汇编:音乐·美术·劳技卷[G].北京:人民教育出版社,2001:15-18.

教育音乐课程标准(实验稿)》,据此课程标准修订的教材将课程内容划分为"感受与鉴赏""表现""创造""音乐与相关文化"四个学习领域。2003年,《普通高中音乐课程标准(实验)》出台,教材内容相应调整为音乐鉴赏、歌唱、演奏、创作、音乐与舞蹈、音乐与戏剧表演六个模块。

2011年,教育部颁布《义务教育音乐课程标准(2011年版)》,教材据此进行内容的重组、调整、充实、完善。

2020年,教育部颁布《普通高中音乐课程标准(2017年版2020年修订)》,与之相应,教材呈现出新的面貌,形成了必修、选择性必修、选修体系完整的格局,高中音乐教材的内容更为丰富多样。

三、音乐教材编写:由重技能到重人文

从特定视角观察,教材把学科总目标分解到各单元或每节课,形成阶段性目标,便于学生循序渐进地学习和掌握。音乐教材各单元章节的阶段性目标是对音乐课程总目标的具体分解,呈现为围绕音乐的知识、技能学习和表演、创作训练以及贯穿其中的音乐情感体验等目标,通过创意性的体例设置和丰富多彩的内容体现出来,最后融通为一个具有逻辑性的教材体系。通过小学、初中、高中三个阶段的学习,让学生建立起系统的音乐知识结构。

教材编写的首要任务是建构体例。中小学音乐教材的编写体例没有固定格式和要求,教育改革的不断深化也有利于催生多样化的教材体例,并使教材由之前的偏重理性向着更具人文性的方向发展。新一轮教育改革前后,教育目标多指向于"物",偏重于知识能力教学,具体到中小学音乐教材,体现为对知识技能内容的突出,一定程度上忽视了将音乐艺术和音乐教育置于宏阔的文化环境之中去看待。随着教育改革的推进,中小学音乐课程教学开始更多地关注到"人文"因素,与之对应的教材由相对理性的知识技能内容向着突出审美性、人文性的方向转化,将知识能力、情感认识、创意表达等素养的培育贯穿在教材编写整体脉络之中,教材体例也更显丰富。以下选择几种代表性的音乐教材编写体例进行阐述。

第一,按音乐学科分支专业编写教材。这是一种从20世纪初的学堂乐歌时期就比较常见的音乐教材编写体例,彼时的中小学音乐教材大都以"歌集"面貌呈现。20世纪30年代前后,中小学音乐课程加入了乐器教学内容,随之出现了《风琴教科书》等类型的教材。20世纪80年代,器乐演奏进入中小学音乐课堂教学。目前,高中阶段音乐课程的歌唱、演

奏、创作等必修教学模块和音乐基础理论、视唱练耳等选择性必修教学模块,都是按音乐学科专业分类编写的。

第二,贯穿基础知识学习。不同版本的中小学音乐教材,均穿插有音乐知识相关内容。从音的性质到音符、休止符,再到节奏、节拍、速度、力度、调式、调性、和声、织体、情绪、情感等表现要素,以及乐句、乐段、音乐结构等内容,都会渗透在学习音乐和分析作品的过程中,成为教材内容的重要组成部分。如:教育部2012年审定通过的人民教育出版社义务教育教科书《音乐》一年级上册第一课"有趣的声音世界",通过歌曲《大雨和小雨》《布谷》《大鼓小鼓》,管弦乐合奏《青蛙音乐会》等,引导学生感受音的"强弱"。第四单元"音乐中的动物"主题,安排了引导学生了解声音的长短的内容。关于节奏学习和二声部合奏,从第一课开始即由易到难渗透到了每节课的学习中,这种体例设计贯穿于整个小学、初中和高中音乐教材编写中。

第三,按单元主题组织内容,每个单元设置或长或短的课时。如,人民音乐出版社2012年版义务教育教科书《音乐》七年级上册,全书五个单元,分别设置了五个主题:"歌唱祖国""缤纷舞曲""草原牧歌""欧洲风情""劳动的歌"。再如人民音乐出版社2019年版普通高中教科书《音乐·音乐鉴赏(必修)》,全书共有相对独立的十八个单元,分序篇、上篇和下篇,其中上篇各单元主要根据音乐体裁分类,下篇各单元则有中外音乐简史的贯穿。每个单元占用2~4课时,内容具有关联性。

第四,按音乐文化主题组织内容,即各单元围绕音乐文化主题进行选材与编排。这些主题包括音乐风格类、音乐流派类、音乐形式类、音乐历史类、音乐地理类等。其中,音乐风格类可以考虑作品风格、题材风格、民族风格、地域风格、时代风格、个人风格等;音乐流派类分为西方古典乐派、浪漫乐派、民族乐派、印象乐派、现代派等。[1]

第五,按学生的发展组织内容。这种体例体现了教育改革本着立德树人目标,更多关注学生发展的倾向。如在小学音乐教材中有练一练、唱一唱、学练提示、音乐卡片等,高中音乐教材有作品鉴赏、作品知识、拓展探究等,这些栏目的设置分别对应了不同时段学生的身心发展特点和学习的条件基础。

第六,着眼于音乐与其他学科的交叉来组织内容。如:人民教育出版社1996年版全日制普通高级中学教科书(试验本)《艺术欣赏:音乐(必修)》(全一册)中就设置了音乐与诗歌、音乐与戏剧、音乐与舞蹈、音乐与电影电视、音乐与造型艺术等单元章节,体现出音乐与其他学科的交叉融合。人民音乐出版社2019年版的普通高中教科书《音乐·音乐与舞蹈(必修)》《音乐·音乐与戏剧(必修)》等也体现了这种理念。

---

[1] 杜永寿.中小学音乐教材论[D].福州:福建师范大学,2006:105.

四、中小学音乐教材设计：由刻板到注重美的表现

教育改革理念影响教材呈现方式。音乐作为"艺术"学科，是一门从视觉到听觉，从外在到内在都充满着"美"的学科。在知识、学科本位和现实主义等哲学观念影响下，教育目标突出"知识"，随着哲学范式的转变，教育转向对"人"的关注。

较长一个时期里，我国中小学音乐教材偏重知识技能传授，着眼点是"以教师为主体"，注重"教"的内容，较少关注学习者的感受，音乐教材设计简单、颜色单一、排版单调，趣味性、生动性相对缺乏。这种教材呈现形式容易让学习者对音乐产生距离感。目前，不同版本的中小学音乐教材都注重艺术化和审美性追求。教材结构清晰，版式设计美观大方，色调构图讲究，插图丰富，图文并茂，生动美观，贴近学生的生活，给人以亲切之感。教材既呈现教的内容，又顾及学的感受，既符合学科特点，又符合审美要求，为中小学音乐课程增色不少。

第三篇
尊重与审美:学生发展

根据柏拉图的观点,爱就是美的证人

——【德】雅斯贝尔斯

第十一章 学生发展

第一节 音乐教育对学生性格优势的培养

建构优势与美德不是学习、训练或制约,而是发现、创造和拥有。

——塞利格曼

古今中外,不少教育家都主张以音乐来教化人的德性。孔子说,"兴于诗,立于礼,成于乐";荀子认为音乐的教育作用很大,"夫声乐之入人也深,其化人也速"。在古希腊的雅典城邦,"音乐教育主要在于陶冶学生的性格和道德品质,而不是为了成为一个演唱者"[1]。柏拉图认为,"音乐是求心灵的美善的"[2]。音乐教育也是亚里士多德和谐发展教育思想的核心部分。在亚里士多德看来,音乐不仅是进行美育最有效的手段,而且还担负着智育的一部分职能,又是实施道德教育不可缺少的内容。他认为音乐本身是形成人的性格的一种重要力量。

立德树人是贯穿课程改革的基本价值取向和基本精神,是课程改革的灵魂。其内涵至少包括四个方面的内容:(1)关注每一个学生;(2)关注学生的情绪生活和情感体验;(3)关注学生的道德生活和人格养成;(4)关注学生的可持续发展。在这样的背景下,研究如何通过音乐教育培养学生的性格优势就显得必要而迫切。下面就从性格优势的内涵、中小学音乐教育的本质、音乐教育对学生性格优势的培养三个方面来进行阐述。

---

[1] 梁崇科,刘志选.中外教育发展史[M].西安:西安地图出版社,2003:12.
[2] 张法琨.古希腊教育论著选[G].2版.北京:人民教育出版社,2007:202.

一、性格优势的内涵

美国积极心理学家克里斯托弗·彼得森和马丁·塞利格曼等人对性格的力量和美德进行研究,提出了二十四种性格优势,分属于六大美德。这六大美德是:智慧与知识、勇气、仁慈、公正、节制、自我超越。美德是性格的核心,具备这六大美德是决定一个人具有良好性格的基础。六大美德所对应的性格优势如下。

智慧与知识:好奇心、好学、创造力、开放性思维、洞察力;

勇气:勇敢、恒心、正直、活力;

仁慈:爱、友善、社会智力(社交能力);

公正:公平、领导力、团队精神;

节制:宽容、谦虚、谨慎、自我调节;

自我超越:发现美的能力、感恩、希望、幽默、信仰。

积极心理学认为,这二十四种性格优势得到世界多数文化的认同。段文杰、何敏贤、张永红等人重新评估了优势行动价值问卷(VIA-IS)的结构,以原有的二十四种性格优势为基础,通过探索性因子分析和验证性因子分析,确定了中国人性格优势的基本结构,即:

亲和力:仁慈、团队精神、公平正义、爱与被爱、真诚、领导力、宽恕、感恩;

生命力:幽默、好奇、激情、创造力、洞察力、希望、社会智力、发现美的能力、信念;

意志力:判断力、审慎、自我调节、坚持不懈、好学、谦虚。

彼得森和塞利格曼认为,某些人可能会天生具有某种性格优势,也有某些人可能会完全缺少某种性格优势,但心理学家们相信,优势和美德确实是可以培养的。积极心理学主张以人固有的、实际的、潜在的具有建设性的力量、美德和善端为出发点,提倡用一种积极的心态来对人的许多心理现象(包括心理问题)作出新的解读,激发人自身内在的积极力量和优秀品质,并利用这些积极力量和优秀品质来帮助普通人或具有一定天赋的人最大限度地挖掘自己的潜力而获得幸福。[①]

二、中小学音乐教育的本质

音乐艺术的基本性质和独特价值决定了音乐教育的基本性质和独特价值,人们能在何种程度上阐明音乐艺术的本质及其在社会生活中的独特价值,人们就能在何种程度上描绘音乐教育的本质及其在社会生活中的独特价值。[②]中小学音乐教育有其重要的育人

---

① 任俊.写给教育者的积极心理学[M].北京:中国轻工业出版社,2020:7.
② 蔡梦."音乐艺术"与"音乐教育"内涵认知:基于贝内特·雷默《音乐教育的哲学》相关内容的思考[J].中国音乐学,2015(3):113.

价值,目前,中小学音乐教育被放到了前所未有的重要位置,其特有的育人功能是其他任何学科都无法替代的。

一百多年前,我国中小学音乐课程秉承数千年中华文化的"乐教"传统,尊崇儒家"移风易俗,莫善于乐"的思想,将"涵养美感,陶冶德性"[①]作为音乐教育的核心目标。百年间,音乐教育的课程目标虽然随着时代的变迁和社会体制的更迭有所变化,但以"涵养美感,陶冶德性"为课程价值基本取向的核心目标从未动摇。这一核心目标的本质,是中华民族朴素的"美育"思想。"以美育人"是学校音乐教育目标的本质追求。《普通高中音乐课程标准(2017年版2020年修订)》中的基本理念第一条即为"彰显美育功能　提升审美情趣"。音乐作为普通高中美育基本课程,是学校实施美育的重要途径,具有情操教育、心灵教育、以美育人功能。音乐课程中的审美情趣,主要是指音乐学习者对音乐艺术美感和人文内涵的体验、感悟、鉴赏和评价,以及对音乐的兴趣爱好、创意表达、价值取向和文化追求。[②]

《义务教育音乐课程标准(2011年版)》一方面继续坚持"以音乐审美为核心"的基本理念,另一方面深度发掘音乐审美内涵,赋予其时代性和包容性的品格。《义务教育音乐课程标准(2011年版)》指出,"音乐审美指的是对音乐艺术美感的体验、感悟、沟通、交流,以及对不同音乐文化语境和人文内涵的认知。这一理念立足于我国数千年优秀的音乐文化传统,与我国教育方针中的'美育'相对应,彰显音乐课程在潜移默化中培育学生美好情操、健全人格和以美育人的功能"。这段正面阐述"音乐审美"内涵的文字,立足于音乐艺术的教育功能和我国优秀的教育、文化传统,坚持社会主义核心价值观,凸显"以美育人"的教育功能,将中小学音乐课程纳入国家教育方针的"美育"轨道,体现国家现行教育方针中的"美育"思想。同时吸纳21世纪国际音乐教育所倡导的、基于民族音乐学理论的不同文化语境认知的教育理念。可以说,"标准"坚持的"以音乐审美为核心"的"课程基本理念",其哲学基础是以"审美育人说"为根基,是对"音乐文化哲学"的兼容。[③]

三、音乐教育对学生性格优势的培养

音乐教育对学生性格优势的培养可以从教学理念、教学方法、教学内容等几个方面实施。

(一)教学理念——师生平等,因材施教

在教育高质量发展的今天,我们倡导平等、民主、和谐的师生关系,倡导教师是学生学习的促进者、合作者、研究者。新的教学观把教学过程看成是师生交往、积极互

[①] 课程教材研究所.20世纪中国中小学课程标准·教学大纲汇编:音乐·美术·劳技卷[M].北京:人民教育出版社,2001:8.
[②] 中华人民共和国教育部.普通高中音乐课程标准(2017年版2020年修订)[S].北京:人民教育出版社,2020:2.
[③] 王安国.基础音乐教育改革与发展的新起点:义务教育音乐课程标准修订[J].人民音乐,2012(6):68.

动、共同发展的过程,突出教学目标的发展性,使课程变为学生"自己的课程",唤起学生的自我需求,以自己的方式对教材进行诠释、理解、改造和重组。通过师生、生生与教材的沟通、对话、应答,达到共创共生、批判反思、求异创新的目的。音乐课堂上,教师"以学论教",以学生的学习活动为主线,强调学习活动以探究为主,学生为主,交互为主,导其所思,引其所做,扬其所长,促其所成,为培养学生好奇、勇敢、自信的性格优势提供肥沃的土壤。

"因材施教"是我国自古以来一直倡导的教育思想,哈佛大学认知心理学家霍华德·加德纳的多元智能理论为这一教育思想提供了理论支撑。传统智力理论认为语言能力和数理逻辑能力是智力的核心,智力是以这两者整合的方式而存在的一种能力。这就是我们平时所指的狭义的"学习"。加德纳提出的多元智能理论认为,我们每个人都拥有八种主要智能:语言智能、音乐智能、数理逻辑智能、空间智能、身体运动智能、人际交往智能、自我认识智能、自然观察智能。[①]不同的人在不同智能上的表现有所差异,正是因为有了这些差异,有些孩子外向些,有些孩子内向些,有些孩子喜欢唱,有些孩子喜欢跳,有些孩子学得快一些,有些孩子学得慢一些。这就要求我们根据不同孩子的特点,选择不同的教学内容,采用不同的培养方式。比如,音乐课程设置必修、选择性必修、选修课程的举措就是为了满足不同孩子的不同需求,这符合因材施教的教学原则,更有利于培养孩子们好奇、自信、探究、好学、乐观的性格优势。有些学校建立合唱团、舞蹈社等学生社团,配备专业的辅导教师,这些都是因材施教教学原则的体现。当然,实施因材施教不能仅限于对教学内容的选择,一个优秀的、敬业的、富有爱心的音乐教师往往还会关注每个孩子的个性特点和学习习惯,甚至针对每个孩子制订个性化的教学计划,这些举措对培养孩子的性格优势不无裨益。

(二)教学方法——创设情境,体验探究

由于性格优势往往需要在某种情境之下才能表现出来,要培养学生的性格优势,就需要音乐老师想办法创设相关的情境,采用体验式音乐教学法。

音乐教育要实现"育人"的目的,需要解决一个重要的观念问题:真正把美育作为目标,体现以审美为核心。音乐教育的育人目的是通过美育的方式实现的。因此,音乐教育的全部过程是一种自觉的审美过程,应贯穿着所有的审美因素,并应以美感的发生为根本内容。这样,在长期多次美感的发生中,音乐教育才会影响学生的情感状态,使其形成审美情操,从而完善人格发展。对于教师来说,最重要的工作是在教学过程中不断地帮助学生发现美感;对于学生来讲,音乐教育的魅力并不在于知识、技能的传授,而是在于启迪、

---

① 晨曦,李宝林.加德纳八大智能教育法[M].北京:中国商业出版社,2010:11-13.

唤醒、感染和净化等效应上。因此,体验式音乐学习的方法就显得尤为重要。体验式音乐教学需要改革教法与学法的全过程,以激发学生的音乐兴趣、训练其思维能力、培养其音乐实践能力为目标。这种教学法从学生的个性出发,坚持教育的目标、课程、教法与教学组织形式的多样化、灵活化与个性化,反对教育的划一与僵化,维护学生的个体尊严,实现学生个性的自由发展。

体验式音乐学习方法是通过提供给学生感受音乐、表现音乐、创造音乐的机会,使学生主动参与到音乐实践活动之中,并在音乐实践活动中学习最基本的音乐文化知识、音乐技能技巧,以培养学生对音乐的兴趣爱好,使学生获得音乐审美的体验和成功的欢愉,提高学生的音乐鉴赏能力和表现能力,奠定其终身学习音乐、享受音乐、发展音乐能力的坚实基础。

在体验式音乐学习中,教师的引导很关键。因此,教师在教学中要注意激发学生的创造力,让学生体验创新的乐趣。积极心理学已经证明,积极的情绪体验确实能够带来智力上的收益,在积极的情绪状态下,人们会更加灵活和富有创造力。[1]在音乐教学中,教师要积极启发学生发挥联想,激发学生的创造力,引导学生充分展开讨论,亲自参与音乐实践,感受音乐再度创作的快乐。例如:课堂中给学生一个音乐片段,调控教学活动,设计出符合音乐形象的音响,让学生展开充分的讨论,分小组进行讨论设计,得出结论,进行现场展示,最后教师组织对原曲的欣赏,并结合学生自己创作处理的音响进行对比,让学生在创新的过程中体验到快乐,在实践中找到自信。

(三)教学内容——模块联动,赏奏结合

《普通高中音乐课程标准(2017年版2020年修订)》设计的必修、选择性必修与选修课程模块具有内在联系,共同构成了以培育和发展学生音乐学科核心素养为目标的课程体系。下面以音乐与舞蹈模块为例进行分析。

(1)培养学生的集体意识,树立公平竞争的精神。

学校音乐教学中,合唱、舞蹈是校园美育工作必不可少的,往往这些活动都是在一定的规则制度下进行的,规则意识是每一位学生必须建立的美德修养。参加舞蹈队的学生们,在日常的训练过程中,不仅要练技巧,更要懂得配合协调,在集体的默契中感受舞姿的美妙,获得成就感。在队形的变化中强化规则意识,懂得在遵守规则的基础上提高公平竞争能力,增强社会责任感。

(2)培养学生的活力和毅力。

音乐的技能技巧,需要经过长期、艰苦、枯燥的训练才能获得。一个看似简单的动作,

---

[1] 彼得森.积极心理学[M].徐红,译.北京:群言出版社,2006:9.

或者一句旋律,往往需要经过几千遍、几万遍的反复练习。因此,学生在掌握音乐技术的同时,也增强了意志力,培养了吃苦耐劳、勇于拼搏等精神品质。艺术作品也能培养学生的坚强意志,如第四届CCTV电视舞蹈大赛中,两位特殊的选手——马丽和翟孝伟成为全场最大的亮点,他们是这个舞蹈大赛举办十二年以来第一对残疾人选手。两人合作的舞蹈《牵手》被观众评为全场最震撼人心的舞蹈,它所表现出的人在绝境中自强不息、互帮互助的精神激起了人们强烈的共鸣。学生通过赏析作品,独立思考,对作品的认识由感性上升到理性,从而获得高尚的情感体验和美德教育,学会分辨是非善恶。

(3)培养学生自律与协作意识。

学校集体音乐活动在教学、排练、表演、参赛等方面都有严格的制度和规则,具有一定的统一性、规范性、强制性,对于培养学生的纪律观、协作意识、集体观有着不可替代的作用。比如:在队形排列时,学生可以学会如何共享空间;在参加演出时,可以学会如何按规定的先后顺序入场、退场;在换演出服时,可以学会如何互相帮助;在演出成功或失败后,可以学会如何同甘共苦;等等。在集体音乐活动的潜移默化中,他们会逐渐培养起协作、交流、分享、关爱等品质。目前,很多学生生活条件优越,心理承受能力较差,缺乏团队意识。因此,以集体音乐活动(如集体舞、合唱等)的形式培养学生的团队精神是十分必要的。特别是集体舞蹈,是男女合作的群体活动形式,从策划、选曲、编排到排练,都需要进行相互沟通、讨论、交流。这一过程能有效地促进练习者性格优势的发展。

(4)培养学生的爱、尊重他人与情商。

学会为他人喝彩,学会鼓励他人,尤其是那些敢于面对困难、永不放弃、勇于拼搏的人,更应该受到尊重。音乐艺术的内容丰富,形式多样,不仅具有独有的艺术魅力,而且还具有一定的挑战性。学生们通过对集体音乐活动的参与体验、娱乐观赏、竞技比赛,各自找到自己的愉悦点并从中受益,集体音乐活动也能培养他们积极参与的意识。音乐与舞蹈模块的学习内容中有优秀的舞蹈或舞剧片段,如舞剧《红色娘子军》选段中的《斗笠舞》、《天鹅湖》片段《四小天鹅》等,动作难度不大,服装道具好找,适合学生自主排练。排演的过程中,学生们主动参与,情感投入很多,在表演的过程中自然而然就会建立起一种相互尊重的友谊,也能一起享受舞蹈带来的美好感受。

音乐教育的目的不在于培养音乐家,而在于尊重学生的个性发展,既要培养"他们",也要培养"他"。课程改革向纵深发展,步履铿锵,关注和培养学生的性格优势将成为音乐教育者的一项重任。

第二节 美育在新时代的解构

> 美育是学生全面发展的一个不可缺少的部分,它的本质在于理解自然和社会的美,理解人与人的相互关系的美,在于以艺术眼光来认识周围现实,也在于培养艺术上的美的创造力。
>
> —— 凯洛夫

早在2015年,国务院办公厅就印发了《关于全面加强和改进学校美育工作的意见》,要求从2015年起全面加强和改进学校美育工作。到2018年,取得突破性进展,美育资源配置逐步优化,管理机制进一步完善,各级各类学校开齐开足美育课程。到2020年,初步形成大中小幼美育相互衔接、课堂教学和课外活动相互结合、普及教育与专业教育相互促进、学校美育和社会家庭美育相互联系的具有中国特色的现代化美育体系。2018年,习近平同志在全国教育大会上强调,要全面加强和改进学校美育,配齐配好美育教师,坚持以美育人、以文化人,提高学生审美和人文素养。美育工作从"软任务"变成了"硬指标",成为德智体美劳"五育"中必不可少的部分。2020年10月,中共中央办公厅、国务院办公厅印发《关于全面加强和改进新时代学校美育工作的意见》,再次强调了美育工作的重要性和紧迫性。2020年10月29日中国共产党第十九届中央委员会第五次全体会议通过的《中共中央关于制定国民经济和社会发展第十四个五年规划和二〇三五年远景目标的建议》提出,把我国建成文化强国、教育强国、人才强国、体育强国、健康中国。美育在新时代被赋予了新的使命,作为美育工作者,我们要遵循美育特点,谱写新时代美育发展新篇章。

一、美育的发展历程

"美育"的概念,是在18世纪50年代鲍姆嘉通建立"美学"学科体系之后,由席勒在其《美育书简》中提出来的。

我国在西周时期就"制礼作乐",提出礼是伦理关系的规范、仪式,乐是包括诗、歌、舞在内的综合艺术。礼乐结合,既是治理国家的法律、制度,又是进行教育的方式。在春秋末期,孔子把教育从国家政治生活中独立出来,创立了古代教育体系。他以"六艺"——

礼、乐、射、御、书、数教授弟子。乐,实际上就是专门的美育课。孔子结合音乐、诗歌、舞蹈等艺术部类发挥了他的美育思想,奠定了中国古代美育的思想基础,并在两千年的封建社会中形成了中国的美育传统。①

在古代西方,柏拉图提出以音乐"作为滋养","浸润心灵",使性格变得高尚、优美,因此音乐要成为必修课。亚里士多德更全面地总结了艺术审美教育的功能:(1)"教育",(2)"净化",(3)"精神享受"。他认为音乐和诗(悲剧)能提高认识、陶冶感情、审美娱乐、振奋精神。

在中世纪的西方,宗教神学家把古希腊罗马的教育内容归结为"七艺"——文法、修辞、辩证法(逻辑)、算术、几何、音乐、天文,贯彻到宗教学校教育中。

在近代中国,王国维最早把"美育"介绍到中国。蔡元培建立了中国近代美育体系,他把康德、席勒的美育思想与中国"礼乐相济"的传统融会贯通。陶行知也非常重视美育,他在《创造宣言》中说:"教育者不是造神,不是造石像,不是造爱人。他们所要创造的是真善美的活人。真善美的活人是我们的神,是我们的石像,是我们的爱人。"②这段话生动地体现了他的美育思想。

二、发展美育的意义

(一)审美是人的高层次需要

第一,随着物质生活条件的改善,人们对精神生活有了新的追求,对美的要求达到了新的高度。马斯洛的需求层次论将人的需求分为五个层次,即:生理需求、安全需求、归属与爱的需求、尊重需求、自我实现的需求。其中,最高层次是自我实现的需求。有人又把这一层次的需求细分为认知需求、审美需求、超越需求,可见,审美是人的高层次需求。

第二,生活即艺术。在我们的日常生活中处处皆有艺术,人们对感性价值的追求也越来越高。教学艺术、说话艺术、工作艺术、管理艺术、广告艺术等遍布于我们生活的各个角落。人们对美的需求的增加,推动着美育的发展,使美育成为我们生活中的一项重要活动。

(二)发展美育是培养创新人才的需要

当今世界正经历百年未有之大变局,新一轮科技革命和产业变革深入发展,国际力量对比深刻调整,和平与发展仍然是时代主题,人类命运共同体理念深入人心,同时国际环境日趋复杂,不稳定性、不确定性明显增加,新冠疫情影响广泛深远,经济全球化遭遇逆

---

① 俞振伟.上海艺术教育发展报告(2018):德艺一体、全面拓展的艺术教育新时代[R].上海:上海大学出版社,2018:113-114.
② 陶行知.创造宣言[M]//陶行知文集(下册).南京:江苏教育出版社,2008:891.

流,世界进入动荡变革期,单边主义、保护主义、霸权主义对世界和平与发展构成威胁。世界范围的综合国力竞争,归根到底是人才特别是创新型人才的竞争。培养创新型人才,需要健全其人格,使其具备全面的知识素养,美育通过唤起美感、崇高感,达到陶冶情操、温润心灵,激发创新创造活力的目的,在创新型人才培养中有着不可替代的作用。

(三)发展美育是基础教育发展的需要

建设高质量的教育体系,就要构建高质量的课程。构建高质量的课程,就需要根据社会的发展,进行课程改革。改革开放四十年多年来,我国基础教育课程教学改革经历了从"双基"到"三维目标"再到"学科核心素养"的三个阶段,体现了学校教育不断回归"人",以人为本的教育变革。发展美育对完善学生人格,培养其健康的审美观念、审美情趣有着重要意义,是基础教育领域变革的重要内容。

(四)美育新解

美育通常被称为美感教育或审美教育,即通过培养人们认识美、体验美、感受美、欣赏美和创造美的能力,从而使人们具有美的理想、美的情操、美的品格和美的素养。我们所说的"艺术教育"也常常被称作美育。有人感觉二者不分彼此,也有人认为,真正的美育是将美学原则渗透于各科教学后形成的教育。

显然,美育包含艺术教育,但艺术教育远不是美育的全部内容。我国的教育以马克思主义关于人的全面发展的理论为依据,要培养德智体美劳全面发展的人,美育是其中重要的组成部分,马克思提出,"人也按照美的规律来构造",这对包括美育在内的教育科学的理论和实践都具有指导意义。新时代我们要构建能够适应新发展的学校"新美育"。对于基础教育而言,就是要发展学生的科学素养和人文素养。

作为音乐教师,我们应该更加关注美育对学生的影响,以此促进学生德、智、体、劳的发展。让美育在塑造学生思想道德情操、丰富学生知识、发展学生智力等方面发挥其应有的作用,增进他们的身心健康,引导他们热爱劳动,并进行创造性的劳动。

三、美育与科学

爱因斯坦相对论被认为是现有物理理论中最美的理论,天体物理学家钱德拉塞卡说:"一个具有极强美学敏感性的科学家,他所提出的理论即使开始不那么真,但最终可能是真的。"[1]美与真就是美育与科学的关系,二者彼此交融,相互促进。

---

[1] 钱德拉塞卡.莎士比亚、牛顿和贝多芬:不同的创造模式[M].杨建邺,王晓明,等译.长沙:湖南科学出版社,1996:73-75.

古希腊神话里,智慧女神雅典娜对森林中的阿里安德妮说:"挽起你的弓吧,向相反的方向各射出一支羽箭。当它们在飞行中相交的时候,世界就不是原来那个样子了!"两支羽箭带着截然不同的啸声,飞越了辽阔的时间和空间,突然在一点上重新相交了!在它们相交的地方,呈现一片人类文明的奇花。人类射出的这两支箭就是艺术和科学。[1]早在古希腊时代,科学与艺术就相互渗透。很多杰出的人都是精通科学与艺术的通才。

(一)艺术与科学,是一枚硬币的两面

著名物理学家、诺贝尔奖获得者李政道先生有一句经典名言:"艺术与科学,是一枚硬币的两面。"李政道认为,艺术与科学谁也离不开谁,都是人类创造力的顶峰。他甚至还与李可染大师合作,画出了一幅关于物理学上超弦空间理论的画来。有这样一个传说,李政道先生曾讲过一个故事,他说,20世纪50年代美苏在太空技术上竞争,苏联率先将第一颗人造卫星送上太空,那可是人类有史以来第一次将人造卫星送到太空。这件事情震惊了美国人,他们投入大量的人力、物力、财力进行研究,得出一个令人吃惊的研究结论:苏联科技之所以领先,居然是因为苏联的"艺术成就"让美国望尘莫及。美国人发现,19世纪至20世纪初,俄罗斯在文学上有托尔斯泰、屠格涅夫、普希金等泰斗,在音乐上有穆索尔斯基、斯特拉文斯基、格林卡、柴可夫斯基等大师,在美术上像《伏尔加河上的纤夫》《近卫军临刑的早晨》这样的名作不胜枚举。在这种艺术氛围中熏陶出来的科学家,素养特别高,情感特别饱满,因而智慧浩瀚,想象力特别丰富,创新能力特别强。从这个故事中足见人文艺术学科的重要性。

(二)美育与科学的关系

如果说科学是外求,是以各种工具去辨析万物,艺术则显然是内求,是以自身直觉去感应世界,以自身经验去把握世界。马克思曾把人类对世界的把握方式分为两种,一种是物质掌握,一种是精神掌握。前者是指生产劳动实践;后者是指艺术实践。[2]

"艺术思维犹如一座'浑沌'立交桥,它在事物之间建立起非理性的联系,尤其是诸多能够被深刻感知却又无力名状的事物,可以借由它,瞬间四通八达。古今中外许多杰出的科学家,往往也是颇具艺术修养的人士。比如爱因斯坦对音乐、对文学的迷恋,早已成为脍炙人口的佳话,竺可桢、苏步青、李四光、高士其、李政道等也都具备深厚的艺术修养。难怪美国艺术学博士贝蒂·艾德华呼吁:'人人都应像艺术家一样思考!'"[3]

"科学思维通常被看作是抽象思维,而艺术思维则被认为是形象思维。因而,科学思

---

[1] 赵盛成.发现之旅:科学与文化论著研习[M].上海:上海教育出版社,2018:132.
[2] 朱永新.教育,让梦想成真[M].青岛:青岛出版社,2019:130.
[3] 朱永新.新教育年度主报告(2014—2018)[M].太原:山西教育出版社,2018:18.

维常常被表现为有规则的锯齿形或几何形,以代表它的严谨、逻辑、合理等特点。而艺术思维则被描绘成流动变幻的云或轻快飘逸的曲线,富于想象。随着近代科学的发展,人类又重新认识到科学与艺术之间不可分割的有机联系,认识到科学思维与艺术思维具有互补性。近百年来科学与艺术之间又产生了重新汇合的趋势。就拿音乐对科学的影响来说吧,音乐中一串串闪烁跳跃的音符,激发科学家们的想象力,唤起他们无穷尽的联想。一个严密、完美的创造思维过程,是人脑左右两个半球相互协调配合的结果。"[1]

"毫无疑问,结合科学与艺术、内外兼备地二者共同发展,让二者从两极向中间并进,最终融合、平衡,才是最为理想的思维模式,才能更加完整地理解世界。""1987年,《科技日报》发表了钱学森、钱三强、钱伟长、苏步青等近30位我国著名科学家畅谈文艺的文章,均表明他们的艺术生活极大地丰富了他们的科学想象力。"[2]

总而言之,艺术教育在人的发展、社会进步的进程中具有不可替代的重要作用。柏拉图甚至有这样一个观点:艺术应成为教育的基础。可以说,不重视德育,损害的是一代人的道德水准;不重视智育,损害的是一代人的认知水平;不重视体育,损害的是一代人的身体健康;而不重视艺术教育,损害的则是一代人的心灵世界,损害的是一个民族的精神、想象力和创造力。[3]

(三)科学与艺术的新局面

2005年,温家宝总理看望钱学森时,钱老感慨地说:"这么多年培养的学生,还没有哪一个的学术成就,能够跟民国时期培养的大师相比。"钱老又发问:"为什么我们的学校总是培养不出杰出的人才?"这便是发人深省的"钱学森之问"。"钱学森之问"实际上是科学之问、教育之问、体制之问、历史之问。

英国科学家、中国科技史研究专家李约瑟在他的著作《中国科学技术史》中问:中国的科学为什么持续停留在经验阶段,并且只有原始型的或中古型的理论?欧洲在16世纪以后就诞生了近代科学,这种科学已被证明是形成近代世界秩序的基本因素之一,而中国文明却未能在亚洲产生与此相似的近代科学,其阻碍因素是什么?[4]这就是"李约瑟之问"。它令人深思:为什么古代中国人发明了指南针、火药、造纸术和印刷术,工业革命却没有发端于中国?而哥伦布、麦哲伦正是依靠指南针发现了世界,西方列强正是用火药打开了中国的大门,用造纸术和印刷术传播了欧洲文明!

---

[1] 蔡松琦,蔡幸子.钢琴宝典[M].广州:华南理工大学出版社,2001:108-109.
[2] 朱永新.新教育年度主报告(2014—2018)[M].太原:山西教育出版社,2018:18.
[3] 朱永新.新教育年度主报告(2014—2018)[M].太原:山西教育出版社,2018:18.
[4] 李约瑟.中国科学技术史:第一卷 导论[M].袁翰青,王冰,于佳,译.北京:科学出版社;上海:上海古籍出版社,1990:1-2.

2019年，于敏、孙家栋、袁隆平、黄旭华和屠呦呦等5名杰出科学家被授予"共和国勋章"，由此我们可以看到国家对创新型高科技人才的重视，这也彰显了国家的价值观导向。当今世界，国与国之间的竞争是教育、科技、人才的竞争，适应新时代教育的发展及国家对创新型人才的需要，必然会赋予美育新的使命，使美育成为担当教育强国重任的重要角色。

四、美育与高考改革

如何落实新美育？教育工作者如何让美育不是空谈，而是真正落地，落在学生的学习阵地上，既能让学生提高素质，又能让学生得到实惠？

高考改革已经体现了由考试评价工具到全面育人载体的转变，由"解题"到"解决问题"的转变，由"以纲定考"到"考教衔接"的转变。面对高考改革，教育工作者应该非常明确地转变观念，引导学生从"解题"到"解决问题"，从"做题"到"做人做事"，彰显素质教育的鲜明导向。从形式上来看，在高考的艺术科目中，学生解题、做题，应该是解决问题，体现做人做事的方法和特点、审美能力。从主体上来看，教师和学生之间，教师"教"，学生"学"，这似乎是一种单向的教育模式，但要达到教会学生"解决问题""做人做事"的目的，这种教师教、学生学的教学，其实也是师生互动的过程，是双向的。智能化时代的教育，师生的教学相长更能得到淋漓尽致的体现。教育者应主动积极地进行自我建构，在塑造他人的过程中同时塑造自己，不断优化自己的本质结构。

统编版普通高中教科书《语文 必修》上册第一单元"青春的价值"编入的五首诗歌和两篇小说，都是对青春的吟唱，它们让学生明白，认识自我是人提高生命意义和生活质量必不可少的过程。"认识你自己"，这句镌刻在古希腊德尔菲神庙里的铭文，表达了人类与生俱来的内在要求和至高无上的思考命题。课文富有深沉的哲理、浪漫的色彩、理性的分析、动人的情感，告诉我们要保持天真与好奇，在平凡的事物与生活中看到神奇与美丽。

各科教材注重从与"人"密切相关的社会生活出发，思考人的生命和意义，这体现了教育回归对人的关照。人音版高中教材《音乐·音乐鉴赏（必修）》第一课，在修订前是"音乐与人生"，开篇引用孔子的话"兴于诗，立于礼，成于乐"，2020年修订后以"不忘初心"为全册的序篇。这些起始单元，都旨在引导学生认识"人的价值和意义"，而非停留在学科本身。

五、高考中的美育

美育进高考，也是美育从"软任务"变成"硬指标"的一个重要标志。在不同学科的考题中分别出现了艺术学科的相关知识渗透。

2019年上海高考语文作文题目为"音乐的中国味",原题为:

倾听了不同国家的音乐,接触了不同风格的异域音调,我由此对音乐的"中国味"有了更深刻的感受,从而更有意识地去寻找"中国味"。这段话可以启发人们如何去认识事物。请写一篇文章,谈谈你对上述材料的思考和感悟。要求:(1)自拟题目;(2)不少于800字。

题中的文字材料显然是引自辛丰年先生的文章《耐人寻味的中国味》第一段。在这篇文章的第二段,作者说:"听了古琴曲,见到赵元任的《新诗歌集》,才懂得还有'中国味'这个题目。"[①]

2020年全国卷Ⅱ高考文科数学试题第一大题(选择题)第三小题借助数学语言给出原位大三和弦与原位小三和弦的定义,并设计了一个简单的计数问题,考查学生对新定义、新情景的学习能力,分析问题的能力以及数学文化素养。

无疑,美育已然悄悄融入了各个学科中,渗透到了其他四育中。对新时代的美育工作者来说,研究高考及其所体现的美育,是一门必修课程。教育部《中国高考评价体系》要求,高考评价体系要将"引导教学"纳入核心功能,完善德智体美劳全面培养的育人体系。高考评价体系要解决"为什么考、考什么、怎么考"的问题,相应地,美育也要回答"培养什么人、怎样培养人、为谁培养人"的问题,在聚焦传统文化、革命文化、红色文化、社会主义先进文化的基础上,渗透主题教育,适应高考改革的新变化,为学生的终身发展做好铺垫。

(一)美育与大文科

大文科主要是指语文、政治、历史等人文学科,美育在人文学科中的渗透主要包括艺术的本体和认识两个方面的内容。

在大文科中渗透艺术的本体,主要是指融入艺术知识,包括中国传统文化中的艺术知识(如民歌、民乐知识等)以及世界各国艺术知识。例如,2019年,安徽语文高考试题中有一道关于古琴知识的试题,分值9分。这是一道语言文字运用题,在一段古琴知识文字材料中,隐去了部分词、句,其下有三道选择题,要求考生选择正确的选项,补全这段材料,并修正材料中的语病。这段文字材料介绍了古琴艺术被联合国教科文组织列入"人类口头和非物质遗产代表作名录"的事实,以及古琴音量小、"直接和你的心进行交流"等特点,还介绍了古代"琴者,心也"与"琴者,禁也"的说法。这是艺术的本体渗透于大文科之中的一个典型例子。

---

① 辛丰年.耐人寻味的中国味[M]//辛丰年.如是我闻.上海:上海音乐出版社,2018:21.

在大文科中融入艺术认识,主要体现于历史、政治等学科中。艺术认识包括中国传统文化中的核心思想理念和人文精神。其中,核心思想理念有革故鼎新、与时俱进的思想,脚踏实地、实事求是的思想,惠民利民、安民富民的思想,道法自然、天人合一的思想,讲仁爱、重民本、守诚信、崇正义、尚和合、求大同等思想理念。人文精神包括求同存异、和而不同的处世方法,文以载道、以文化人的教化思想,形神兼备、情景交融的美学追求,俭约自守、中和泰和的生活理念等。这些思想理念有利于促进社会和谐、世界和平,鼓励人们向上向善。中国传统文化中,中正平和的审美思想和清、雅、淡、虚的文人情致都是美育的渗透内容。

(二)美育与大理科

大理科指数学、物理、化学、生物等自然科学学科。美育与理科的结合主要源于艺术的数理性。音乐美的本质在于数的和谐与情感的净化,这是古希腊时期的音乐审美意识之一。美的规律与世间万物的发展规律有着内在的联系。人们对美的感受力、领悟力可以转化为追求真理、探求规律的把握力,转化为科学创造的直觉力。因此,许多科学家在探求真理的过程中,把美的法则与真的规律结合起来,从而产生了重大的科学创造成果。[①]

2020年,教育部考试中心命题专家表示,高考数学试题要落实立德树人根本任务,贯彻德智体美劳全面发展教育方针,坚持素养导向、能力为重的命题原则,体现了高考数学的科学选拔和育人导向作用。这说明美育已经开始融入理科课程。

艺术作品的对称和谐美无处不在,例如古典主义时期的回旋曲式就体现了均衡和谐之美。我们以黄金分割理论为例:

黄金分割在艺术领域应用十分广泛。在线段AB中,取一点C,使得AC∶BC=BC∶AB,而这个比值为0.618…。有趣的是,在许多著名的音乐作品里,高潮往往安排在一首曲子中心点偏后的位置,从而在乐曲中形成了"黄金分割"比例。例如肖邦的《降D大调夜曲》,不计算前奏的话共有76小节。76×0.618≈46.97,按照黄金分割的理论,高潮部分应该出现在第46小节。而《降D大调夜曲》力度最强的高潮正是出现在46小节,可谓是对黄金分割的绝佳诠释。

另据美国数学家乔巴兹统计,莫扎特的所有钢琴奏鸣曲中有94%符合黄金分割比例,不禁令人感叹这是多么奇妙的巧合。艺术之美是相通的,无论是绘画、雕塑作品,还是音乐作品或其他艺术作品,运用了黄金分割,往往更受人青睐。

艺术中有对数学知识的应用,同样,美育也进入了数学学科教育中。在数学高考试题中,出现了十二平均律、和弦等内容。这些内容的选择,目的不在于考试本身,而在于真正

---

① 修海林,罗小平.音乐美学通论[M].上海:上海音乐出版社,1999:592.

让美育和学生的生活息息相关。

在物理课程中的声学、力学等部分,在生物课程中的音乐治疗、人体结构等部分,都可以融入大量与艺术相关的内容。最重要的是,教育工作者要引导学生发现美、应用美、创造美。

六、学校美育的途径

(一)普适性教育与专业教育相结合

在教育史上,直接对艺术教育进行定义的论述并不多见,但许多教育家从艺术教育的意义、价值、类型等不同侧面,阐述了他们对艺术教育的理解。

美国美学家杰弗逊说:"一谈到艺术教育,我们总谈到技巧,我们不要忘记,通过艺术还要学习人类的博爱、感情、知识、公道等等,这就是艺术教育。"这是就艺术教育的目标而言的。[1]

苏联教育学家苏霍姆林斯基说:"艺术教育不是教育家的教育,首先是人的教育。"这是就艺术教育的本质来说的。[2]

美国当代美学家托马斯·门罗提出,艺术教育有以下四种不同类型:"第一种是强调艺术实践中的技术训练,其目的是培养艺术家;第二种是强调艺术的评价、欣赏和理解;第三种强调艺术史的系统教育;还有一种强调艺术的教学方法,主要目的是造就艺术师资。"这是就艺术教育的内容来分析的。[3]

以上信息释放两个信号:第一,学校艺术教育包括专业艺术教育和普适性艺术教育。第二,艺术教育的内容包含技能技巧、审美理解、情感体验、人格塑造、想象与创造力等。总之,学校艺术教育应该是"美"的教育,培养学生发现美、感受美、理解美、体验美、创造美的能力。

(二)课堂教学与课外活动相互补充

学校美育最直接的途径就是艺术课,每周一次的艺术课是学校美育的主阵地。高中阶段的新课程改革,课程的理论体系建构、实验经验总结,教材的修订补充完善等工作已经于2020年全部结束,国家教材委员会专家委员会审核通过的高中音乐教材有人民音乐出版社、湖南文艺出版社、广东教育出版社/花城出版社、上海音乐出版社等的版本。围绕新

---

[1] 朱永新.教育,让梦想成真[M].青岛:青岛出版社,2019:123.
[2] 朱永新.教育,让梦想成真[M].青岛:青岛出版社,2019:123.
[3] 朱永新.教育,让梦想成真[M].青岛:青岛出版社,2019:123.

课标这个核心,以教材为立足点,是守好美育课堂阵地的关键。研究教学,研究学生,研究教法要成为我们艺术教师的立身之本,要让艺术课真正成为提高学生艺术素养的最直接最有效的途径。但只有艺术课还不够,还需要有更多的艺术教育场域。学校的各种艺术社团可满足学生在舞蹈、歌唱、器乐、戏剧等方面的课外需求,是对艺术课程的有效补充。

艺术可以在学生的内心播下美的种子,激发他们的想象力、创造力等,使他们学会自我调节心理压力,和谐人际关系,养成团队精神。

艺术教育有助于人的人格形成。学生通过不同形式的艺术教育,逐渐形成粗浅的平衡、空间、架构等意识,并会根据这些来形成和谐的性格,不断滋养精神、涵育生命、完善人性。艺术的学习过程,在培养记忆、观察等能力的基础上,一定伴随着聚精会神、坚持不懈、有的放矢等,这些是形成完整人格不可或缺的重要组成部分。艺术的学习过程也是促使形成富有个性化的、独特的、稳定的、统整的行为模式、思维模式和情绪模式的过程,无疑对人的当下生活,对今后的成长、发展,对塑造形成健全人格和完美人性,起着决定性的作用。[①]

第三节　从《音乐美学通论》看发展中的中外美学思想

《音乐美学通论》(简称《通论》),作者修海林、罗小平,上海音乐出版社1999年出版。这是一部全面而系统地阐述音乐美学基础理论的专著,全书可分为两个部分:第一部分是由第一章和第二章构成的音乐美学思想史,分别介绍了中西方音乐审美意识的历史发展轨迹;第二部分包括第三、四、五、六、七章,分别对音乐存在方式的美学研究,音乐美学理论研究中的情感情绪问题,音乐创作、表演、传播三度创作中的立美、审美活动,音乐美的鉴赏以及音乐美的价值等做了详细的研究分析。下面主要基于该书第一部分的内容进行阐述。

一、中国古代音乐美学思想的变迁

《通论》在导论中提到,在古代社会,中国的音乐美学思想虽没有专门的学科名称,却有自己的研究对象、范围,并且形成了相对稳定的知识结构和理论体系。就像现代意义上

---

① 朱永新.新教育年度主报告(2014—2018)[M].太原:山西教育出版社,2018:12-13.

音乐美学理论体系包括了哲学、社会学、心理学甚至人类学、艺术学、教育学等方面的内容，并且在体系的构成上呈现出学科发展中的多元化以及与其他学科的相互渗透，早已突破原来较为狭窄的格局，形成一个丰富而复杂的学科系统那样，中国传统音乐美学思想体系，原本就具有多元、互渗的特点。[1]

在西周礼乐制度的乐教活动中，"乐"被纳入教育系统、意识形态系统，可以说"乐"已经成为一门独立的学科，并且当时已经形成了对"乐"的思考和认识的多角度的音乐美学理论。这些音乐美学理论都是在具体的实践基础上抽象提炼出来的。

从历史发展看来，中国传统的音乐美学思想有着鲜明的统一性和连续性。

任何一种艺术门类都是从文化整体中分化出来的[2]。一个民族的音乐艺术所呈现的特质与它赖以生存的文化土壤有着密切的关系，中国音乐文化的发展特征也必然和中国文化发展的历程有密切关系。中国的文化源远流长，最显著的特征就是其统一性。中国文化是以华夏文化为中心，汇聚国内各民族文化的统一体，这个统一体具有强有力的文化凝聚力，在中国历史上任何时期都未分裂和瓦解过。如果说统一性是空间上的意义，那么，在时间意义上，中国文化始终环环相扣，连续发展。中国文化发展的统一性和连续性无疑也反映在我国古代音乐美学思想的发展上。

（一）中国古代美学思想的统一性

首先，中国古代美学思想的统一性表现为观念的统一。

远古时期已有零散的音乐形态，人们在祭祀、劳动的过程中，就用音乐来表达情感，音乐还用于帮助人们征服自然、战胜敌人。周代的礼乐制度、礼乐思想在政治、教育中发挥了重大的作用。

春秋战国是我国古代音乐史上"百家争鸣，百花齐放"的繁荣时期，也是我国古代音乐发展的一个标志性时代。墨家的墨子虽然主张"非乐"，但承认音乐的美感。道家的老子和庄子认为，真正的音乐是形而上的，即"大音希声""至乐无乐"。儒家学派的创始人孔子给音乐注入了"仁"的道德内涵，把音乐审美标准提高到了美善统一的高度，荀子进一步发展了孔子"美善合一"的音乐美学思想体系。儒家关于音乐理论的经典著作《乐记》可以说是先秦儒家美学思想的集大成者，它论述了音乐的产生，音乐的社会功用，音乐与礼、德行、情性等的关系，对中国古代音乐的发展产生了深远的影响。

汉魏时期，佛教的传入使儒家思想受到了冲击，加上时局动荡，一些文人雅士寄情于山水弦歌。嵇康的《声无哀乐论》体现的中国音乐美学"自律论"成为这一时期主要的音乐美学思想。

---

[1] 修海林，罗小平.音乐美学通论[M].上海：上海音乐出版社，1999:1-2.
[2] 王次炤.中国传统音乐的美学研究[M].北京：人民音乐出版社，2019:20.

魏晋之后，音乐成为知识分子心灵的避风港，音乐美学思想的发展主要体现于琴、声乐、戏曲等方面。古琴"中正平和、清微淡远"的美学思想，在中国古代有着很强的生命力，其"静、远、淡、虚"的审美情趣反映了"天人合一"的思想。

宋元时期戏曲盛行，音乐研究者主要围绕歌唱的审美意识阐述音乐美学思想。元代燕南芝庵的《唱论》就是关于戏曲歌唱的专著，在歌唱的声音、歌唱的姿态、歌唱的风格把握等方面都有独到的见解，是现存最早的专论戏曲声乐的著作。

儒家、道家的美学思想交织贯穿于中国音乐文化发展的历史长河中，形成了儒道合流的音乐观，影响至今，体现了中国传统音乐观念的统一性。

其次，中国古代美学思想的统一性表现为形态的统一。

上古时期，艺术的典型形式是"诗、乐、舞"三位一体，后来又有诗、乐、画一体的艺术样态，这反映了我国古代艺术在表现形态上注重各门类之间的相互借鉴与融合。

在汉乐府诗出现之前，"诗、乐、舞"之间的先后顺序，就创作过程而言，是先诗后乐，诗为主体。刘勰"诗为乐心，声为乐体"，王灼"因所感发为歌，而声律从之"，都是持先诗后乐的观点。汉乐府诗"依调作歌，按曲式制辞"，"开辟了先乐后诗的新时代"。此后，一曲多用的现象非常普遍，汉代的"相和歌"，唐代的"曲子"，宋代的"词曲""诸宫调"，元明清时期的说唱音乐、戏曲等都是一曲多用的例子。这种一曲多用的形式使得我国古代音乐的形态具有一定的统一性。曲子和词都具有相对独立的意义，各自都有重要的地位。形态的统一性同时也说明，我国古代词曲的形式较为刻板，缺乏创造性，这也削弱了其艺术性。

除此之外，中国传统音乐的各种类型也相互融合、彼此借鉴，出现统一的样态。虽然不同类型的音乐都有着自身的文化背景和审美特点，但最终都呈现出了"趋同"倾向。《诗经》中的"大雅""小雅"和民间音乐相互融合，唐代的宫廷音乐和道家音乐相互融合，民间音乐和宗教音乐、宫廷音乐相互融合等都是我国古代音乐发展形态趋向统一的表现。

(二)中国古代音乐美学思想的连续性

我国传统文化受地理环境、政治因素和自身学术思想发展的影响，具有一定的连续性，在传统文化沃土中孕育的中国传统音乐也同样具有连续性。主要表现在三个方面。

1. 先秦"乐教"观念的历史延续

我国传统音乐的思想观念早在两千多年前的春秋战国时期就已经趋于成熟，先秦的礼乐思想强调音乐的"功利性"。先秦的礼乐思想在儒家经典《礼记·乐记》中体现得淋漓尽致，它强调音乐的教化作用和政治作用，认为音乐既能表现人的情感，又能陶冶情操，从而能感化人心，使人从善。"乐教"思想后来在各代继续传承：汉代"独尊儒术"，"乐教"承袭了先秦礼乐思想；魏晋南北朝时期，在儒道释交融的文化中，虽然音乐教育的价值观呈现多元化状态,审美功能强化,伦理教化功能弱化,但即使嵇康的《声无哀乐论》,也矛盾地认可"可导之乐";隋唐时期,随着儒家思想的回归,"乐教"的社会教化功能再次得到重视;宋代理学思潮的兴起,极大地强调了艺术的伦理功能,宋元时期同唐朝一样,既注重音乐的审美功能,也强调音乐的教化功能;明清两代,虽然文人艺术家强调个性情感,但音乐的教化功能依然存在。从古代音乐美学思想的发展中,可以清楚地看到"乐教"观念的历史延续性。

2.音乐形态的延续发展

中国乐器是我国传统音乐的重要组成部分,具有不可替代的作用,其中古琴最具有代表性。先秦时期就有关于古琴的记载,马王堆汉墓出土的古琴,进一步证明了古琴的历史延续。与古琴乐器相关,唐宋以来历代文人和琴师留下了大量的琴谱和关于古琴的理论著作,可以说,古琴及古琴音乐最能体现我国音乐连续性的特点。其音乐形态的连续性不仅体现在保存和延续上,更体现在继承和发展上。正是因为不断地发展与更新,古琴音乐才没有变成古董音乐,而一直保持着蓬勃的生机。

3.音乐思维的延续

单声部思维往往被称作"线性思维",中国传统音乐思维的发展即主要体现在横向单声部思维的发展上。我国传统音乐中,乐曲一般都是单声部旋律,没有和声和复调。并且这种单声部旋律的进行有着一定的特征:散—慢—中—快—散。这种环环相扣,一气呵成的布局往往是情感表达的需要和情节、情绪发展的过程,这种结构被认为是中国传统哲学中"循环往复"的思想,体现了一种"大团圆"的审美思想。

二、西方音乐审美意识的发展

研究音乐审美意识的发展,首先要从词源学角度了解音乐。在古希腊语中,Mousike(Musike)一词从词源学上说意味着"缪斯的职责",而缪斯是掌管诗的灵感的众女神。所谓"缪斯的职责"就是指艺术女神缪斯所做的事,其中包括诗乐歌舞。因此,在实践中,这个词指诗歌舞蹈,类似中国古代的诗歌、音乐、舞蹈三位一体的"乐"。从词源意义上来说,"乐本体"是东西方所共有的。[1]

也有人认为,古希腊语 Musike 最初的含义为"'歌词的'意义载体",即歌唱中与字音融为一体的,如今通常称为"旋律"或"曲调"的那种东西。[2]在对音乐存在方式的认识上,西方的美学思想逐步形成了"音本体"的音乐存在观念。塔塔科维兹在《古代美学》一书中叙

---

[1] 修海林,罗小平.音乐美学通论[M].上海:上海音乐出版社,1999:182.
[2] 沈洽.基诺人关于音乐的概念行为模式及其文化内涵:一份关于基诺人"音乐观念"的调查报告[G]//王镇华,修海林,李文珍.中华音乐风采录.北京:中国文联出版公司,1994:286.

述:"舞蹈(Choreia)这个术语强调了舞蹈的关键性作用,它由合唱队(Choros)这个词衍生而来,而这个词最初是指群舞的意思。"[1]而美学范畴中的"模仿"(Mimesis),"最早可能是出现在与狄俄尼索斯(即酒神——注)相关的祭祀中,指的是模仿以及僧侣在祭祀仪式中的舞蹈"[2]。在"Choreia"的行为方式中,"Mimesis"表示的是"通过动作、声音和语言表达情感和感受"。[3]西方音乐审美思想意识和音乐的存在方式密切相关联。纵观《通论》中的阐述,可知西方美学思想主要体现为对音乐"和谐"美感性认识的统一性和对"数理"论音乐理性把握的延续性两个方面。

(一)对音乐"和谐"美感性认识的统一性

音乐的存在方式直接决定了音乐的审美意识。古希腊神话中反映的最早的古希腊审美意识,往往与人类早期存在的巫术观,甚至宗教观紧密联系。神话传说隐含着"以感人为美"的音乐审美意识,这是一种起源甚早,具有发生学意义的审美意识,是"情感论"音乐审美意识的先源。[4]

古希腊音乐在艺术表现上保持着与宗教祭祀的密切关系,例如赞美太阳神阿波罗的阿波罗赞歌,合唱队对酒神狄俄尼索斯所唱的赞美歌等都是虔诚的颂歌,需要共鸣的"和谐"带来的空灵神圣感。古希腊哲学家赫拉克利特为音乐的谐和赋予了新的含义,在对音响运动的审美观照中,认识音乐谐和的本质特征,从乐曲高低音旋律的组合以及节奏上的长短音、曲调上的展开运动来谈音乐的和谐,从而输入了和谐在于事物冲突的变化思想,呈现一种动态的认识方式。[5]在柏拉图那里既有至善至美的绝对美,又有衡量心灵美的智慧美,还有作为事物美重要特征的和谐美和形式美。他在《理想国》中曾说,音乐教育"如果教育的方式合适,它们就会拿美来浸润心灵,使它也就因而美化"[6],强调了音乐审美意识的感性认识。亚里士多德在其《政治学》中提出,乐调和韵律具有三种目的,即教育、去除不良情感、加强心灵修养。[7]他认为音乐使人快乐,进而陶冶性情,操修心灵,音乐教育应当以陶冶性情和操修心灵为宗旨,这和中国上古的"乐者,乐也"音乐美学思想相一致。

中世纪,西方音乐审美思想受到宗教神学的影响。意大利神学家圣·托马斯·阿奎那用基督教精神解释音乐,将感性美归于神的美。英国僧侣哲学家罗吉尔·培根将音乐看成

---

[1] 修海林,罗小平.音乐美学通论[M].上海:上海音乐出版社,1999:184.
[2] 修海林,罗小平.音乐美学通论[M].上海:上海音乐出版社,1999:184.
[3] 修海林,罗小平.音乐美学通论[M].上海:上海音乐出版社,1999:184.
[4] 修海林,罗小平.音乐美学通论[M].上海:上海音乐出版社,1999:184-185.
[5] 修海林,罗小平.音乐美学通论[M].上海:上海音乐出版社,1999:188-189.
[6] 柏拉图.柏拉图文艺对话集[M].朱光潜,译.合肥:安徽教育出版社,2007:73.
[7] 亚里士多德.政治学[M].张扬,胡树仁,译.长沙:湖南文艺出版社,2011:298.

首先是由感情来体验的声音的科学,并以此作为评价、理解音乐的出发点。意大利音乐理论家规多从人的性格、喜好、心境、情绪乃至民族习性和文化相对的认识角度,考虑音乐美的存在,是感性认识上的音乐审美思想。[1]

文艺复兴时期的音乐美学思想主要是人本主义思潮。人们"追求人的解放与自由意志的表现,将人的思想从宗教的枷锁和封建的桎梏中解放出来"[2]。这一时期的音乐美学被视为西方近代音乐美学发展的开端,其特征是将音乐的认知对象集中在音乐的形态,也就是音乐本身上。文艺复兴的艺术家将音乐看成尤其具有感情意义的艺术,对音乐的审美,完全以唤起快乐的情感为转移,[3]也从音乐的和声、旋律、调式、节奏这些形态因素来谈音乐的情感力量。当时的人文主义者认为,"音乐以其情感的力量,影响人的精神、个性、意志、行为等"[4]。

17世纪是西方近代哲学的开始,这一时期的音乐审美认识重心转向了对音乐审美主客体关系本质的认识,在认识上更具有深度。音乐美学的哲学意识中主要以笛卡儿的理性主义思想为主导,但是没有完全否定感性认知。例如,布莱尼茨一方面以理性主义来阐释音乐美与数学比例的关系,另一方面也强调音乐对情感的影响力和感染力。

18世纪末到19世纪初,西方音乐美学思想的发展丰富多彩,呈现多样化的流派风格,不仅强调音乐的情感表达,更注重音乐的情感表现对人类理性精神的提升。贝多芬说,音乐应当使人类的精神爆出火花。圣桑说,音乐是人的精神的最精致的产物之一。

(二)音乐中的"数"和"理式"

在对音乐美的探讨中,"数"的和谐与"理式"的呈现,是西方音乐美学史上各时代都关注的问题。

在古希腊时期,毕达哥拉斯学派主要从数的和谐和感情的净化角度探讨音乐美的本质,从音乐谐和感与数量关系的研究中提出了"音乐是对立因素的和谐统一,把杂多导致统一,把不协调导致协调"[5],和谐的音乐是建立在乐音运动与结构和谐的基础上的观点。

古罗马哲学家,新柏拉图主义的创始人普罗提诺(旧译:普罗丁)认为,"一切事物之所以美,都由于理式","物体美是由分享一种来自神明的理式而得到的"。他更加强调由"心灵凭理性断定"美。

---

[1] 修海林,罗小平.音乐美学通论[M].上海:上海音乐出版社,1999:203-204.
[2] 修海林,罗小平.音乐美学通论[M].上海:上海音乐出版社,1999:204.
[3] 修海林,罗小平.音乐美学通论[M].上海:上海音乐出版社,1999:208.
[4] 修海林,罗小平.音乐美学通论[M].上海:上海音乐出版社,1999:210.
[5] 朱光潜.西方美学史(全二卷)[M].北京:商务印书馆,2017:35.

中世纪,教会神父借用古代关于音乐中的"数"的概念,去理解音乐的本质。圣·奥古斯汀将事物的美定义为"和谐"或"整一",认为只有通过数的关系显示出整一、和谐与秩序,才是美的,甚至认为世界也仿佛是由上帝按数学原则创造出来的。[①]从数的关系上去寻找美,导致这一时期的一些理论家倾向于研究、计算及说明音乐的比率的方法。还有人认为,音乐的理性存在才是音乐的本质存在。[②]

17世纪,西方主要哲学家、思想家"以理性的态度批判地验证和在观念中重构世界",这一时代的精神体现为理性的觉醒,理性成为科学和哲学的权威。[③]音乐美学观念的发展也受到自然科学、人文科学中理论研究的影响,美学中的数谐和论重提,表面看似乎是古希腊音乐思想的重现,而实质上是立足于新的自然科学成果,有着理性的精神基础。这一时期,关于音乐的和谐,德国天文学家、物理学家、数学家开普勒提出了"感性的和谐"和"心智的和谐"的观点。感性的和谐指和谐的声音是数学上精确的比例决定的精确的序列,音声(音乐的声音)的和谐是以数学为基础的。在音乐理论探讨上,笛卡儿等人尝试完成和声的数学基础合理化任务。这是崇尚科学理性精神、重视和渴求知识的思想要求在音乐艺术领域的体现。

18世纪,受欧洲的启蒙主义运动的影响,音乐美学思想有了比以往更加深刻的认识,启蒙运动者对音乐所特有的审美教育功能的重视,体现了一种新的理性主义精神。

18世纪末到19世纪初,理性思辨的传统并未中断,实证的自然科学方法论与认识论也影响着音乐美学,产生了以赫尔巴特、汉斯力克等人为代表的形式主义音乐美学思想。[④]

三、对美育实践的认识

《通论》的最后一章是"音乐的存在与人的存在——音乐美与价值",其中最后一节的题目是"音乐审美教育"。该节以马克思"人也按照美的规律来构造"为依据,详细地阐述了美育的基本功能、性质,以及音乐的立美、审美与人的发展。马克思主义关于"人的全面发展"的理论,决定了美育的功能、性质和地位。就美育的功能来说,审美价值取向的建立和立美、审美能力的培养是其中极为重要的两个功能。

---

① 修海林,罗小平.音乐美学通论[M].上海:上海音乐出版社,1999:200.
② 修海林,罗小平.音乐美学通论[M].上海:上海音乐出版社,1999:200-202.
③ 修海林,罗小平.音乐美学通论[M].上海:上海音乐出版社,1999:212.
④ 修海林,罗小平.音乐美学通论[M].上海:上海音乐出版社,1999:233-234.

(一)审美价值取向的建立

审美价值的建立"是在一定社会文化环境中、在符合一定审美理想的道德价值和政治价值中培养出的、对于真善美和假恶丑的取舍具有某种程度上的自觉定向的价值取向的建立"[①]。只有人对真善美和假恶丑的判断和情感体验符合一定的价值取向时,才被认为是受到了美的教育的。要实现人的全面发展,也必须用具有一定审美价值取向的美的精神来培养个性。[②]个体审美价值取向的集合,就构成了社会整体的审美价值取向。每个人"对世界的审美关系的建立,都体现了一种严肃的社会政治理想。表面上的个性化的审美关系,实际上是通过审美价值取向的选择这条看不见的纽带,使人通过审美价值加入到社会道德关系、政治关系和所有其他相关的社会关系中去"[③]。个体的审美价值取向也受到整个社会审美思想的影响。高尔基说,"美学是未来的伦理学",这不仅意味着未来的道德是以伦理的审美化为前提的,也意味着未来的审美是以伦理化为前提的。这就是审美和道德的有机联系,能够称得上具有审美价值的,道德价值必在其中。[④]二者一旦互相脱离,艺术就会陷入"非审美化"。《礼记·乐记》中谈到,"乐者,德之华也"。"乐"的艺术表现形式,只有攀附在道德的枝干上,才能展示出其美丽,使它的可感形式具有长久的生命力。从某种程度上说,艺术情操上的卑俗化恰恰是道德颓废最确切的征候。

(二)立美、审美能力的培养和实施途径

立美、审美能力的培养作为美育的第二个功能,主要指人创造美、鉴赏美的能力的培养。美育中人的创造能力的培养,是贯穿在包括艺术教育在内的各种教育行为中的。通过美育发展起来的美的创造能力,在各个创造领域中都是必不可少的。无论是在科学技术领域还是在艺术领域,人们运用美的规律来进行创造,本身就体现了一种美。今天,科学技术突飞猛进,对人的素质提出了越来越高的要求,这就更要求我们的教育能够培养出按"美的规律"进行创造性劳动、具有较高素质的人才。

在德、智、体、劳等方面的教育实践中,都有一个培养、发展学生审美能力的问题,美育要让学生学会按照"美的规律"解决问题,建构内在的审美心理。外在的美的形态既是内化了的审美价值的体现,也是人的本质力量的反映。美育与德育相结合,既可以使德育变得活泼生动,又可以使美育有最真的本质核心。智育方面,按照"美的规律"把科学知识内化为学生的智力结构的过程,正是合乎美的规律的内在尺度的建立过程。在自然认识方面,发现美、欣赏美的能力正是在立美实践中按照"美的规律"建构的内在审美尺度的反

[①] 修海林,罗小平.音乐美学通论[M].上海:上海音乐出版社,1999:576.
[②] 修海林,罗小平.音乐美学通论[M].上海:上海音乐出版社,1999:576.
[③] 修海林,罗小平.音乐美学通论[M].上海:上海音乐出版社,1999:578.
[④] 修海林,罗小平.音乐美学通论[M].上海:上海音乐出版社,1999:579.

映。在艺术方面的审美,更是依赖审美内化结构的建立。马克思说:"对于没有音乐感的耳朵说来,最美的音乐也毫无意义。"

在教育行为中,运用"美的规律"来进行教学活动,其范围是多方面的,总目标是培养人的立美、审美能力,建立内化的审美心理结构。在具体实践中,按照"美的规律"来操作,表现在很多方面,如:教育思想、教育行为、教育机智、教育方法等。将审美能力内化为促进教育活动的内在动力,使美育实践真正上升到改造自然、改造社会的实践高度,是我们每一位教师肩负的神圣使命。

《音乐美学通论》除了详细系统地对中国和西方的音乐美学思想进行阐述,还谈了音乐存在方式的美学研究,音乐美学理论研究中的情感情绪问题,音乐创作、表演、传播三度创作中的立美、审美活动,音乐美的鉴赏,音乐的存在与人的存在——音乐美与价值等内容。从本体论、认识论、方法论等角度对音乐及音乐实践中的美进行了深刻透彻的研究,某种意义上可以称之为我国音乐美学研究中最全面完善的专著,对我们研究音乐和进行音乐实践有很强的指导作用。

第四节　学生音乐社团建设解析

"面向人人,以人为本"是教育的起点,美育是培养全面发展的人不可缺少的内容。学生音乐社团是在学校的统一管理下,学生依据个人的兴趣爱好自主共建的音乐团体,是学生展示音乐才华,张扬个性的平台,更是美育的重要阵地。合理构建音乐社团,科学地对其进行辅导,确保其良性运转,是学校达到音乐学科育人目的的重要手段。

学生社团是指学生在自愿的基础上形成的艺术、文化、学术等各种团体组织,一般由学生自主管理,形成固定的章程,按照一定活动方案,有计划、有目的地展开活动。学生音乐社团是学生社团的组成部分,主要有合唱团、民乐团、戏剧团等,是促进中学生德智体美劳全面发展必不可少的组织。教师在音乐社团中以组织者、引导者的角色出现,旨在激发学生的创造力,培养学生团结协作的集体意识,提升学生的艺术修养、审美情致,达到美育的育人目标。

一、学生音乐社团的组建

(一)组建的原则

1.自主性

首先,学生音乐社团面向全校学生招募有着共同音乐观念、兴趣、爱好、追求、目标的学生,学生自主报名、自愿参加,而非被强制要求。兴趣成为学生音乐社团组建的基础。

其次,在社团管理上,学生自主组建管理机构,共同商议并确定管理章程,这有益于他们主观能动性和创造性的发挥。

2.合作性

首先,学生音乐社团是以音乐为纽带,将有共同兴趣爱好、志同道合的同学聚集在一起,社团的活动需要同学们相互合作来开展,因此,组建学生音乐社团,要以合作性为基础。合作有利于学生在社团的音乐活动中发挥集体的智慧,增强凝聚力。

其次,社团活动需要不同性格、不同特点的学生在同一时间和同一场域中合作,这就要求同学们必须以集体荣誉为先,学会与他人互相配合,这是学生音乐社团组建与发展始终要坚持的原则。

(二)组建效果的评价及优化

学生音乐社团的组建效果可以从以下维度进行评价并进行优化(以合唱团为例)。

1.自主性反馈

以调查问卷、访谈等形式反馈。主要从以下几个方面进行考查:

第一,学生参加合唱团的目的;

第二,所在声部是否适合自己;

第三,是否发现所在声部的成员不适合该声部;

第四,对组织管理机构是否满意;

第五,期待自己在合唱团中提升哪些能力。

2.优化重构

根据学生的反馈意见进行调整,力求使合唱团的建构更加合理。

第一,对声部成员进行微调;

第二,对组织管理的规章制度进行完善;

第三,基于社团发展和学生建议设计合理的活动方案。

二、学生音乐社团的运行

学生音乐社团通过科学合理的计划、方案,有效的方法和有力的物质保障,推进常规排练活动以及比赛演出等的顺利进行。这些活动为学生提供了很好的交流学习平台,既是学生社团活动的缩影,也是学校素质教育一道亮丽风景线。上课学知识,下课展特长,学生音乐社团既能给学生提供发展音乐兴趣的平台,也可以展示其美育成果。在运行过程中,辅导教师需要发挥全局性的策划和协调能力,引导学生音乐社团的活动顺利进行。

(一)学生音乐社团运行的保障

第一,掌握方向,有的放矢。长远的发展目标是学生音乐社团奋进的目标,只有看清了方向,才能更好地行动。学生音乐社团开展学校课堂教学之外的艺术活动,同样担负着美育的职责,育人是其不变的方向。

第二,苦练内功,提升音乐技能。教师应根据学生音乐社团的职能、成员的整体情况,帮助其所有成员提升音乐素养,从而促进社团整体音乐水平的提高。提升音乐技能是一个循序渐进的过程,还需要社团成员以持之以恒的精神苦练内功,只有这样,学生音乐社团才能不断前行。

第三,激发创新意识,提升文化素养。学生音乐社团是基于音乐学科的社团,其活动属于学校音乐教育的一部分。学校音乐教育担负着培养学生审美感知、艺术表现、文化理解等素养的任务,学生音乐社团同样担负着这些使命。在社团活动中,辅导教师要注意给予学生充分的自主权,激发学生的创新意识,引导学生继承和发扬中国的传统音乐文化,理解接纳世界多元文化,提升文化素养。学生的创新意识给社团的运行带来活力,其文化素养的提升则是社团运行的目标之一。

第四,制度保障,管理协调。教师是学校和学生音乐社团的纽带,需要协调好学校管理和学生音乐社团运行的关系,积极主动地争取学校政策、经费、场地等方面的支持,同时协助学生完善各项制度,以确保学生音乐社团活动的顺利进行。

(二)学生音乐社团活动规划的原则

1.整体规划

学生音乐社团活动应遵循以下原则进行整体规划。

第一,全局性。社团活动要基于社团的发展进行全面考虑。

第二,前瞻性。规划要立足于未来,有预见性,对社团的运行情况有预判。

第三,联系性。规划的各主体要素之间要彼此关联,而不是独立存在的割裂结构。

第四,发展性。制订规划要与时俱进,要用发展的眼光对待基于教育的学生音乐社团活动,才能使其发挥应有的作用。

2.活动策划

活动策划应遵循以下原则:

第一,具体化。周密具体的活动策划方案是确保社团活动顺利进行的保障。

第二,公平性。活动方案须兼顾每位成员,培养主人翁意识是调动其积极性的关键。

第三,创新性。活动策划应有新意,培养学生的创新能力是音乐社团的重要使命之一。

(三)音乐社团运转的原则

1.专业性

自愿加入社团的,大都是喜欢音乐,并且有一定的音乐基础知识及技能的学生,他们大都希望在社团里能进一步提升音乐能力,开阔视野,自然对社团的辅导教师有很高的期望,希望辅导教师有扎实的专业功力。辅导教师也只有具备了精湛的专业技能,才能带领社团稳步前行。但是,术业有专攻,音乐教师并不能精通各项音乐技能,因此辅导教师可以发掘本地的优秀师资,通过学校聘请校外优秀专业教师,如戏剧团、歌剧院的优秀演员等,来指导社团工作,或担任常任校外顾问和辅导教师。

2.公平性

社团是一个团队,只有让每个加入社团的同学都参与社团的建设、管理等工作,让每位同学都有归属感,都有主人翁意识,才能调动其积极性,团队才能产生合力。因此,在团队运行过程中,教师要本着公平公正的原则对待每一位团队成员,能够俯下身子,和学生平等相处,真正走入学生的生活世界,用爱温暖每一位学生,让学生真正徜徉在音乐的海洋中。

3.非功利性

大凡音乐社团都会参加演出比赛,一些社团过于看重比赛结果,排演活动带着明显的功利性,为了获得比赛的名次,同学们往往需要投入大量的时间和精力去突击打磨一个或者几个作品,在这个过程中,同学们的兴趣和耐心渐渐消失,排演节目成了一种负担。对于这样的社团活动,同学们往往会很排斥,产生消极懈怠的情绪,甚至产生退团的想法。演出比赛是音乐社团绕不开的活动,如何才能不功利地看待演出比赛任务呢?功夫在平时是最佳的解决方案。所谓"台上一分钟,台下十年功",只有平时注重基本功训练,把日常的排练做扎实,同学们才能享受演出比赛,才不会为应付演出比赛而焦头烂额。

4. 灵活性

首先，音乐社团的活动大都安排在课外活动时间或者节假日，是学习之外的活动。音乐社团活动既是对紧张的学习生活的调节，也是对课堂学习内容的补充，所以社团活动时间应根据学生的学习生活进行调整，一般每天1~2小时为宜。如遇到特殊的演出和比赛活动，可以和学生商议适当延长时间，但不能以牺牲学生的学习时间为代价。

其次，从社团排练活动的内容来考虑，在兼顾学生兴趣的前提下，教师应为学生设计丰富的活动内容，如音乐知识讲座、视唱练耳训练、音乐赏析、音乐表演、专业技能等，全方位地提升学生的音乐素养。

最后，要给学生搭建多样化的展示平台，如举办周末音乐会、美育节等，让学生在自主策划节目内容和参与演出的过程中放飞自我，张扬个性。

5. 开放性

学生音乐社团活动一般是在校内开展，由校内教师指导，要促进社团的高质量发展，就需要敞开校园，让优秀的社会师资以及高校教师定期前来进行指导。丰富的社会资源可为学生音乐社团活动的有效开展提供良好的条件，因此，学校要构建社团开放平台，让名家名师走进社团，让地方音乐资源丰富社团。社团的开放性有助于学生传承优秀的民族文化，也有利于社团拓展与利用社会资源。

6. 梯队化

"铁打的营盘流水的兵"，学生社团的持续发展离不开后备军的增援。对于社团而言，每年都会有一些学生因升学离开，也有新的成员补充进来，社团整体的素养要在这种新陈代谢中螺旋上升，就必须进行梯队建设。小学低年级段可以作为高年级段的补充，初中学段可以作为高中学段的后备力量，通过近远期规划的制订与实施，形成梯队结构，社团才能运转不竭。

（四）音乐社团运行效度的评价

考查学生音乐社团活动是否真的起到了其应有的作用，可以根据组建社团的目的，以学生为本，以学生满意、学生成长为考核标准，主要从以下几个方面进行评价。

（1）学会服从。学生按照社团章程、活动规划，在团队的活动中学会遵章守纪的情况。

（2）学会尊重。学生在社团活动中基于彼此的合作关系，学会相互尊重的情况。

（3）学会分享。学生在学习、演出、比赛等活动中，彼此分享成功喜悦和成长快乐的情况。

（4）学会合作。学生在合唱、合奏等音乐活动中通过相互间的配合，学会与同伴合作，协同呈现音乐作品的情况。

（5）学会创造。学生在自主管理,共同合作参与社团活动的过程中,激发想象力和创新能力的情况。

（6）学会自信。学生以主人公的身份参与社团活动,通过艺术表演实践和创造活动,增进彼此之间的沟通和交流,强化社会责任感,增强自信心的情况。

三、学生音乐社团的辅导

学生音乐社团是否能发挥其应有的作用和价值,关键在于对其进行辅导的情况。全方位立体式的社团辅导,不仅能提高社团成员的整体素养和能力,还能促进社团建设,增强社团的凝聚力,提升社团活动效果和质量,从而打造出金牌社团,创建校园文化品牌,使社团完成为美育的根本任务。为了能更好地阐明学生音乐社团的辅导,下面以合唱社团为例进行阐述。

（一）学生音乐社团辅导的维度

1.演唱技能的提高

合唱团要有美妙的声音,就需要掌握一定的演唱技巧。运用正确的呼吸方法、有气息支持的发声、圆润的音色、清晰的咬字吐字,是有感染力和表现力歌唱的前提。演唱技能的学习是合唱团辅导必不可少的内容。

2.文化视野的拓展

培养学生音乐学科核心素养是学生音乐社团的重要使命,除了音乐知识技能的学习,还要提高学生的审美修养。在合唱团辅导方面,可以结合中外优秀合唱作品欣赏,介绍相关文化知识,拓宽学生的文化视野,提高其人文素养。

3.引导学生将学习和表演相结合

《普通高中音乐课程标准(2017年版2020年修订)解读》中明确指出,培养学生的歌唱技能,一定要融在歌唱艺术的实践活动过程中,将歌唱技能训练与歌唱艺术表现有机地融合在一起,那种技能训练与歌唱实践割裂的教学方法应该予以摒弃。演唱技能学习的目的是更好地表现音乐,演唱技能的学习一定要与表演相结合,教师在辅导中要特别注意这一点。

4.辅导学生学会评价

合理的评价是社团辅导中不可或缺的一项内容,让学生学会评价,能够以客观的眼光对待人和事,是促进其反思,加强改进的前提。反思是对经验的总结,对不足的自省,评价反思应当列为音乐社团辅导的必要内容。

(二)学生音乐社团辅导遵循的原则

1. 循序渐进

学生获得新知、掌握技能、提升能力有一个循序渐进的过程,教师对社团的辅导,必须依照循序渐进、螺旋上升的原则,注重认知的内在逻辑,要把发展的、联系的、整体的观念融入社团辅导中。

2. 整体和个别兼顾

学生受身体条件、兴趣偏好等条件的影响,对音乐的敏感度有很大差异,教师需要在充分了解学生的基础上,设计合理的社团辅导形式,既要提高全体成员对音乐的敏感度。又要兼顾每个学生的差异,进行个性化的辅导。

3. 评鉴和实践结合

高质量的社团活动往往建立在成员整体的专业能力、审美认知、文化素养之上,学生应把作品与音乐理论、音乐史、音乐美学甚至文学、地理等学科知识紧密结合起来,对作品产生的历史背景、文化背景、地域背景以及表演技巧、表现形式进行深入的分析,对作品的内涵进行剖析,进行个性化解读。只有加深对作品的理解,才能更好地演绎作品。教师在辅导中要将评鉴和实践有机结合起来,促进学生审美能力与表现能力的同步提高。

(三)学生音乐社团辅导的内容

1. 音乐基础知识

掌握音乐基础知识,如节奏、节拍、音程、旋律、调式、调性、曲式、结构等是完美表达音乐必备的基础条件,在日常的排练过程中,这是必要的辅导内容。

2. 视唱练耳

视唱练耳的学习直接关系到每个成员的音准,音准犹如合唱团的整体支柱,演唱合唱歌曲不是为了呈现音准,但没有音准的合唱就失去了音乐的意义。尤其是音程关系,基本是演唱每首合唱曲首要解决的问题。

3. 歌唱技巧

歌唱的技巧如咬字吐字、气息控制、共鸣腔体、情感表达等是每个成员都需要掌握的。掌握歌唱技巧需要渐进积累,教师需要持之以恒地坚持相关辅导。

4. 音乐赏析

结合学生排练的歌曲进行作品赏析,可以让学生了解歌曲的特点,理解歌曲的创作意图,感受音乐作品的美,体会和谐统一的合唱音色,这既能提高学生的音乐审美水平,又能为他们更好地演唱歌曲打下基础。

5.声部分练

声部分练就是各个声部分别进行练习。各声部的练习包括音色、旋律等专门练习,声部音色的统一是各声部达到和谐的前提,教师应由局部到整体进行辅导,使同学们展示出合唱的魅力。

(四)学生音乐社团辅导效度的评价

1.知识维度

考察社团成员对音乐知识的把握情况,可以用调查问卷或者面试的方法,直观地检测其学习的效果。学习效果可以量化,但不可以止于量化,最终要运用于实践中。

2.表现维度

学生的艺术表现直观地呈现在其表演中,音乐的表达、情感的表达渗透于每一次和同伴的配合中,社团成员在音乐表达中洋溢出的自信和温暖,足可以证明社团辅导的效度。

3.素养维度

看不见摸不着的素养恰恰是艺术社团培养学生的灵魂之所在,表现在学生对音乐作品的评鉴、对音乐作品的表达中,也表现在日常排练和与同学的合作之中,需要辅导教师有着极强的责任心和敏感度去判断和发现。

第四篇
觉醒与批判：教师成长

自我心的深处，有鸟飞起，飞向天空。

——纪伯伦

第十二章

中小学音乐教师专业发展

第一节 中小学音乐教师专业化成长

进入21世纪,随着新一轮课程改革的深入推进,教师教育成为我国教育研究中的热点,中小学教师专业化成长成为关乎课改成败的关键。依托各个学校"走内涵式发展道路"的东风,围绕校本研修制度下的教师专业化发展,尤其是创新教学模式活动,教育界进行了大量的探索和实践,在教育教学实践的阵地上,不断探索更快、更好、更专业的教师专业发展路径,有效地促进音乐课程改革的顺利进行和教育教学质量的提升。在德智体美劳"五育"并举的要求下,美育要均衡发展,音乐教师责无旁贷,探索新时代美育背景下音乐教师的专业化成长也势在必行。

反思长期以来的音乐课程实践,便能发现其存在的不足:关注音乐课程的外在价值,而忽视音乐课程的内在本质价值——审美价值;注重非审美的体验(知识、技术、历史、思辨)而忽视审美体验(联想、想象、创造、情感);漠视音乐教育在开发潜能、培养创造力、完善人格、美化人生等诸多方面的独特作用;只习惯于把其他课程的教育目标简单地移植为音乐课程的目标,而忽视音乐教育自身的审美育人目标;只注重音乐知识技能的传授与训练,而忽视学生在音乐方面可持续发展的决定性因素——音乐兴趣爱好的培养。所有这些都阻碍了教师专业化成长的进程。基于上述问题,我们认为研究中小学音乐教师专业成长问题具有深远的现实意义和实践价值,它必将有效地促进教师教学水平和教学效果的提高,并进一步丰富和完善校本研修的理论,推动课程改革更扎实、更稳妥地进行。

当前教育倡导教师是课程的研究者,是教育教学的研究者,对教师角色提出了新的要求:教师要以研究者的心态置身于教育教学情境之中,以研究者的眼光审视教育问题,对教育问题进行反思和提炼,要具有更过硬的教学能力、更高的教学艺术和更多的教学智慧。教育教学倡导新思想、新理念,如强调课程整合,强调师生对话与互动,强调教师角色转变与学生学习方式的变革,同时,更加关注学生的情感、态度与价值观,这些都需要教师进行更深刻的思考和研究,在实现自身专业素质不断提高的基础上,促进学生的健康可持续发展。

一、课改对教师专业化成长的影响

(一)促进教师在精神领域的自我完善

1. 重塑教师的职业自豪感

以前,很多教师有这样的从教情感经历,即:向往(在师范学校时)→喜爱(初踏教学岗位)→平淡但有一种责任感(从教三年后)。课改后,老师们对教师职业的热情有了不同程度的复苏,很多人重新找回了初踏岗位时的感觉,正如一位老师所说:"当学生推心置腹地向自己倾诉心声时,自己能采取恰当的方式,使之心悦诚服、纠正错误、走出困惑,这让我觉得很快乐,教师这项工作很有意义!"

原因分析:传统教育过程中,教师代表的是权威,是真理,是高压式的"一厢情愿"的教育传输,这种缺少情感滋润的教育工作久而久之便会成为一种枯燥的工作。随着教育改革的不断发展,教育越来越强调师生之间的平等、心灵的交流,教育者能更多地倾听被教育者的心声,被教育者也能体验到教育者的真诚与关怀,这让教育活动充满了温情,使教师更能体验到塑造受教育者灵魂的职业乐趣。

2. 提升教师的生命质量,实现教师新的职业价值

强调培养学生的核心素养之前,社会对教师职业价值的认定,主要局限于教师对社会贡献的层面上,把教师比成红烛、春蚕、园丁……,却忽视了教师自身教育生命的成长和发展,忽视了教师在劳动创造过程中的创造性和自我价值的实现。课改重新认定了教师的职业价值,即教师在劳动过程中不只有付出和奉献,还有与学生共同成长和发展,共同体验成功的喜悦和体现自身的生命价值。让教师职业真正成为使教育者和受教育者都变得更完善的职业,是一项崇高的事业,值得教师用一生来为之努力!

(二)从根本上转变教师的教育理念

1. 教学观

核心素养时代之前,教师注重学生对书本知识的掌握,强调教师的教,忽视了学生的"学"。课程改革的今天,教师认为自己更应使学生在主动获得知识与技能的同时,学会学

习和形成正确的价值观。

2.学生观

当前的学校教育要有服务意识,既要面向全体学生,因材施教,为充分发展每位学生的个性创造条件,又要注重学生的全面发展,培养学生的生活能力、发展能力和创新能力等。

3.课程观

课程改革之前,几乎所有教师都以学科为中心,是课程的忠实执行者;课改后,全体教育者都认识到自己不仅是课程的执行者,更是课程的修正者和开发者。

4.师生观

很多教师都渴望民主、平等、和谐的师生关系,在日常教学中,很多教师都能很好地体现和谐的师生观,即以学生为学习主体,以教材、电教媒体、网络媒体等各种教学资源为辅助,充当学生学习的帮助者、促进者和协作者,营造出能够促进学生个性发展的民主宽松的学习氛围。

5.评价观

"双基时代"的教育,以分数评定学生的优劣是教师的群体行为,这使得一部分学生产生自卑厌学心理;随着课程改革的深化,很多适合学生身心发展的教学研究成果逐步呈现并得以推广,多元化的发展性评价和激励性评价相结合的评价方式已深入每个研究者心中,评价观的转变促进了教育教学质量的提高。

(三)教师的教学方式发生了根本变化

(1)教师的教学方式要服务于学生的学习方式。

(2)教师"教"和学生"学"的方式发生了变化。

(3)教师在教学中增强了激励性评价和过程性评价的意识。

课改后,学校积极创设更有利于教师发展的环境。在教师管理上,采用发展性评价和激励性评价来评价教师,评价内容由以前以学生成绩为唯一标准向多元化、综合化转变,使教师多了一些宽松环境,多了一份激情。

(4)缩短了教师的成长周期。

课程改革向纵深发展,赋予了每个教师自我发展的广阔空间和良好的发展环境,给予了他们更多施展才能的机会。所以教师越来越容易出成果,成长的周期也越来越短,形成了教师自主发展的良性循环趋势。

二、中小学音乐教师专业化发展的目标

中小学音乐教师要成为一个成熟的教育专业人员,需要通过不断学习与探究来拓展其专业内涵。为此我们确定了中小学音乐教师专业发展的总目标和分层目标。音乐教师专业发展总目标见表12-1。

表12-1 中小学音乐教师专业发展总目标

中小学音乐教师专业发展内容	中小学音乐教师专业发展总目标
师德修养	具备高尚的职业道德、人格魅力和高度的职业责任感 (1)加强自我学习,提高教师修养 (2)克服职业倦怠,提升人格魅力 (3)增强育人意识,提炼教育智慧
教育教学理论	树立以学生发展为宗旨的教育伦理观 (1)多读书,学习教育家的教育教学理论 (2)勤思考,研究课程标准、教材、学生 (3)多交流,多向同事学习、加强研讨
专业技术技能	建构植根于理论、经验等规范的教育专业知识 (1)音乐学科教师必须有扎实的教学基本功,熟悉音乐教材的体系、结构。能根据要求制订教学计划和确定教学进度 (2)能根据课程标准、教学内容、学生情况写好单元目标、课时目标,单元重点、难点和关键,每课时的重点、难点和关键,并能指导课外社团实践类活动 (3)掌握教育学、心理学,尤其是课程与教学论的基本理论和原则,并能从音乐学科特点出发,在教学中育人。备课前要研究全册教材。备课时要备教材、备学生、备方法。授课时要言简意赅,语言生动,有严密的逻辑性。能根据课程标准进行评价 (4)扎实掌握音乐专业知识,准确掌握音乐概念。具备一定的音乐基本技能,包括声乐、视唱、演奏、指挥、配器等。板书有条理,书写规范。坚持写教学随笔、教学案例、教学反思等研究性文章 (5)要有正确的教育理念,坚持实施素质教育,具有正确的质量观、教学观和学生观,能积极进行教学研究。有开展课外活动的能力,能指导合唱队、舞蹈队、小乐队
教育科研能力	音乐教育科研是以音乐教育实践和理论为对象,揭示音乐教育现象的本质及其规律的一种创造性活动。音乐教育科研能力是音乐教师的必备能力之一

我们通过对每位教师的现状评估,把教师分成了四个层次,通过分层研究,对不同层次的教师提出了不同的发展目标。中小学音乐教师专业发展分层目标见表12-2。

表12-2 中小学音乐教师专业发展分层目标

教师层次	现状描述	发展目标
普通中老年教师	有一定的教育教学经验和扎实的教学基本功,工作踏实,有责任心,但对新教学理念和教学技术的接受相对较慢	(1)总结和提炼教育教学经验,形成自己的风格和特色,或者成为专家型教师 (2)能转变教学观念和教学形式,适应新时代教育改革的发展形势
相对成熟的骨干教师	研究水平和课堂实践能力相对较高,有一定的教育教学理论基础,在专业发展中已进入"自我更新阶段"	(1)形成自己的教育教学风格,形成以关注学生发展为宗旨的教学观 (2)逐步成为研究型教师,向专家型教师迈进
有发展潜力的青年教师	在音乐教师专业发展中处于"任务关注阶段",有参与各类研究活动的热情和自我规划的意识,但实践经验缺乏,理论深度不够,教育思想还不成熟,不能独立完成研究任务	(1)具备扎实的专业技能和专业知识,能熟练驾驭课堂和教材,并能承担各类研究课题 (2)牢固掌握现代教育理论、教育方法和技术,教育思想成熟 (3)逐步成为市级骨干教师
需要特别帮助的教师	在音乐教师专业发展中处于"生存关注"阶段,缺乏实践经验,教师专业技能基础薄弱,还不能完全理解和运用课程改革理念,缺乏反思意识,在课堂教学技能等方面还需要帮助和辅导	(1)音乐教师专业技能和专业知识达标,能独立设计和上体现正确教育思想和教学方法的常规课 (2)牢固树立"以学生为本"的主体性教育思想,关注学生的全面发展 (3)逐步成为思想和教学技能成熟的班主任或学科教师

三、决定实现中小学音乐教师专业化成长目标的三个因素

教师个人、教师集体、专业研究人员是教师成长的三个核心要素,教师个人的自我反思、教师集体的同伴互助、专业研究人员的专业引领在教师专业化成长的过程中都起着重要的作用,三个方面缺一不可。

1. 中小学音乐教师的自我反思和改进——专业化成长的基础

美国心理学家波斯纳提出,教师成长=经验+反思。新课程非常强调教师的自我反思。反思教学观念,反思教学方式,反思教师角色的转换和定位,不断质疑自己的教学行为。反思是教师专业成长的核心因素。反思是批判,是总结,是追求。教学反思的过程,既是从发现问题、分析问题到解决问题的过程,也是教师素质持续提高的过程,更是从经验型教师成长为学者型教师必须经历的过程。在教学中反思,在学习中反思,在研究中反思,在反思中创新,在反思中发展,多思多益,常思常新。在这个过程中,教师逐步具备对教学现象、教学问题的独立思考能力,形成创造性的见解,真正成为教学和研究的主人。

2. 中小学音乐教师间的同伴互助——专业化成长的必需

教研必须以教师的发展为本,必须确立教师在教研工作中的主体地位,让教师成为教研的主人,通过教研来提高教师素质。作为个体的教师,虽然拥有相同的学历,由于工作单位、工作环境及个人素质不同,若干年后,他们业务素质的差异就会显现出来。网络校本研修打破了"空间""环境"的限制,互动的网络校本研修资源已经成为教师学习的有力工具。网络校本研修因其共享性使得人人参与、人人发表意见成为可能,教师们通过阅读论坛上的帖子,了解同伴观点,参与研讨,互帮互助。这样,教师个体之间的素质差异得以缩小,优秀教师的互助作用得以强化,实现了真正意义上的同伴互助。

3. 专家与中小学音乐教师间的互动——专业化成长的关键

专家引领是音乐教师专业化成长的关键。在教育和音乐教育研究领域有着深厚造诣的专家学者们及时给教师以理论和实践的指导,可以使教师及时获得"引领"。学校也应该与专家学者保持长久的合作关系,积极争取他们的支持和指导,以便获得他们适时的"引领",使中小学音乐教师实现专业化成长。

四、音乐教师专业化成长的组织和管理模式

1. 教研活动全员参与

我们最需要研究什么,我们最需要解决什么问题,这不是哪位校长或分管领导说了算的问题,而应该是全体老师共同参与讨论的决定。

2. 教研重在过程

建立研究专栏,将所有表册放入专栏中,及时做好平时活动的记录,撰写阶段性报告,收集有关资料,这些工作便于教研室及时掌握教师的教研进展。也可建立电子档案,把有关的科研资料存档,展示每一位教师课题研究的过程,全程跟踪其成长轨迹。

3.全面评价教研成果

(1)健全评价制度。制定出台《优秀课题组评比办法》《教育科研先进个人评比办法》《教育教学成果奖励办法》《校本研修考核细则》等一系列促进教师专业化成长的制度。

(2)丰富评价手段。将学校行政评价、教师评价、学生评价、家长评价等综合起来,全面评价教研成果。

五、中小学音乐教师专业化成长中的实验研究实施策略

实验研究是从自然科学研究领域引入社会科学研究领域的一种客观、有价值的研究方法。掌握这种方法的目的在于弄清中小学音乐教育教学的特定现象,研究为什么会发生这种现象,并提出相应对策。其操作方式为先提出假设,再通过实验加以验证。

(1)中小学校应进行科研课题制度规范化建设,通过制度和规范来确保音乐教师自觉地进行课题研究。

(2)音乐教师应定期召开研讨会,以解决教与学过程中出现的实际问题为出发点,构建有效的课题研究模式,分层次、分阶段推进有特色的课题研讨,促使教师、学生、研究人员及其他人员多方合作参与。凸显教师专业成长中的自我反思、同伴互助和专业引领的特色,冲破教研低效的重围。

(3)善用网络、博客、教案学案、教学实录、教学故事、教学叙事、教学反思和教学设计等教学资源。一方面,教师可以帮助自己进行知识管理,实现从新教师到有经验的教师再到研究型教师的发展;另一方面,形成校级或一定区域范围内的教学资源库,为教师研讨和学习提供鲜活的资源。

(4)与教育专家、名师对话。教师在互联网上不仅能看到有关教育教学的精彩文章,还可以与教育专家、名师进行互动交流,这是最符合时代潮流的教师专业化成长方式。

六、新课程改革背景下中小学音乐教师的专业化成长途径

(一)在学习中成长

艺无止境,要树立终身学习的意识。学习不仅是对外在变化的适应,更是内在生命的一种自觉。我们正处在一个信息化、学习化的社会,只有不断学习,才有能力反思,才能以研究者的眼光审视、分析和解决自己在教学实践中遇到的诸多问题,克服被动性和盲目性。

1.学习相关理论与文化知识

当前,中小学音乐教师除了要全面系统地学习与音乐学科课程有关的教育理论和学科专业理论,为自己的音乐教学活动提供强有力的理论支持外,作为一个现代"社会人",还要致力于完善和丰富人性,充实文化底蕴,提升生活情趣的学习。这种学习偏重于提升现代"社会人"的文明素养,大多是文化层面的内容,许多内容可能与音乐无关,却有助于塑造专业化教师的新形象,有助于中小学音乐教师以更开阔的思维来思考和实践新课程,用更完善的人格魅力去熏陶和感染学生。有人说:"学校集体的智力财富之源首先在于教师的个人阅读。"合格的教师必是读书爱好者。热爱书、尊重书、崇拜书的氛围,是学校的活力所在。

2.学习与中小学音乐教师职业相关的技能知识

只有掌握了一定的专业技能,才能够成为一名称职的中小学音乐教师。教师掌握的专业技能越多,专项技能水平越高,对音乐教学就越有帮助。中小学音乐教师的教学技能包括两个部分,一是教学能力,二是音乐技能。这两个部分相互作用,共同构成音乐教师的教学技能。其中,中小学音乐教师的教学能力包括:分析教材、组织教材的能力,语言表达能力,组织教学活动的能力,准确判断问题和解决问题的能力,教导学生的能力,现代化教学的能力等。音乐技能包括:歌唱教学技能、钢琴弹奏技能、单乐器教学技能、合唱指挥技能、音乐欣赏教学能力、创造性音乐活动教学能力、课外活动的组织能力等。所有这些技能都需要中小学音乐教师不断地学习提高。

3.学习他人的教育教学经验

教师自己学的同时,要学会向他人学,做到智慧合作。中小学音乐教师的职业生涯中,学习就是工作,学习是教师专业成长的"保鲜剂",是知识不断丰富的"充电器"。只有通过不断学习,才能促使自己逐步由"经验型"教师向"科研型"教师转化,由"教书匠"向"专家型"教师转化。

(二)在实践中成长

作为教师,课堂是我们的主阵地,把握好课堂是保证我们成长的基础。国内外先进的教学理念和方法在对待学生个性发展的问题上的共同点就是要求教育要从学生的个性出发,坚持教育的目标、课程、教法与教学组织形式的多样化、灵活化与个别化,反对教育的划一与僵化,以维护学生的个体尊严,实现学生个性的自由发展。在课堂上,我们既要采用多样的教学方法、教学手段,同时还要与时俱进,使教学内容时代化、视听手段时代化。

比如,允许流行音乐存在于课堂,但要加强对学生的引导。随着年龄的增长,学生开始有自己的见解。由于特定的生理心理特征影响了学生在审美方面的需求,加上现代大众传媒对学生审美能力的诱导,学生普遍喜欢通俗、流行、娱乐性强的音乐。卡巴列夫斯基认为,青少年沉迷流行音乐的状况,既不能听之任之,也不能完全否定,使他们产生逆反心理。教师要采取引导的方法,使青少年逐步学会鉴赏音乐,提高审美能力,让学生了解这些书本以外的音乐作品,从中感受和体味异彩纷呈的音乐风格,提升欣赏品位,提高音乐修养。现代化教学手段的推广使用,如电声技术、视听手段和电子计算机辅助教学的普及,大大改变了音乐教学面貌,推动了音乐教学方法的革命,随着新技术、新手段在音乐教学中的应用,音乐教学方法将向着更加现代化的方向发展。

(三)在研究中成长

要做一个研究型的教师,从身边的事开始,发现问题,解决问题,围绕问题去学习、归纳和积累解决问题的经验和方法。

1.研究要有主动性

中小学音乐教师这个职业是一项专业性很强的职业。在教学工作中,中小学音乐教师经常会有疑虑、困惑与心理困扰,这是无法回避的、迫切需要加以解决的现实问题。中小学音乐教师必须有主动研究的意识,把教学研究当作教学工作的应有之义,使教学研究存在于音乐教学活动之中,要通过研究来解决问题。

2.研究要有批判性

教师研究主要指向自我,对自身专业现状、教学惯例保持一种批判反省的态度,不断质疑自身教学惯例行为背后的预设、信念、思维模式,开启新的视野,重建新的自我。教师是教学研究的真正主体,教学研究的目的之一是自我发展。

3.研究要有日常性

中小学音乐教师所从事的教育研究应首先切入日常的音乐课程层面,指向每天进行的日常教育教学生活,产生持续的累积效应,而不是一两次点缀式的耀眼活动。这种研究是日常性的,持续性的,没有终点。

中小学音乐教师要在实践中成长,要做工作中的有心人,要注意音乐课堂中学生点点滴滴的变化,想到一点,尝试一点,在实践中创新。只有去做才能发现问题,才能在解决问题的实践中不断成长。

(四)在反思中成长

1.进行案例分析

把音乐教学实践中遇到的典型教学现象及时收集起来,并以案例的形式予以反复分析与研究,揭示其内在的规律,这也是反思的一种重要形式。反思有助于教师发现问题、研究问题、解决问题,并在这个过程中不断成长。

2. 写教学后记

教学是一个动态的过程,非常需要教师课后及时把课堂上新出现的问题、自己满意或不满意的环节和片段、成功的感悟和失败的体会记录下来,进行初步的思考和简要的分析,为深入反思提供第一手的素材。在深入反思时,教师要检查教学过程中哪些环节和预设有差别,哪些环节有惊喜,哪些环节是多余的,等等,以便在以后的教学中进一步改进。如此,教学效果就会越来越好,学科育人目标也能逐渐达成。

3. 观摩他人教学

他山之石,可以攻玉。中小学音乐教师要经常观摩各级各类公开课、研究课、优质课,通过学习比较,找出自己在理念上,在解析手段、方法上的差距,从而提升自己,促进自己的专业化成长。在信息传播空前发达的今天,我们能够从很多渠道学习到音乐课的各种精彩教法,如观看历届全国中小学音乐优质课评比视频等。借鉴他人的教学方法,对于中小学音乐教师的专业化成长有着良好的帮助。

4. 观看自己的教学录像

有条件的中小学音乐教师每学期都可以把自己的一节课或数节课的教学过程用摄像机摄下来,在再现自己教学的过程中,以旁观者的身份观察、分析自己的教学活动,这种反思方法能起到"旁观者清"的效果,是教学反思的一种较好的手段。目前很多学校都有一键式"精品课堂"录播教室,教师可定期把自己的课录制下来,一睹自己的"教学风采",及时"照镜子",找出自己的优缺点,这对教学的"生长力"有很大的帮助,可助力教师的专业化成长。

5. 利用网络平台交流

现代网络技术的成熟和普及,为教师的交流反思提供了新的手段。在教师网络论坛、微信、抖音等网络平台上,来自大江南北的老师们可以消除地域屏障、学科界限、身份高低,平等地交流自己的思想、做法和困惑,这是一种很好的交流形式。中小学音乐教师公众号和微信群的建立,方便教师随时随地进行线上交流,可极大地促进教师的专业化成长。

七、中小学音乐教师专业化成长研究中存在的问题

中小学音乐教师专业化成长研究主要存在以下问题。

(1)研究工作不够深入,涉及面还有待扩大。

(2)教学资源未得到充分利用。教学资源包括人力资源(教师、学生)和物质资源。在

中小学音乐教师专业化成长的研究中,对教师、学生的能力打造关注较多,而对发挥社会资源的作用促进教师专业化成长研究不够。

(3)专题研究较少,理论基础未夯实。

中小学音乐教师专业化成长需要我们积极努力、不懈钻研,才能结出丰硕成果。研究中小学音乐教师的专业化成长问题,对其长远发展,具有深远的意义。

第二节 卓越中小学音乐教师成长影响因素的质性研究

教育高质量发展的新时代需要高质量的教师,尤其是卓越教师。我们对河南省卓越中小学音乐教师的成长经历进行了研究,通过与研究对象直接对话,对真实现象从微观层面进行剖析,挖掘隐藏在现象背后的教师成长的"四维生态"影响因素,从而揭示卓越中小学教师成长的本质和真相。我们相信,这对对卓越中小学音乐教师的培养和成长具有极大的启发意义,也可为新时代卓越中小学音乐教师的成长提供可以参考借鉴的经验。

建设社会主义文化强国、增强我国文化软实力、提升中华文化的国际影响力,是全面建成小康社会进而实现中华民族伟大复兴中国梦的必然要求和迫切要求。在新的历史条件下,教育要贯彻新的发展理念、构建新的发展格局。"建成文化强国、教育强国、人才强国、体育强国、健康中国",基础教育是基础,中小学教师任重而道远。

高质量的教育如何落地生根?美育如何从软任务变成硬指标?谁来培养社会主义建设者和接班人?中小学卓越教师的培养是国家对这些问题的有力回应,进一步明确了新时代教师专业发展的指向。卓越中小学音乐教师的培养成为中小学音乐教育发展的核心问题,对于促进我国中小学美育体系的建构有着关键的作用。本研究采用质性研究的方式。

一、研究方法和资料分析

质性研究方法因注重日常生活中隐而不显、显而不明的深层机理,观照意义生成、主体建构而备受社会科学研究者的青睐。本研究以河南省卓越中小学音乐教师的成长经历为研究对象,研究者与研究对象直接互动,对研究对象成长经历的现象进行分析,从微观层面剖析、挖掘隐藏在现象背后的教师成长影响因素,并得出研究结论。相信这些研究结论对我国中小学卓越音乐教师的培养具有很好的启发作用。本研究以NVivo作为辅助工具,对多种数据资料进行分析,如访谈稿、图片、声音、图表、视频等。此软件有着强大的编码功能,能有效地协助我们分析资料间的内在关系和隐含的理论。

质性研究的资料收集方法主要有观察、访谈、实物分析等。本研究主要从卓越中小学音乐教师的成长经历出发,采用访谈法作为资料收集的主要手段。

(一)样本描述

本研究的研究对象是河南省中小学音乐教师中的"卓越"教师,本研究采用"目的性抽样"法,从河南省中小学音乐名师团队的46位教师中,抽取了9位卓越教师,进行半结构化的深入访谈,收集样本数据9个,最终分析的样本为7个。该研究中的"卓越"教师主要有以下特征。

1.学历

这7位教师都是同龄人中的"高学历""佼佼者"。20世纪70年代和80年代,"中专生""中师生""大专生"都是同龄人中学历较高者。这7位教师中,有5位的第一学历是大专、中专或中师,有2位是本科。这些教师都没有安于现状,无论是因工作需要,还是因个人成长需要,这7位教师的最终学历都发生了变化,有所提高。其中5位大专以下学历的教师最终获得了本科学历,2位本科学历的教师最终获得了研究生学历(一人获得硕士学位,一人获得博士学位)。

2.教龄

这7位教师都是工作二十年以上的教师,可以称得上是"老教师"或是单位的"中坚力量"了,他们有丰富的教学经验,特有的成长历程,并且取得了丰硕的教育教学成果,在自己的工作岗位上都能"独当一面"。

3.特征

7名教师中有小学教师3人:中原名师2人,特级教师1人;初中教师2人:中原名师1人,省级名师1人;高中教师2人:特级教师1人,中原名师1人。7人均为女性。中原名师培养是河南省卓越中小学教师培养计划中的一个项目,中原名师是经过基层学校推荐、业绩考核、讲课、答辩等环节,层层选拔出来的,既有高尚的师德和教育情怀,又有扎实的教育教学技能,还有一定的教育理论建构能力,在同类教师中是"出类拔萃"的。众所周知,"特级教师"是国家为了表彰特别优秀的中小学教师而特设的一种既具先进性,又有专业性的称号,特级教师应是师德的表率、育人的模范、教学的专家。本研究抽取的样本——7

位教师都是河南省中小学音乐教师中的卓越代表。研究他们的成长因素,对于其他的中小学音乐教师的成长和培养具有很大的启发意义。

(二)资料的收集整理

资料收集始于2021年,当时,由于洪水灾害和新冠疫情等原因,不能进行面对面的访谈,我们进行了在线视频访谈。毕竟是隔着屏幕,总是感觉缺少了一点"温度"。不过因为大家都比较熟悉,所以访谈进行得很顺利。需要说明的一点是,本课题的研究对象中,有一位同时也是本课题的研究者。因为她符合研究条件,是所有样本范围中唯一的一位"中原领军人才"[中原英才计划(育才系列)],极具研究价值,所以本次样本选用了她。

每一位访谈者对此次访谈的话题都很感兴趣,也都非常配合。研究者将7份访谈记录转录成文本,进行提炼整理之后,把每一份访谈录音(长约1小时)进行编码。小学三位教师分别是A1、A2、A3,初中两位分别是B1、B2,高中两位分别是C1、C2。7位教师的访谈资料经过转录和编号后,导入质性研究软件NVivo plus,进行统一的资料分析。

(三)资料分析

质性数据更加生动,更加具有情境性,能够对过程进行背景陈述、深描和解释,能够让数据具备时间的属性,得到更富有成效的解释。利于NVivo软件进行质性分析的文献一般采用两种方式编码:完全开放式编码和根据已有理论框架编码。本研究采用的是开放式编码。

(1)反复阅读NVivo中的7份转录文本,对每份文本进行审读。

(2)进行一级编码。首先进行的是开放式编码。

找出文本中被研究者描述的情境和相关的主题,提炼出本土化概念。对相关内容和相关词语出现的频率进行统计,如果是屡次出现的主题,即可被认为是我们关注的焦点问题。经过对原始访谈资料的深入分析,提炼出13个一级编码。

(3)二级编码,即主轴编码。在进一步研究一级编码的基础上,根据节点之间的相互关系,在原本的范畴化概念的基础上分析归纳出更具有概括性的更高层次的范畴,把一级编码再进行进一步组合,形成二级编码。经过二级编码之后形成了6个主范畴:家庭影响、职业精神、职业态度、专业修养、工作环境、时代影响。

(4)三级编码理论建构。在二级编码的基础上,进一步分析概括,再次反复分析比较材料,进一步研究建立范畴与范畴之间的相互关系,归纳出具有概括意义的核心类属,在二级编码6个主范畴的基础上,从生态学的角度归纳出影响卓越教师成长的四个方面的影响因素:元生态、内生态、类生态、新生态。

(5)饱和度验证。

三级编码完成后,本研究对访谈资料再次进行研究分析,进行理论饱和度验证,发现并未形成新的编码项目,因此,对卓越中小学音乐教师成长因素的分析研究在理论上是饱和的。

二、结论和讨论

通过对河南省7位卓越教师的深入访谈,在完全尊重原始材料的基础上,结合质性材料分析软件NVivo,得出以下结论:

(一)四维生态存在说

本研究提炼出卓越中小学音乐教师成长的影响因素为"四维生态环境",分别是:元生态、内生态、类生态、新生态。

1.元生态

元生态是人与社会、自然的关系,是人生命的外在环境和物质滋养,是生命智慧的源头,生命回归的故乡,生存的终极世界。作为一名卓越中小学音乐教师,其身处的元生态环境就是日常自然状态下的生活环境,即所处时代的社会教育生态环境和家庭的教育性生态环境。本研究中各位教师在谈到自己的成长经历时,都谈到了父母对自己成长的影响。原生家庭虽然没有直接教给他们专业的知识,但是在他们人生的最初阶段就孕育了他们的人生理想、目标,对他们未来的学习和工作产生了深远的影响。研究发现,元生态影响因素来自原生家庭,其中材料来源7个,参考点35个。

2.内生态

内生态是作为个体的人的心灵所在,与思想意识密切相连,是人自我实现的精神沃土。人不仅赋予万物以意义,而且也从万物中获取意义,人的生命总在不断生成新的生命。生命本身不是一个结论,而是一个历程,生命一直在产生意义,这些意义使生命成为一种有意义的、非确定的过程,使人永远处在生成之中。人作为一种开放性存在,永远不会以完善和完美而告终,人的"未完成性"使人永远处在奔向"人"的生成和发展过程,体现出人不断超越自我的"形而上学"本性。[①]每个人都在追求成为优质的自己的路上。在通往卓越之路,教育者们也一直在建构自己的意义。本研究发现,在卓越中小学音乐教师的成长过程中,与个体的内在思想、灵魂相联结的二级编码有三个:职业精神(学习品质、师

---

① 孙传远,阚道.关于完整人的思考[J].现代教育论丛,2010(2):18.

德情怀)、职业态度(学习经历、成长阶段、关注健康)、专业修养(管理能力、教育教学)。其中包含8个节点,同属于个体因素范畴,所以都统筹在内生态环境里。内生态材料来源7个,参考点159个。

3.类生态

类生态是人与人、人与族群、人与文化的关系,是生命的社会依托,生命安全的保障,心智模式的经验源,行动模式的范型,生命发展的平台。作为一名卓越中小学音乐教师,其所处的成长平台和集体就是所处的类生态环境。类生态是教师在一定的工作环境中,依赖个人在群体中的体验、洞察、沉思、感悟和经验积累,是教师形成实践经验的重要场域。类生态二级编码有3个节点:示范引领、关键人物、障碍阻力。其中材料来源19个,参考点43个。

4.新生态

新生态是人与世界的时间和空间动态关系,是人在可持续发展中的能量流动和生态效率,是人满足社会需要的动态生长环境。作为一名卓越中小学音乐教师,新生态环境即是其成长的历史时空和未来时空。本研究中7位音乐教师都谈到了"与时俱进""适应新时代"等影响卓越教师成长的新生态因素。在本研究中节点为时代影响,材料来源7个,参考点16个。

(二)四维生态的逻辑演化

四维生态是一个整体、系统、立体、动态的循环系统,同时也是一个逻辑演化的过程,既有内在的横向联系,又有纵向的演化过程,纵横交织立体交融。横向看内生态是其他三维的核心,新生态则是其他三维的时空,元生态、类生态的核心是内生态,外延是新生态。

纵向看,四维生态有着彼此联结的发展逻辑,元生态是建构逻辑,内生态是认识逻辑,类生态是演化逻辑,新生态是发展逻辑。这是人在认识世界和改造世界的过程中的整体发展逻辑。

1.元生态——基于"思"的认识逻辑

元生态是人认识世界的根源,"思"是认识世界。辩证唯物主义认为,认识世界是改造世界的前提。对于卓越中小学教师成长来说,认识逻辑直接影响着其建构世界的方式。在本研究中,"思"对应的是卓越中小学教师成长的意识形态,诸如价值观、认知品质等,而这恰恰是在元生态环境中逐步熏陶培养出来的,是卓越教师建构自身意义的本源。

2. 内生态——基于"思辨"的建构逻辑

内生态是人内在的觉醒,维护内生态的良性运转,保持一种积极的内在态势,是在实践中成长的关键。"思辨"是从认识的逻辑起点到建构逻辑的必经之路,此维度中,职业精神、职业态度和美国积极心理学家克里斯托弗·彼得森和马丁·塞利格曼提出来的六大美德,即积极心理学中的"性格优势"非常吻合,这六大美德是决定一个人具有良好性格的基础。因此,内生态是卓越教师成长"四维生态"的核心,在卓越中小学教师的成长中起着关键作用。

3. 类生态——基于"对话"的演化逻辑

类生态是卓越中小学音乐教师成长的工作环境,换句话说,是卓越中小学音乐教师的成长平台。教师在成长过程中要不断受类生态因素影响,同时也影响类生态因素,形成与世界的"对话"。从建构个人成长意义上来说,类生态是卓越中小学教师由建构逻辑走向演化逻辑的载体。研究发现,在7位卓越中小学音乐教师成长的类生态因素中,绝大多数是积极的,她们只需抓住机遇,珍惜平台和机会即可。当然也有障碍和阻力,包括体制不健全、遭遇个别其他教师的排挤等不可避免的现实困境,但是她们面对挫折,都能够积极应对,转化障碍与矛盾,关注教育教学,关注自身发展,因此在逆境中也能智慧地茁壮成长。

4. 新生态——基于"实践"的发展逻辑

卓越教师成长是否具有可持续性,与其成长时空(我们谓之新生态环境)中的实践有着密切的关系。真知来源于实践,实践性是马克思主义哲学的显著特点。时刻对新生态保持敏感和激情,躬身实践,是卓越中小学教师建构成长意义的发展逻辑。立足当下,新生态是历史的发展生态延续到未来的成长生态的桥梁和纽带。卓越中小学教师的可持续成长力是其最终的恒力,只有具备与时俱进的能力,做面向未来的教师,才会有卓越化的可能。

本研究不是通过几名卓越中小学教师的个案来推论卓越中小学音乐教师群体,而是尝试通过个案分析来获得大家的认同与共情。不是为了总结提炼出一系列的措施与方法或是可供操作的步骤,而是通过深入了解卓越教师成长的经历和亲身体验,揭示其成长的本质和真相,更有效地为新时代卓越中小学音乐教师的成长提供可以参考借鉴的经验。

第三节　教师成长案例

一、弦歌不辍声声远

郑小艳，女，正高级教师，首都师范大学在读博士生，研究方向：音乐教育、美育、合唱指挥、声乐演唱。任教于河南省济源第一中学，河南省高中音乐中心教研组成员，济源市音乐教研员，教育部"一师一优课，一课一名师"评委，教育部高等学校师范类专业认证专家，中国音乐家协会会员，济源市音乐家协会副主席。中原领军人才，中原教学名师，中原名师，全国优秀艺术教育先进个人，国家级优秀辅导教师，河南省教育教学专家，河南省名师，河南省音乐名师，河南省学术技术带头人，河南省教学标兵，河南省最具成长力十佳教师，济源市第一届、第二届名师，济源市学术技术带头人。著有《花开正艳——中学音乐教学手札》等书。

一路走来，她不断学习、不断求索、不断成长，哭过、笑过、困惑过，也收获过……

二、学：咬定青山不放松

"只有自己具备扎实的基础和较全面的专业知识，才能教出好的学生。艺术教育，真的是一项很专业的工作。当了教师，更要注重自身专业素质的提高。"郑小艳一直是这样认为的。

2001年，郑小艳大学毕业，回到了母校济源一中。为提高自己的专业素养，她下武汉，上北京，遍访名师，先后师从武汉音乐学院声乐系主任李万进，著名歌唱家谢琳。她说，那些年没白忙活，学的东西能让我终身受益。2004年2月，她带领艺术团排练的舞蹈《校园情怀》在全国首届中学生艺术展演中获得一等奖。面对骄人的业绩，她的选择却是自觉"向后转"。2005年，她参加首都师范大学研究生考试，以优异的成绩被录取，8月，已怀有4个月身孕的她不听亲人和朋友的劝阻，进入首都师大，开始专业学习，她觉得这个机会太难得了，没有任何理由能让她放弃。2006年春节，她把还不满月的孩子交给家人，忍着眼泪，再次踏上了北去的列车。毕业时，导师给她推荐了北京的几所学校，但她放弃了大城市优厚的待遇，毅然回到了家乡。"我爱济源，更爱济源一中，这里有我的恩师，有我的梦想。"郑小艳坚定地说。2020年,已过不惑之年的她再次启程,考上了首都师范大学的博士,再次进入学校进行更深入的学习。

坚持不断培养自己的核心能力,郑小艳一直在用专业武装自己。2012年11月,郑小艳作为济源市名师研修班的成员,赴上海华东师范大学进行国家级培训。半个月,16场专家报告,考察两所学校,闲暇时观摩明强小学合唱排练,晚上撰写博客文章……那段时间,她累却充实着,疲惫却愉悦着。短短的头脑风暴式的培训经历,给她带来了生命的转折,让她切实感受到了观念上的洗礼,理论上的提升,更激发了她的专业信仰。

坚持专业阅读,早已成为郑小艳的一种习惯。她加入学校读书会,制定了详细的读书计划,建立了"家庭图书馆",主动地阅读教学专著、理论书籍和专业经典。她批注了两遍《给教师的建议》,在博客上发文章300余篇,这让她明白教师更应该是一位"专业教育者"。2012年底,在全校600余名教师中,她高票当选"十大读书人物"和"年度人物",同时还影响着自己的团队掀起阅读热潮。2019年,她获得济源市第一届"十佳读书人物"。她终身学习的理念,坚守艺术教育的专业精神,影响着周围的一批批青年教师。她主持的省级名师工作室建立了"音乐图书馆",在她的带领下,越来越多的教师加入了专业阅读的团队,并迅速成长起来。

三、思:山重水复疑无路

郑小艳参加工作的时候,正是新课程改革的起始阶段,在这个阶段,新旧教学理念、教学手段、教学方法在不断地碰撞,作为一名年轻教师,她利用自己勤奋、精力充沛、接受能力强的优势,很快就接受了新的教学理念,掌握了新的教学方法和技能。但是,在教学实践中,她很快发现了新的问题:一方面是"玩"和"学"的矛盾,在学习紧张的高中校园里,每周一次的音乐课是学生们渴求的"放松课",学生们对于音乐"鉴赏"丝毫不感兴趣,甚至很反感,就更谈不上"学习"了;另一方面,是"张扬个性"和"接受名曲"的矛盾,高中生的生理、心理发育相对成熟,思维活跃,精力充沛,对一切事物充满了好奇和探究心理,具有较强的表现欲望,他们爱听流行音乐、爱唱流行歌曲,但对名曲却望而生畏,听而却步,敬而远之。她多次参加省、市的教学观摩和研讨,发现有些教师在课堂教学实践中,曲解了新课改所倡导的理念,把一节节音乐欣赏课上成了教师的特长展示课、课件播放课,学生欣赏的不再是音乐,而是教师的表演和电脑操作技能。教学手段和教学目标在这些课堂中被异化、倒置,学生的积极性却无法调动起来……

这些矛盾和问题困扰着她,她觉得,需要重新审视自己的课堂,需要进一步提高自己的认识,需要尽快突破这些不如人意的现状。她明白,这些困惑和疑问只有在继续学习和不断的探索、实践中才能得到解决……

四、行：柳暗花明又一村

心动不如行动，2007年，学校鼓励教师基于现代教育理论，结合自己的个性特长，化繁为简、总结规律，提炼自己的课堂教学模式。郑小艳认真学习、吸收、借鉴了大量的现代教育理论，将其用于课堂教学实践，形成了"体验·探究·提升"教学模式，在课堂教学中困扰着她的种种矛盾和问题，在创模的过程中得到了有效的解决。

郑小艳的"体验·探究·提升"教学模式是以学生在情感、思维、动作等方面积极、主动、愉悦地参与为特征，充分发挥教师的主导作用，让不同层次的学生都能主动发展并逐步形成欣赏音乐、表现音乐、创造音乐能力的一种参与体验型和开放型的教学模式。在这种教学模式下，课堂，不再是教师的独角戏舞台，而是师生共同的舞台。在课堂这个舞台上，教师是导演，教师向大家展示的是驾驭课堂的能力，而作为学习主体的学生才是这个舞台上真正的主角。例如在鉴赏"多彩的民歌"时，她会在充分备课，引导学生了解地域特点、民风民俗的基础上，精心策划一次综艺式的音乐鉴赏课，通过设置问题、巧妙引导等诱发学生独立分析民歌特点的积极性，甚至还会组织"赛歌会"进行演唱大比拼。在鉴赏印象主义音乐《一个人的流派》的时候，她会发给每个学生一张画板，让他们边听音乐边想象，并把自己想到的场景用画笔和线条表现出来。这样，教师"引而不发，因人善喻，不言之教，和易以思"，学生在教师导向性信息的诱导下，积极参与，不知不觉中就独立完成了学习任务。

教学模式有利于教师从动态上去把握教学过程的本质和规律，但也容易束缚教师的手脚，使教师走入程序化套路的误区。针对这种情况，郑小艳结合自己的教育教学实践，撰写出《教无定法，敢创新招》《多彩的音乐课堂》《感受美妙、体验快乐》等20余篇论文，指出教学有法，但无定法，"创模"有模式而无定式，教师要敢于出新招，大胆设计，从学生的个性出发，坚持教学方法与教学组织形式的多样化、灵活化，充分调动学生的主观能动性，实现学生个性的自由发展。凭借对音乐欣赏课堂的深入理解和大胆实践，她连续五次获得了省级优质课大赛一等奖。

五、专：业不惊人誓不休

"要么不做。做，就要做到最专业！"这是郑小艳排练时的口头禅。谈起艺术展演，谈起《水母鸡》，她一脸的自信与自豪。

2011年9月,为筹备艺术展演,郑小艳主动请缨,着手组建合唱团。她要独自排练好两种不同类型的三个小合唱、四个大合唱,然后从中精选出两个最佳曲目赴省参赛。选什么歌?用什么谱?怎么保证能拿到全国艺术展演的入场券?……问题一个一个接踵而来。没歌谱,郑小艳就千方百计发动各种关系,最后从深圳一位老师那里求得《水母鸡》歌谱。"追求卓越不如追求不同。"《水母鸡》是一首三声部女生合唱的南方民歌,于是她就反复分析学生特点,大胆尝试,将《水母鸡》的合唱谱改编为四声部的混声合唱谱。她坦言:"合唱讲究一种整体气场效果,对每一个演唱者有很高的要求。演唱者注意力要高度集中,师生的情绪更要时刻保持最佳状态。而声部越多,越不容易把握,这更考验音乐教师的专业水准和敬业精神。"

宝剑锋从磨砺出,梅花香自苦寒来。2012年10月,河南省第四届中小学生艺术展演,济源一中参演的合唱《水母鸡》、表演唱《牛背上的花喜鹊》双双荣获一等奖。一所学校两个声乐节目同时获得一等奖,这在济源一中校史上是首次,在全省也极为罕见。

近40篇论文获奖或发表,30余次获得优秀辅导教师称号,12次获得个人单项表彰,主持参与研究近10项省级课题,多名学生先后考入中国音乐学院、北京电影学院等专业艺术院校。"全国优秀艺术教育先进个人""河南省名师""河南省教学标兵""巾帼建功标兵"……各种荣誉纷至沓来。正是有了对音乐事业的孜孜追求和不懈努力,郑小艳用专业精神为自己赢得了尊严,体验着追求专业所带来的职业幸福。

六、勤:衣带渐宽终不悔

从教二十余年来,郑小艳总结以下结论:做好工作,不仅需要高超的专业技能,更需要一种精神,一种甘于奉献的精神。

为备战全国中小学生艺术展演,郑小艳把7岁的孩子托付给家人照顾,自己便全身心地投入排练工作中去。由于合唱团的学生大多没经过专业训练,底子薄,功力浅,唯有练,不懈地练,才能提高演唱水平。为了不耽误学生的功课,排练大多在课外进行。每当华灯初上,人们回归家庭享受幸福的时候,郑小艳又开始了一天中最紧张的专业辅导和排练。

有一次,晚上9时许才排练结束,饥肠辘辘的郑小艳在夜市摊上连吃两碗米线,可一回到家就全吐了。她心里明白,这是长期透支身体的反应。于是,她只能在下午5时许在学校少吃一点,心疼她的家人晚上为她准备了夜宵。排练期间,她常常一站就是3个小时,长时间的站立让她患上了严重的脚底筋膜炎。2012年整个寒假,她顾不上享受家庭的天伦之乐,和学生们在冰冷的教室里一个声部一个声部地练习,一点一点精心打磨。此时,郑小艳千方百计鼓舞士气,把枯燥的排练当作一个滋养自我,丰富自我的过程。

辛勤的汗水迎来了丰硕的果实。2013年2月,厦门,全国第四届中小学生艺术展演活动,合唱《水母鸡》获得艺术表演类节目声乐一等奖,这是河南省声乐类中学组唯一的一等奖,济源一中也成为河南省唯一连续四届参加全国展演的学校。比赛现场,郑小艳和她的团员们雀跃欢腾,相拥而泣,这是胜利的眼泪,更是幸福的眼泪。从此,济源一中"星空"合唱团被全国知晓。2019年,郑小艳辅导的合唱《月亮今晚就要出嫁了》《Chindia》再次获得全国第六届中小学生艺术展演活动艺术表演类节目声乐一等奖,济源一中"星空"合唱团享誉全国。

2020年,新冠疫情肆虐期间,郑小艳创新形式、克服困难,饿了吃泡面,渴了喝矿泉水,在全国率先排演了优秀抗疫合唱MV《有一种爱不变》,在济源一中微信平台上发布以后,引起强烈反响,被广泛转发,学习强国平台、新华网等多家主流媒体转载,浏览量高达120万,有力地传播了我国的抗疫精神,充分体现了中国共产党强有力的领导和中国特色社会主义的优越性。

七、研:长空无涯任搏击

因为崇拜,所以从踏上讲台的第一天起,郑小艳就对"名师"这个称谓怀着一种敬畏之情。因为仰慕,所以"名师"一直以来都是她前进的动力和奋斗的目标。为了实现这一目标,她不断塑造自己的学术魅力和人格魅力,将平等、真诚、尊重、守信、博学、崇德作为自己立足于世的根基,以一颗真诚平和的心,去倾听教育花开的旋律。

提起"名师",总让人想起魏书生、冯恩洪、李镇西等一连串响亮的名字,他们博大精深的教学艺术、温文尔雅的教育风度、睿智深刻的教育思想、乐观进取的人生态度常常把人带入一种"超我"的境界之中,他们总是能把教书与育人完美结合,启迪人的心智,引领人的思想,如春风化雨,润物无声。在他们的身上,似乎永远都有取之不尽,用之不竭的力量。郑小艳深入研究他们的教育思想,不断学习他们的教育智慧,发现了名师们教书育人的成功密码。

密码一:正确把握教育规律是名师教书育人的前提。魏书生老师谈及自己的教育理论时说,这么多年,我没有什么新的思想。怎样教?有教无类,因材施教,寓教于乐,教学相长。怎样学?学以致用,学而时习,循序渐进,持之以恒,用的全是老祖宗的东西。正是对教育规律的正确把握,对传统教育理论精华的坚守,奠定了魏书生成为一代教育名家的基础。作为一名新课改背景下的音乐教师,要正确把握教育规律,就必须坚持以人为本,树立"面向全体,扬长补短"的教育观,"教师主导,学生主体"的教学观,"平等民主"的师生观,"多元多维"的评价观。郑小艳在课改实践中创立的"体验·探究·提升"教学模式,以营造民主、平等、和谐的课堂氛围为前提,以突出音乐课程的审美体验价值为核心,以学生在情感、思维、动作等方面积极、主动、愉悦的参与为特征,充分发挥教师的主导作用,让不同层次的学生主动参与、主动创造、主动发展并逐步形成发现美、鉴赏美、表现美、创造美的能力。对教育规律的正确把握,让她在课改的实践中少走了很多弯路,取得了初步的成功。

密码二:渊博的学识和多方面的能力是名师教书育人的基础。顾明远先生认为,中国的教育家需要有两方面的根基,一是中国文化的底蕴,二是国际文化的视野。对于年轻教师来讲,要树立终身学习的观念,努力掌握各种知识,自如运用教育技能,让每一名学生喜欢、崇拜。唯有如此,教书才能如鱼得水,育人方能水到渠成。首先,必须精通所教学科的基础知识,了解学科的发展动向和最新研究成果,教师所掌握的学科知识必须大大超出教学大纲的要求,否则,面对学生的疑问,教师必然只有"招架之功"而无"还手之力"。其次,教师还应具备一定的科研能力。科学研究是治教之本,更是育师之本,是普通教师成长为名师的桥梁。针对自身成长和教育教学实践中出现的问题,要努力从科研中寻找答案。再次,教师还应有比较广博的知识储备。正在成长的年轻一代,兴趣广泛,求知欲强,他们能够提出形形色色、五花八门的问题,这就要求教师广泛涉猎各种知识,形成比较完整的知识结构。最后,教师要掌握教育科学,提高教育能力。包括了解和研究学生的能力,钻研和处理教材的能力,选择和运用教育教学原则及方法的能力,组织管理能力和语言表达能力,等等,并在此基础上形成自己的教育艺术和教育机智。

密码三:塑造自身人格魅力是名师教书育人的法宝。有人问魏书生,您的成功经验在当地推广得如何?魏老师坦言,很多人只是依样画葫芦,效果并不显著。为什么同样的方法却有着不同的效果呢?魏书生老师身上有一种名师特有的人格魅力。这种人格魅力的形成要素主要包括两个方面。一是高尚的师德。教师职业的示范性决定了教师在思想、品德和作风上必须成为学生的表率,学生往往是"度德而师之",教师只有以身立教,为人师表,才能确立自己在教育中的地位,才能有力地说服学生,感染学生。二是与时俱进的时代精神。叶澜教授说过:"一个墨守成规的教师对于学生创造力的发展无疑是一种近乎灾难的障碍。"因此青年教师必须自觉抛弃陈腐落后的观念和思维方式,紧跟时代发展的步伐。

密码四:坚持教书与育人的统一是名师教书育人取得成效的关键。孙维刚老师常说:"浇菜要浇根,教人要教心。"于漪老师也主张教师要胸中有书,目中有人。名师往往善于正确处理教书和育人的辩证关系,将育人寓于教书的过程中。魏书生老师讲

《孟子见梁襄王》一课,一开始就导入汶川地震中,和学生一起感受自然的无情,生命的可贵,灾区人民的痛苦,教育孩子们珍惜幸福,学会感恩,帮助别人,和学生一起去感受实施仁政带来的积极效应,教育孩子们要做一个有仁爱之心的人。这节课,魏书生老师把教学目标和情感目标、德育目标统一起来,以热情点燃热情,以智慧启迪智慧,其效果不言而喻。

  大气,更要谦和,是郑小艳的一种生活态度;专业,更要奉献,成为郑小艳的职业信仰。在艺术专业化的道路上,她用实际行动告诉我们,她,早已起航,以一颗真诚平和之心去演绎艺术教育精彩的乐章!

后记

两年来,导师蔡梦言传身教,悉心指导,我写过的每篇文章都留着她红色的批注,倾注着她浓浓的关爱。首都师范大学教育学院张增田书记的名著导读课为我打开了一扇窗,张老师平时的不断鼓励和支持,给了我莫大的信心和勇气。也正是在张老师的影响下,我才有了音乐教学中的"对话"理念。西南大学白智宏老师就写作框架给了我具体的指导,使得我的思路更加清晰。交稿前,济源一中音乐教研室的各位同仁又进行了最后的校对。在此一并谢过。于我来说,我想把此书定位于我教育思想的启蒙。在此许个愿,祝愿自己在音乐教育领域里,弦歌不辍,笔耕不辍,随着研究的不断深入,未来有更有价值的作品呈现。